作者的恩师李天骥先生

顾留馨老师在辅导作者

李天骥老师在辅导作者

作者的入门师傅、著名武术家邓锦涛先生

作者与十大名教练之一陈昌棉先生和太极名家李德印教授

作者与太极拳家、原新华社澳门分社副社长宗光耀先生

1983年,太平洋影音公司给作者拍摄教学录像

作者在教习太极推手

作者在澳门举办学术讲座

作者在广州天河体育中心免费教授太极拳

作者在香港举行太极讲座前签名售书

作者在香港世界功夫群英会担任副总裁判

民族传统体育运动系列

太极运动真诠
——学太极拳必读

薛安日　编著

广东省出版集团
广东科技出版社
·广州·

图书在版编目（CIP）数据

太极运动真诠：学太极拳必读/薛安日编著．—广州：广东科技出版社，2010.2（2011.6重印）

（民族传统体育运动系列）

ISBN 978-7-5359-5095-6

Ⅰ.①太… Ⅱ.①薛… Ⅲ.①太极拳—研究 Ⅳ.①G852.11

中国版本图书馆CIP数据核字（2009）第184371号

责任编辑：陈毅华
封面设计：陈维德
责任校对：罗美玲
责任技编：罗华之
出版发行：广东科技出版社
　　　　　（广州市环市东路水荫路11号　邮码：510075）
E-mail: gdkjzbb@21cn.com
http://www.gdstp.com.cn
经　　销：广东新华发行集团股份有限公司
排　　版：广东科电有限公司
印　　刷：惠州市海天印刷有限公司
　　　　　（广东惠州市河南岸新岸路22号海天印刷大厦　邮码：516007）
规　　格：850 mm×1 168mm　1/32　印张10.5　彩页2　字数250千
版　　次：2010年2月第1版
　　　　　2011年6月第2次印刷
定　　价：29.00元

如发现因印装质量问题影响阅读，请与承印厂联系调换。

代 序

——太极拳运动在体育保健范畴内的认识与评价

太极拳发展到今天,已具备两重性:从武术研究方面去看,着重于技法、功架和技击作用;而体育保健则重视其形、神、意、气及其对生理、病理的影响。对这些方面问题的探讨,都牵涉到太极拳运动的基本要领和运动特点。脱离了太极拳的运动形式、特点和锻炼要求,是无法谈它的保健、防治作用的。太极拳是一种意识、呼吸与动作三者紧密结合的运动形式,这样一种全身运动,对人体健康所起的保健和防、治疾病作用,也是整体性的,不是某一动作的出现即足以对某种疾病或某脏腑功能失常起作用。

笔者从中西医学观点介绍太极拳的健身防病机理并特别提出三个预见性观点,希望引起学术界的重视:①研究太极拳保健机理应立足于"整体观",作为"防重于治"的手段,充实预防医学的内容;②太极拳运动是对冠心病标本兼治的非药物性的"活血祛瘀法";③太极拳运动在糖尿病的防治方面将起到积极的辅助治疗作用。因此值得深入研究,并应在临床中广泛宣传应用。

(一)太极拳与神经中枢系统

人体的生活机能从内因来说是通过神经调节和体液调节(包括内分泌)以及两者间互相平衡、协调来支持。太极拳运动要高度集中精神,务求"心静",对中枢神经系统起着调整和良性抑制作用。

"心静神聚"提高了兴奋与抑制的平衡的稳定性,使各系统器官相应地得到调整、改善或加强。"静"的意念加以特定的条件刺激，使血管增压神经中枢抑制，肾上腺素分泌趋向正常化，高血压会得到调整；"气沉丹田"、"拳式呼吸"能调节植物神经功能而影响血压下降，这或许就是打太极拳能使人的血压保持在比较平稳水平上的一种机理。

溃疡病和糖尿病患者打太极拳同样有好处。糖尿病从病因和病理来看，它与高血压或溃疡病一样同属于大脑皮质内脏性疾病，太极拳运动在糖尿病的防治方面也会起到积极的辅助治疗作用。

太极拳运动之所以对某些慢性病能取得良好辅助治疗效果，正是它要求"心静神聚"的特点所决定的。

（二）太极拳与循环和呼吸系统

全身各部分肌肉和关节的松、柔规则运动，均匀、细长、缓慢而有节律的呼吸加强了横膈运动和其他呼吸肌运动的强度，使静脉血回流向右心室充盈得到恒定的静脉压力，加强了外周循环和淋巴循环。太极拳运动在"心静"的意念引导下进行细缓深长的节律性呼吸锻炼，在不增加心脏额外负担的情况下，使肺通气增加，肺功能得到加强。对老年性肺心病的防治大有好处。

太极拳运动使下肢肌肉周期性收缩和舒张所形成的泵力作用，加强了下腔静脉的血液回心循环。血脉流畅了，各组织的"瘀阻"情况将会得到改善。"瘀阻"是各系统疾病的一种成因，近代中医学非常重视"血瘀"方面的理论和"活血祛瘀法"在临床实践的研究，笔者认为太极拳确是一种极好的非药物性的"活血祛瘀法"。

由于打太极拳可以得到疏通血脉、舒张血管和改善血液循环与脂质代谢等活血祛瘀效果，所以，笔者认为打太极拳是对冠心病标本兼治，有特殊防治效果的疗法之一。

(三) 太极拳与新陈代谢

打太极拳的人都会在面不红、气不喘的轻松状态下出大汗。汗液的排泄是受中枢神经系统调节的，是体温调节机能的一部分，所以打太极拳会使功能性低热的慢性病患者得到康复，在聚精会神打拳的过程中，稳定的平静与紧张相协调的特殊高级神经活动，产生了改善血液成分的作用。

(四) 太极拳与免疫系统

打太极拳对提高人体免疫能力有明显作用，常见的例子就是长期习拳的人不易患感冒。中山医科大学曾对人群锻炼前后的免疫水平进行对比研究，证明太极拳锻炼对提高人体免疫水平有一定的作用。

(五) 太极拳与消化系统

打太极拳使血脉流畅和供血增加，腹式呼吸经常并且规律地改变腹内压，使腹腔内各脏器受到柔和与持久而又有一定节律的按摩，对胃肠组织和功能都有良好的帮助。由于腹内压规律性改变所致的按摩作用，血行流畅，肝胆系统在经常保持活血通瘀的情况下生机旺盛，肝郁瘀胆的症状及肝胆系统机能也得到改善。

从太极拳运动对消化系统的良好帮助看来，存在着一个祖国传统医学所启示的"六腑以通为用"和"五脏元真通畅，人即安和"的道理。当我们要研究脾胃学说的时候，应该把太极拳运动作为补中益气汤一样重要的方剂加进去同时研究，观察它培补人体中气的作用，深入进行这种研究是有意义的。

(六) 太极拳与运动系统

打太极拳可以"濡筋骨，利关节"，有抗老防衰之效。但由于其特定的运动特点,加上某些人因学不得法或过度练功,或不注意运动保健,会使膝、踝周围软组织易致劳累,产生痛感。然而,只要我们注意运动方法的正确与把握恰当的运动量,运动损伤是完全可以避免的。

从上述简单的介绍,笔者提出以下观点与读者和广大的太极拳爱好者共同探讨,期盼不久的将来,作为中华文化瑰宝的太极拳将有一个完整的理论体系。

1)太极拳运动之所以有防治多个系统慢性疾病的功能,乃由于它是一种全身运动。研究其机理要有整体观念。太极拳的保健和防、治疾病作用是由于它是一种精神、呼吸、动作(意、气、体)紧密结合的运动方式,通过对中枢神经系统的调节作用,调节人体内外的协调性,提高各系统和器官的正常生理功能。决不可抛开太极拳锻炼中"心静神聚"、"意气劲合一"等特点而局部地、形而上学地看待甚至主观地夸大太极拳的某些单式姿势的保健功能。

2)在练太极拳能否取效和效果如何等问题上,还存在着较大的个体差异。这与各人的基本身体素质不同、遗传基因不同、神经类型不同、营养状态不同、生活环境不同等内外因素有关,不能排除个体的内外环境孤立地去认识太极拳的锻炼效果。所以太极拳运动在防治疾病的作用上不是万能的,它有明显的调整神经功能、扶养正气、活血祛瘀、濡筋骨利关节等作用,对神经衰弱、胃溃疡、冠心病和感冒等有较好的锻炼预防效果。但对一些病人,还必须结合药物治疗,恰当控制运动量,甚至应采取多种治疗手段的综合治疗。

3)到目前为止,没有更多的科学证据足以论证太极拳运动与经络本身有什么样的关系,不能牵强附会,用主观臆测去肯定二者的内在联系。经气的流通是生命的标志和自然存在的,人不自觉,也没他觉,所以经气的流行不容置疑是客观存在的。假如内气在经络中流通是存在的话,它必和血液的循环一样不以人的意志为改变（气为血帅）。打太极拳时，"行气运动时注意经络穴位"的论点值得再深入研究。太极拳运动的精神状态应是"心静神聚"、"专注一方"，注意力放在动作的意念、虚实、要领和功架上，进而向"松"、"虚"、"静"的高标准去提高。为了提高兴趣，打出太极拳的风格和拳术的"功夫"来，运动过程应有"如临大敌"的想象，意、气、劲合一，才能提高技术水平。练拳时不可能在每一动作都去想象经气走到哪一个穴位上。人有十二经、十五络，还有奇经八脉，我们能想象当时的"气"走哪一经呢？谁能在做"闪通臂"这动作的瞬间感到自己的任脉与督脉沟通了三次呢？（有人说过："闪通臂一势，督脉上下来回三过其背。"）

4）太极拳运动对经络的生理现象，笔者认为，从练法和锻炼要领方面而论，太极拳对冲、任、督、带四脉的作用较易得到解释，也较为重要。事实上太极拳运动对调整人体阴阳平衡是有卓著效果的，但这与"气沉丹田"有什么直接关系，还须用更多的科学实验加以论证。实践证明，许多刚开始学打太极拳的人，不懂如何"气沉丹田"，只能自然呼吸，同样有不同程度的收效。可见"气沉丹田"并非太极拳保健机理中最为主要的地方，对于它的锻炼实质与产生保健养生功效的机理问题仍当继续以科学的方法加以探讨。

5）总的来说，太极拳运动确是一项非常有实效的和有多方面防病作用的体育保健运动。它将吐纳、导引、体操和武功集于一身，它特有的轻柔运动过程活泼了人的四肢百骸、五脏六腑和平衡了阴阳，达到了祖国传统医学认为的"骨正筋柔"，"气血以流"，"腠理以密"，"积精全神"，"阴平阳秘"等维持正常生理的目的。祖国传统医学认为"正气存内，邪不可干"，太极拳正是培养人体"正气"的一种极好的方法。

然而，太极拳运动的防治疾病和健身效果与它的锻炼方法、运动质量是直接相关的。笔者执教太极拳37年，积累了一些经验和心得，希望从锻炼知识、运动技巧、教学方法等方面与广大的太极拳爱好者共同分享，对初学者入门引路，对大众太极拳辅导员在知识层面上和教学实践上有所帮助，对全民健身活动尽绵薄之贡献，作为"国家级社会体育指导员"也有其应尽的责任和义务，因而编著此书。

书中有些图照是从参考文献中借用，在此对原作者表示由衷的感谢。笔者图照的制作过程得到张为群、王胜洪、陈碧珠等同学的协助，一并鸣谢。

薛安日　于广州天河寓内
二〇〇九年夏

目　录

第1章　寻根 ... 1
一、太极拳产生的传说 ... 2
（一）三丰说 ... 2
（二）王宗岳、蒋发说 ... 4
（三）陈王廷说 ... 6
（四）杂说 ... 7
二、太极拳承传关系图 ... 8
三、太极拳产生之我见 ... 9

第2章　溯源 ... 13
一、现代太极拳与戚继光三十二路拳经的亲缘关系 ... 13
（一）戚继光三十二路拳经简介 ... 13
（二）架式名称类比 ... 22
二、戚氏三十二路拳经编演及套路图解 ... 24

第3章　述流 ... 74
一、各式流派太极拳概述 ... 74
二、陈式太极拳的特点及演练要领 ... 77
（一）架式特点 ... 77
（二）演练要领 ... 78
三、杨式太极拳的特点及演练要领 ... 80
（一）架式特点 ... 80
（二）演练要领 ... 81
四、吴式太极拳的特点及演练要领 ... 86
（一）架式特点 ... 86
（二）演练要领 ... 86
五、武式太极拳的特点及演练要领 ... 89

（一）架式特点 ······································· 89
　　（二）演练要领 ······································· 90
　六、孙式太极拳的特点及演练要领 ············· 91
　　（一）架式特点 ······································· 91
　　（二）演练要领 ······································· 92
　七、四维拳的特点及其演练要领 ················· 93
　　（一）架式特点 ······································· 93
　　（二）演练要领 ······································· 94
第4章　释义 ··· 98
　一、"太极"及"太极拳"释名 ····················· 98
　　（一）太极 ·· 98
　　（二）太极拳 ··· 98
　二、"八门五步"解 ······································ 100
　三、"意、气、劲"解 ·································· 101
　　（一）"气"为神经功能作用 ······················ 102
　　（二）"气"为气势 ···································· 105
　　（三）"气"为呼吸气息 ····························· 108
　四、《太极拳论》释义 ································ 113
　五、《十三势行功心解》释义 ······················ 116
　六、《十三势行功歌诀》释义 ······················ 121
　七、《太极平准腰顶解》释义 ······················ 124
　八、《四字秘诀》释义 ································ 126
　九、《打手歌》释义 ··································· 128
　十、《身形腰顶》释义 ································ 130
　十一、《太极圈》释义 ································ 131
　十二、《太极轻重浮沉解》释义 ··················· 133
　十三、《太极尺寸分毫解》释义 ··················· 137
　十四、《太极拳运动三字经》释义 ··············· 139
第5章　学练 ··· 148

一、入门引路须口授 · 148
  （一）筑基 · 148
  （二）《功力太极拳》套路简介 · 153
  （三）套路教材的选择 · 187
  （四）搭架 · 198
二、功夫无息法自修 · 201
  （一）先求开展，后求紧凑 · 201
  （二）虚其心，实其足 · 205
  （三）计划练功 · 207
三、练拳不练功，到老一场空 · 225
  （一）站桩与走架的重要性 · 225
  （二）推手训练 · 228
  （三）器械练习 · 247
四、配乐练习之是与非 · 278
  （一）配乐有利于集体演练出效果 · 279
  （二）配乐曲的选择 · 279
  （三）配乐无益于个人技艺提高 · 280

第6章 承传 · 282

一、师承 · 282
  （一）生品师德 · 282
  （二）一专多能 · 284
二、授业 · 285
  （一）学而优则教 · 285
  （二）普及与提高 · 288

第7章 击技 · 290

一、太极拳技击特点 · 290
  （一）柔化的应用 · 296
  （二）静以待动 · 296
  （三）彼微动，则己先动 · 297

二、四正手与四隅手 ············· 297
　　三、踢打摔拿与抓拿节闭 ·········· 299
第8章　竞赛 ····················· 302
　　一、竞赛的意义与组织 ············ 302
　　　（一）意义 ··················· 302
　　　（二）组织 ··················· 302
　　二、群体太极拳比赛的评判 ········ 303
　　　（一）评判员素质与培训 ········ 303
　　　（二）竞赛规程和评判规则的设计 ··· 305
　　　（三）如何当个优秀评判员 ······ 306
　　四、太极拳械比赛的欣赏 ·········· 308
　　　（一）集体比赛 ··············· 308
　　　（二）个人拳术比赛 ··········· 308
　　　（三）个人器械比赛 ··········· 309

第9章　运动损伤的防治 ············ 310
　　一、可能出现的疲劳与损伤 ········ 310
　　　（一）踝 ····················· 310
　　　（二）膝 ····················· 311
　　　（三）腰 ····················· 311
　　二、损伤可以预防 ················ 313
　　　（一）热身运动 ··············· 313
　　　（二）动作正确 ··············· 313
　　　（三）场地选择 ··············· 313
　　　（四）整理运动 ··············· 314
　　三、劳损自我疗法 ················ 314
　　　（一）手法按摩 ··············· 314
　　　（二）药物熏洗 ··············· 316
　　　（三）物理疗法 ··············· 316

附录　怎样练简化太极拳 ··········· 317
参考文献 ······················· 323

第1章 寻根

太极拳运动是中国文化宝库里的瑰宝，它是国粹之一的武术中重要组成部分，它是中国人保健、养生和防治疾病的一种重要手段。它又是群众体育中最具集体表演性的一项技艺；近二三十年来凡大型群体表演，如运动会的开幕式、庆祝亚运会在我国举行、庆祝申奥成功等都离不开千人、万人的集体太极拳表演。然而，人们很少寻思它的根源和演变过程。过去有些人为了彰显它的文化底蕴，从理论的层面上主观臆度其产生的依据，生搬硬套将它与《易经》、《河图洛书》及周子《太极图说》联系起来，认为太极拳是实践这些哲理的运动，太极拳的根在太极图——宋代理学家周敦颐（1017—1073）所作的《太极图说》。20世纪20年代初，武术大家孙禄堂先生也曾说过："元顺帝时，张三丰先生……遵前二经之义，用周子太极图之形，取河图之理，先后易之数，顺其理之自然，作太极拳术，阐明养生之妙。"

然而，是否真的由张三丰创太极拳？有待探讨。与孙先生同时代的北京体育研究社创建人许禹生先生则认为："考拳术之由来，盖出于古之导引术。……就着势言之，太极拳无异于各家拳术……势势之中，着着之内均含一圈形，故假借太极之理以说明之。而以阴阳、动静、刚柔、进退等喻其作用焉，非如世俗卜筮迷信者所谓太极也。现在科学昌明，后之学者，若以几何、重学等理说明之，而不沾于易象，则予所深望也！"这是重科哲、反玄学的较为实在的学理。我们的确没有找到证据足以说明传说中的太极拳的始创者是一位精通理学、熟读《周易》，按着《太极图说》的理论去创编太极拳的。而在历代的太极拳大家中，也未见有哪一位是《周易》与程朱理学的大学者。只能说是后世文人从《周易》与《太极图说》为太极拳运动所倡发的阴阳、动静、虚实、刚柔等拳理找依据。

然则太极拳的根究竟何在呢？需要寻找，需要挖掘。

一、太极拳产生的传说

太极拳产生的传说较多，带着厚厚一层神秘的面纱，令人感觉迷惘。早在20世纪30年代，《太极正宗》的作者吴志青先生就提倡胡朴安先生的观点："太极拳的源流究竟如何，创始于何人，虽有零星的记载，终不能予人以真确之相信。关于此点，争论者极多。"历来多数人主张张三丰创太极拳，再经影视故事的渲染，这些传说几乎成了铁案。现代有专家提出"陈王廷创太极拳"的考证，辩论颇多。也有人根据《太极拳论》作者的署名，肯定王宗岳才是太极拳的创造者。其实，文献不足征者常有，那么真正的太极拳创编者究竟是谁？我们可以罗列一些文献记载，将它们互相比较，就会得出较为可信的结果。

（一）三丰说

1. 元人张三丰

民国初，北京体育研究社创办人、杨氏传人杨少侯和杨澄甫的弟子许禹生先生说："元之季世，有隐君子者，曰张三丰，先生本儒家太极之理，融会各家之长，纳五行、八卦于拳术、步法、方位之中；而以太极之阴阳、刚柔、动静喻其作用，提纲挈领，名为内家，盖所以别于方外也。"这是三丰说的首选。

同时期的武术大家孙禄堂先生说："元顺帝时，张三丰先生修道于武当，见修丹之士兼练拳术者，后天之力用之过当，不能得其中和之气，以致伤丹而损元气。故遵前二经（指易筋经、洗髓经）之义，用周子太极图之形，取河洛之理，先后易之数，顺其理之自然作太极拳，阐明养身之妙。"这是说元顺帝时的修士张三丰，从锻炼实践中创太极拳。此为三丰说之二。

2. 宋人张三丰

杨氏高弟之一的陈微明先生（顾留馨先生的老师）在其《太极拳术》一书中是这样记述的："真人辽东懿州人，姓张，名君实，字元元，号三丰，又号昆阳。或云，姓张，名玉，字君宝，号元元子；宋末时人；生有异质。……人皆目为张邋遢。……元末居宝鸡金台观，至正丙午九月二十日自言辞世，留颂而逝。……临窆（音biǎn，即埋葬）复生，时年百三十岁矣。入蜀至太和山，结茅于玉虚庵。……世传太极拳术，乃真人所传也。"这是三丰说之三。陈微明先生所述《张真人传》张三丰实有二人，一名君实，字元元；另一名玉，字君宝，号元元子。他所说太极拳的创始者是指曾结庐于太和山玉虚庵后入武当山的张君宝。当时是明朝永乐年间事。

陈微明又在同一书的"太极拳术源流"一节中写道："内家始于宋之张三丰。三丰为武当丹士，徽宗召之，道梗不得进，夜梦元帝授之拳法。厥明，以单丁杀贼百余。三丰之术，百年后流传于陕西。"这是三丰说之四。应指出，这里所述武当丹士张三丰是宋徽宗时（1101—1125，在位26年），从梦中得拳法的；与上述明朝永乐年间（1403—1424，在位22年）从蜀入武当的张三丰又有不同，时间相距甚远，几逾三百年，陈氏本身记述的源流二说非常矛盾。

3. 明人张三丰

见于董英杰先生（杨澄甫的高足）所著的《太极拳释义》："太极拳传自张真人。真人辽东懿州人，道号三丰；生宋末……寒暑唯一箬笠，手持拂尘，日行千里。洪武初至蜀太和山，结庵玉虚宫修炼；后至陕西宝鸡山，又入湖北武当山。"这一段与陈微明先生所述的张玉（字君宝）应是同一人。然而对他创拳的过程则又有不同的描述："一日在屋诵经，有喜雀其鸣特异，真人由窗观之，雀在柏树如鹰下视，地上有一长蛇，蟠结仰视。二物相争，雀鸣声飞下，展翅扇打，长蛇摇首微闪，躲过雀翅；雀自下飞返树上，少时性燥，又飞下翅打，长蛇又蜿蜒轻身闪过，蟠如太极，仍作圈形。如是多次，并未打着。后真人出视，雀飞蛇走矣。真人由此而悟，采刚柔，按太极而组成太极拳。"这一说是真人视物悟理，不失为格致所得，较之"宋之张三丰为武当丹士，徽宗召之，路梗不得进，夜梦元帝授之拳法，厥明以单丁杀贼百余"稍近实际。这是三丰说之五。

三丰说之六，是陈炎林先生在《太极拳刀剑杆散手合编》中所写的："或谓三丰之技，出于道家冯一元。""或谓张三丰乃古时坐道隐士，因观雀蛇之斗，忽有会心，遂发明此拳。"

三丰说之七，见于我的老师李天骥先生著《武当剑术》摘引《道藏要辑》的记述："元末明初张三丰，又名全一，君实，道号玄玄子，辽东懿州人，才华横溢，好道善剑……"由善剑而推断张三丰也必善拳也是合乎情理的。但张三丰所善之剑，是否就是现在所谓的"武当剑"，所会之拳是否就是现在所传的"太极拳"？这就无从稽考了。

综上所述，从明史《方伎传》或其他野史的记载中，我们知道曾经有过一个号称玄玄子（或道号三丰）的道人姓张，名玉（或名通），字君宝（或字君实），他懂得修炼之术，也许曾因观雀蛇相斗而体悟出一些就虚避实、游走闪击、以柔克刚的道理，使之应用到健身和技击，后来慢慢演进成拳术也未可料定，文献不足征，无从考证。即使这是可靠的，也恰恰证实太极拳并非以太极图为基础，由读通《周易》的人去创造的。太极拳之内涵与《周易》、八卦、五行无关。

（二）王宗岳、蒋发说

王宗岳与蒋发这两个人物存疑颇多，未见正史；传说中也都不是太极拳的创造者，只是传说中的张三丰太极拳的传人，对于二人，各有传说。

其一，"元世祖时（1277）有西安人王宗岳者（比传说中的太极始祖、元末明初的张三丰又早了足足一个元朝年代——薛注），得其真传，名闻海内，著有太极拳论、太极拳解、行功心解、搭手歌、总势歌等。"（许禹生《太极拳势图解》）

"其北派所传者，由王宗岳传河南蒋发，蒋发传河南怀庆府陈家沟陈长兴。"（许禹生《太极拳势图解》）究竟是王宗岳直接传蒋发还是中间经过了几代人再传呢？因为上面说王宗岳为元世祖时人，而蒋发传人陈长兴则是清乾隆年间人（1736）。其间已有四五百年的距离，显然二人不是同时代的人，互无相干的。

其二，"王宗岳，山西人，著有《阴符枪谱》……王宗岳晚年以教书为职业，衣食奔走于洛阳、开封两地；1795年（乾隆六十年）仍健在。……王宗岳得陈家沟太极拳之传，当在寄寓洛阳、开封期间……唯王宗岳处于陈氏太极拳家鼎盛时期，较易得其理法。唯王宗岳从何人习得太极拳，以及所传何人，今已不可考。"（顾留馨《太极拳研究》）

"王庭好友武举李际遇以地主武装反抗明廷逼粮纳税……王庭曾只身入寨，劝说际遇勿叛明室。……际遇事败降清，后被借故族诛。蒋发（据文内介绍，蒋为李的部将——薛注）投奔陈王庭为仆，陈氏家祠，今尚存王庭像，旁立持大刀者即为蒋发。"（同上）

据以上记载，①王宗岳是《太极拳论》的作者，上承张三丰拳技，下传蒋发，蒋发传陈家沟陈长兴（时间约在清中业乾隆年间）。②蒋发与陈王庭为友为仆（时间约在明末清初）；也就是说，蒋发早于王宗岳约150年，并非王传蒋。③如果说王宗岳是元世祖时人，则更早于张三丰，与蒋发相隔三百余年，整整是元、明两代，简直毫无关系。

而据陈微明先生著《太极拳术》载，宋末的武当丹士张三丰夜梦元帝得授拳法（是否就是太极拳？）"百年后流传于陕西，王宗名最著……至清，传山右王宗岳。太极拳论，宗岳所著也。数传至河南陈先生长兴、蒋先生发……"

从这段叙述中，可发现以下几个问题：

1）王宗与王宗岳是两个人。王宗是宋末以后百多年（应为金、元时期）的陕西人。而王宗岳是清代山西人，是"太极拳论"的作者。

2）王宗岳与蒋发也不是同时期人。虽均在清代但王先于蒋，蒋受业于王宗岳的数传后人（"数传至河南陈先生长兴、蒋先生发"）。

3）蒋发与陈长兴并无互相传授的关系。

4）如果说蒋发与陈长兴同授业，则蒋发与陈王庭相距年代太远，二人各不相关，更不应该有授受关系（据此，后面照片的陈王庭与蒋发画像，显然是误传——薛注）。

（三）陈王廷说

坚持认为太极拳是陈家沟九世陈王庭所创，而且蒋发直接受业于陈王庭的是唐豪、顾留馨先生。他们的论据是：

1）据《陈氏家谱》所记：陈王庭"在山东称名手……陈氏拳手刀枪创始之人也。""蒋发投奔陈王庭为仆，陈氏家祠，今尚存王庭遗像，旁立持大刀者即为蒋发。"

2）陈王庭的"遗词上半首有'叹当年，披坚执锐，扫荡群氛，几次颠险！蒙恩赐，枉徒然！到如今，年老残喘，只落得，黄庭一卷随身伴。闷来时造拳，忙来时耕田；趁余闲，教下些弟子儿孙，成龙成虎任方便。'……"

"陈氏后人于康熙五十八年（1719）为王庭立墓碑而无碑文，《家谱》所记王庭'明末武庠生，清初文庠生'……"（即有根据的墓碑并未记述王庭曾创拳术——薛注）。

显然，单凭一阕"遗词"中的一句"闷来时造拳"而论定陈王庭创编太极拳是证据不足的。"造"字并不只能解释为"创造"，也可以是"深造"。心境"闷"时还打得起精神去创编拳术吗？他应是以练拳（他是明末抗清将领，所练的是过去在军营中习惯操练的拳）来消愁解闷（消解对改朝换代的郁闷心情，如辛弃疾"醉里挑灯看剑"那样的抒怀），才合情理吧？而前一句"只落得黄庭一卷随身伴"，更说明他晚年的养生方法是研究道家《黄庭经》的吐纳之术而不是太极拳。

（四）杂说

1）韩拱月——六朝时人，传南朝梁元帝时人程灵洗，再传至南宋绍兴人程泌，拳名小九天，共十四式。

2）许宣平——唐朝人，所传拳术名三世七，后传至宋远桥。

3）李道子——唐朝人，人称夫子李，拳名先天拳，又名长拳。后传至江南宁国府泾县俞氏，知名者俞莲舟、俞代岩等。

4）殷利亨——拳名后天法，共十七式，多属肘法。传扬州人胡镜子，再传宋仲殊。

以上列举都纯属民间传说，无史可考，也从没有人证明过这些拳就是太极拳。最早的记载见于许禹生著的《太极拳势图解》（香港曾有32开版印行，改名为《太极拳御敌绝招》，内容一字不漏——薛注），后人多引用之，如姜容樵的《太极拳讲义》。然而也有反对此说的，如徐震先生在其《太极拳渊源简述》一文中写道："在张三丰外，还有六朝韩拱月，唐朝许宣平、李道子等创造的各派，这是出于捏造。这都是袁世凯的门客（给袁家看风水的）宋书铭所做的事。"（徐震，字哲东，20世纪20~60年代著名的文学家、武术家和武术史家——薛注）。

二、太极拳承传关系图

从历代武术史家的考证成果和传说，编制以下太极拳承传关系图。其中带⊙者为对后世与太极拳发展有重大贡献者。其实，笔者认为比较真实的、有确实史料记载的太极拳历史应由陈家沟的陈长兴先生开始。

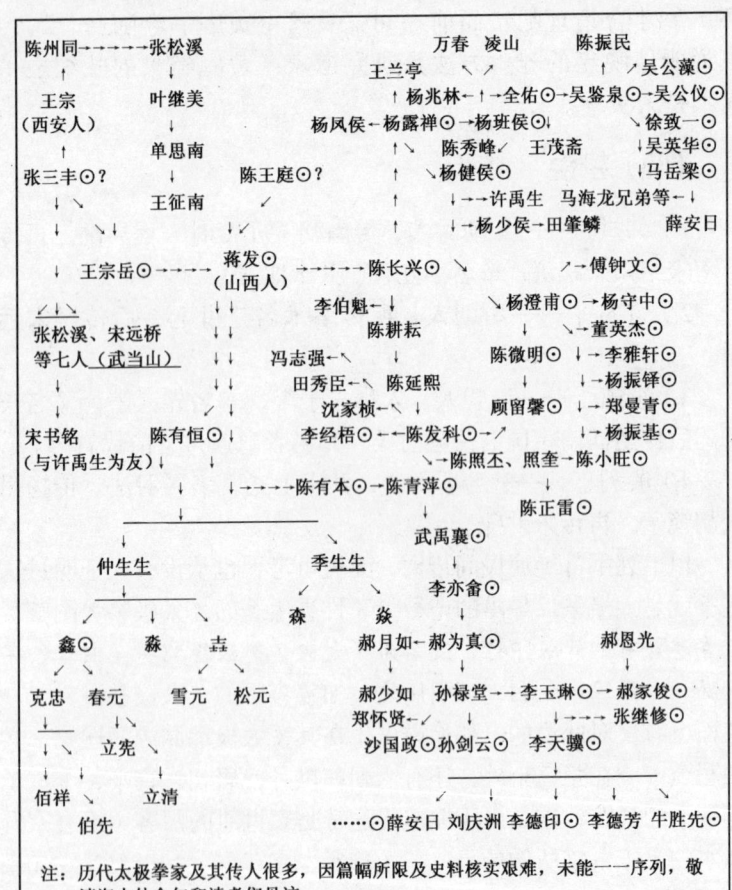

注：历代太极拳家及其传人很多，因篇幅所限及史料核实艰难，未能一一序列，敬请海内外全仁和读者们见谅。

图1-2-1　太极拳传承关系图

三、太极拳产生之我见

从以上所述，可见一种拳术的流传，代有传人，也代代有所改进和发展。由此上推，太极拳最原始的产生，绝不可能是某一个人"闭门造车"甚或做了一个梦，第二天就编出了"太极拳"来。一个拳种的产生和发展都是经数代人的努力，不断地从多方面吸收、总结、完善和提高才得以完成的。

明代民族英雄、抗倭名将戚继光遗作《纪效新书》中有一篇"拳经捷要篇第十四"记载了他练兵强体的"三十二路拳经"。这三十二路拳法"势势相承，遇敌制胜，变化无穷，微妙莫测；窈焉冥焉，人不得而窥者，谓之神。"然而，他总认为"拳法似无预于大战之技，然活动手足，惯勤肢体，此为初学入艺之门也。"他认为练拳对团队列阵大战（即万人敌）没有多大的作用；但对士兵个人强身健体、灵活手足，是极有帮助的，也是习武人要走的第一步。这"三十二路拳经"中的每一路都记述数个招式。这些招式都是戚氏从当时现世的诸多拳种中撷取的。他说："古今拳家，宋太祖有三十二势长拳（又称红拳，太祖拳）又有六步拳、猴拳、囮拳，名势各有所称，而实大同小异……"可见戚继光是从研究很多民间拳法以后，认为"若以各家拳法兼而习之，正如常山蛇阵法，击首则尾应，击尾则首应，击其身而首尾呼应，此谓上下周全，无有不胜。大抵拳、棍、刀、枪、叉、钯、剑、戟、弓矢、钩镰、挨牌之类，莫不先由拳法活动身手。其拳也，为武艺之源。"他基于对武艺的这种深刻的见解乃择取较优的招式，综合成趟以操练他的军士。从这三十二路拳经中我们可以看到20多个现在太极拳套路中仍沿用的架式名称，如懒扎衣、下势、单鞭、金鸡独立、探马、窝弓待虎（弯弓射虎）、抛架子（劈架子）、七星拳、连珠炮、二换脚（二起脚）、伏虎势、踢膝（踢脚）、肘靠、指当势（指裆捶）、兽头势、一条鞭（即单鞭)、雀地龙、雁翅(即斜飞势)、骑虎势(跨虎势)、拗鸾肘、顺鸾肘、搬下掌(即搬拦捶)、当头砲、虎抱头等。这些拳法当时散见于诸多拳派。戚继光集思广益,博采旁蒐,集成一套。"至今之温家七十二行拳、三十六合锁、二十四弃探马、八闪番、十二短,此亦善之善者也;吕红八下虽刚,未及绵张短打。山东李半天之腿,鹰爪王之拿,千跌张之跌,张伯敬之打,少林寺之棍与青田棍法相兼,杨氏枪法与巴子拳棍,皆今之有名者。……今绘之以势,注之以诀,以启后学。"(我们现在看见的绘图三十二路拳经可能就是戚继光亲笔绘画的——薛注)。

这种操练法,在明末清初流入民间,经多代人承传,慢慢地演变。或者到了王宗岳、"蒋把式"(蒋发)者流,便形成了太极拳的雏形。王宗岳是读书人,从练拳中融入了"动之则分,静之则合……"的哲理,于是"太极拳"就形成自己独特的风格,标榜于武林。

笔者以为太极拳的出现,不该是张三丰,也不该是王宗岳,更不该是陈王庭一人所创。创与编是两种不同的概念。"创"是原作,前人从没有过的创作。"编"是集前人固有经验的东西予以整编。或许张三丰或陈王庭都根据民间流传技法编过拳,但不是"创"。戚继光三十二路拳经记录下来的拳法也不是"创",他是吸收了多种民间拳术"名势各有所称,而实大同小异","择其善者","绘之以势,注之以诀,以启后学"罢了。

太极拳是经过一段漫长时间汇集民间拳法而成的,王宗岳总结出"太极拳论"将这种拳法特点描写一番而已。甚至"太极拳论"是否王宗岳写的也存疑问。因为据记载,王宗岳早于武禹襄(1812—1880),为什么武禹襄写出《十三势行功心解》而不直称为《太极拳行功心解》?就是说武禹襄时代,"太极拳"这一名称尚未出现,练拳人仍是练的"十三势"!而相传为武氏从舞阳盐店所得的"太极拳谱"就是王宗岳的真迹？谁见过王宗岳的手迹是怎样的？不许是时人冒名伪造出来的？据前人研究，本来"太极拳释名"一篇，起首句就是"长拳者，如长江大海……十三势者……"后来人才在其前加了"太极拳，一名长拳，一名十三势"一段。鄙见认为杨露禅时代没有出现过"太极拳"一名，在陈炎林《太极拳刀剑杆散手合编》中"杨家小传"记载："杨（露禅）归，传授同里之人，从学者甚众，当时称杨拳为化拳，或曰'绵拳'。"我保有一张上世纪20年代杨氏在北京授拳时的油印教材（拳术讲义）"太极十三式次序名目"（见书后附件），说明当时杨氏授拳时还没称"太极拳"！所以，"太极拳论"这文章的标题一定是后人添加的。

现将太极拳的历史文献所记载的整个"传统杨式太极拳"套路复录于下——

（1）太极初式
（2）揽雀尾
（3）揉手
（4）单鞭
（5）提手上势
（6）纠鹤晾翅
（7）搂膝拗步
（8）手挥琵琶
（9）左右搂膝拗步
（10）手挥琵琶
（11）上步搬拦捶
（12）如封似闭
（13）十字手
（14）抱虎归山
（15）揉手
（16）肘底看捶
（17）倒撵猴
（18）斜飞势
（19）提手上式
（20）白鹤晾翅
（21）搂膝拗步
（22）海底针
（23）扇通背
（24）撇身捶
（25）上步搬拦捶
（26）揽雀尾
（27）揉手
（28）单鞭
（29）左右云手
（30）单鞭
（31）高探马
（32）左右分脚

（33）转身蹬脚
（34）左右搂膝
（35）进步栽捶
（36）翻身白蛇吐信
（37）上步搬拦捶
（38）蹬脚
（39）打虎势
（40）十字手
（41）蹬脚
（42）双风贯耳
（43）蹬脚
（44）转身蹬脚
（45）上步搬拦捶
（46）如封似闭
（47）十字手
（48）抱虎归山
（49）揉手
（50）斜单鞭
（51）左右野马分鬃
（52）揽雀尾
（53）揉手
（54）单鞭
（55）玉女穿梭
（56）单鞭
（57）云手
（58）单鞭下势
（59）金鸡独立（左右）
（60）倒撵猴

（61）斜飞势
（62）提手上势
（63）白鹤晾翅
（64）搂膝拗步
（65）海底针
（66）扇通背
（67）白蛇吐信
（68）上步搬拦捶
（69）揽雀尾
（70）揉手
（71）单鞭
（72）左右云手
（73）单鞭
（74）高探马
（75）十字腿
（76）搂膝指裆捶
（77）揽雀尾
（78）揉手
（79）单鞭下势
（80）上步七星
（81）退步跨虎
（82）转脚摆莲
（83）弯弓射虎
（84）上步搬拦捶
（85）如封似闭
（86）十字手
（87）合太极

第2章 溯 源

一、现代太极拳与戚继光三十二路拳经的亲缘关系

（一）戚继光三十二路拳经简介

戚继光的《纪效新书》总结了中国古代兵书理论，又加以作者自己丰富的实战经验，使明代以前的军事理论得以升华，形成系统的治军与练兵理论。如其中在"短兵长用说第十二"这篇文章里面有这样的记述——"问：如何是顺人之势、借人之力？曰：明破此，则得其至妙之诀矣。盖须知他出力在何处，我不于此处与他斗力，姑且忌之，待其旧力略过，新力未发，然后乘之。所以顺人之势，借人之力也……我想出'旧力略过，新力未发'八个字，妙之至也！" "总是以静待动，以逸待劳，道理微乎！"而在同一篇文中他又引用了俞大猷《剑经》之说："中直八刚十二柔"，"刚在他力前，柔乘他力后，彼忙我静待，知拍任君斗"以解说"刚柔"和"阴阳要转"的理念。这就是后来"太极拳论"阐发的理论基础，是太极拳"随曲就伸"、"左重则左虚，右重则右杳"和"彼不动，己不动；彼微动，己先动"、"借力打力，后发先至"等技击理论的源头。所以"阴阳"、"动静"、"刚柔"之说不是太极拳系统独创的，理论基础也不来自《周易》与道学，更不是某一太极拳家所创，它们来自明代以来兵法的总结。

在同一书《纪效新书（十八卷本）》，第十四篇"拳经捷要"，戚继光明确指出"拳法似无预于大战之技，然活动手足，惯勤肢体，此为初学入艺之门也。故存于后，以备一家。" "其拳也，为武艺之源。" "学拳要身法活便，手法便利，脚法轻

固,进退得宜,腿可飞腾。"这些话也应看作武艺的总则。第一,要学好身法,以身法带手法;身法要灵手法要活。第二,重心要稳,因而下盘功夫要稳固,架式要沉稳又要轻灵,进退轻松自如,腿法飞得高而犀利。这些同样是指导练太极拳的基本理论。因此,笔者一向认为武术不论门派,技法都是同源,本来就不应该有什么门户之见、派别之分!正如几百年前戚继光就指出的:"古今拳家……名势各有所称,而实大同小异。"

戚氏论拳法谓"而其猛也,披劈横拳","而其柔也,知当斜闪。""猛"即是刚,"披劈横拳"就是强攻;"柔"表示灵活地闪避和化解,是防守。所以,太极拳理论之所谓"刚柔相济",不单纯指用劲力刚硬些还是柔软些的问题,主要还是强调攻与防的意识问题。

从架式名称看,三十二路《拳经》应是太极拳的源头,是太极拳的最早模式。然而,我们现在见到的戚氏绘写的《拳经》就只有简单的几句,每一路也只有一个招式示意图,简介转载如下。

懒扎衣出门架子,变下势霎步单鞭,对敌若无胆向先,空自眼明手便(图2-1-1)。

金鸡独立颠起,装腿横拳相兼,抢背卧牛双倒,遭着叫苦连天(图2-1-2)。

图2-1-1　　　　　　　　图2-1-2

探马传自太祖，诸势可降可变，进攻退闪弱生强，接短拳之至善（图2-1-3）。

拗单鞭黄花紧进，披挑腿左右难防，抢步上拳连劈揭，沉香势推倒太山（图2-1-4）。

图2-1-3

图2-1-4

下插势专降快腿，得进步搅靠无别，勾脚锁臂不容离，上势下取一跌（图2-1-5）。

埋伏势窝弓待虎，犯圈套寸步难移，就机连发几腿，他受打必定昏危（图2-1-6）。

图2-1-5

图2-1-6

抛架子抢步披挂，补上腿哪怕他识，右横左踩快如飞，架一掌不知天地（图2-1-7）。

拈肘势防他弄腿，我截短须认高低，劈打推压要皆依，切勿手脚忙急（图2-1-8）。

图2-1-7

图2-1-8

七星拳手足相顾，挨步逼上下提笼，饶君手快脚如风，我自有搅冲劈重（图2-1-9）。

倒骑龙诈输佯走，诱追入遂我回冲，恁伊力猛硬来攻，怎当我连珠炮动（图2-1-10）。

图2-1-9

图2-1-10

悬脚虚饵彼轻进，二换腿决不饶轻，赶上一掌满天星，谁敢再来比拼（图2-1-11）。

丘刘势左搬右掌,劈来脚入步连心,挪更拳法探马均,打人一着命尽(图2-1-12)。

图2-1-11

图2-1-12

一霎步随机应变,左右腿冲敌连珠,恁伊势固手风雷,怎当我闪惊巧取(图2-1-13)。

擒拿势封脚套子,左右压一如四平,直来拳逢我投活,恁快腿不得通融(图2-1-14)。

图2-1-13

图2-1-14

中四平势实推固,硬攻进快腿难来,双手逼他单手,短打以熟为乖(图2-1-15)。

伏虎势侧身弄腿，但来凑我前撑，看他立站不稳，后扫一跌分明（图2-1-16）。

图2-1-15

图2-1-16

高四平身法活变，左右短出入如飞，逼敌人手足无措，恁我便脚踢拳捶（图2-1-17）。

倒插势不予招架，靠腿快讨他之赢，背弓进步莫迟停，打如谷声相应（图2-1-18）。

图2-1-17

图2-1-18

井栏四平直进，剪臁踢膝当头，滚穿劈靠抹一钩，铁样将军也走（图2-1-19）。

第 2 章 溯源

鬼蹴脚抢人先着，补前扫转上红拳，背弓颠仆披揭起，穿心肘靠妙难传（图2-1-20）。

图2-1-19

图2-1-20

指裆势是个丁法，他难进我好向前，踢膝滚钻上面急，回步颠短红拳（图2-1-21）。

兽头势如牌挨进，恁快脚遇我慌忙，低惊高取他难防，接短披红冲上（图2-1-22）。

图2-1-21

图2-1-22

神拳当面插下，进步火焰攒心，遇巧就拿就跌，举手不得留情（图2-1-23）。

一条鞭横直披砍，两进腿当面伤人，不怕他力粗胆大，我巧好打通神（图2-1-24）。

太极运动真诠

图2-1-23

图2-1-24

雀地龙下盘腿法，前揭起后进红拳，他退我虽颠补，冲来短当休延（图2-1-25）。

朝阳手偏身防腿，无缝锁逼退豪英，倒阵势弹他一脚，好教师也丧声名（图2-1-26）。

图2-1-25

图2-1-26

雁翅侧身挨进，快腿走不留停，追上穿桩一腿，要加剪劈推红（图2-1-27）。

跨虎势挪移发脚，要腿去不使他知，左右腿扫一连施，失手剪刀分易（图2-1-28）。

图2-1-27　　　　　　　　图2-1-28

拗鸾肘出步颠剁，搬下掌摘打其心，拿鹰捉兔硬开弓，手脚必须相应（图2-1-29）。

当头炮势冲人怕，进步虎直撺两拳，他退闪我又颠踹，不跌倒他也茫然（图2-1-30）。

图2-1-29　　　　　　　　图2-1-30

顺弯肘靠身搬打，滚快他难遮拦，复外绞刷回拴肘，搭一跌谁敢争先（图2-1-31）。

旗鼓势左右压进，近他手横劈双行，绞靠跌人人识得，虎抱头要躲无门（图2-1-32）。

图2-1-31

图2-1-32

（二）架式名称类比

表2-1-1　三十二路拳经与现代各流派太极拳架式名称类比

三十二路拳经	陈式太极拳	杨式太极拳	吴式太极拳	孙式太极拳	四维拳
懒扎衣	懒扎衣	揽雀尾	拦雀尾	懒扎衣	—
下势	雀地龙	下势	下势	云手下势	仆步穿拳
单鞭（一条鞭）	单鞭	单鞭	单鞭	单鞭	单鞭
金鸡独立	金鸡独立	金鸡独立	金鸡独立	更鸡独立	左右金鸡独立
抢背卧牛	背折靠	—	斜飞势	斜单鞭	右背靠
探马	高探马	高探马	高探马	高探马	撤步扑面掌
披挑腿	摆脚	转身摆莲	转身摆莲	转角摆莲	十字踢脚
窝弓射虎	—	弯弓射虎	弯弓射虎	弯弓射虎	钟鼓齐鸣
抛架子	劈架子	撤身捶	撤身捶	—	弓步挂搭
拈肘势	六封四闭	如封似闭	如封似闭	如封似闭	活步如封似闭
七星拳	上步七星	上步七星	上步七星	上步七星	收势

续表

三十二路拳经	陈式太极拳	杨式太极拳	吴式太极拳	孙式太极拳	四维拳
连珠炮	连珠炮	—	—	双撞捶	连珠炮
二换腿	二起脚	踢脚-转身蹬脚	二起脚	翻身二起	上步二起脚
丘刘势	掩手肱捶	搬拦捶	搬拦捶	进步搬拦捶	金凤振羽
伏虎势	伏虎	打虎势	退步打虎	披身伏虎	—
踢膝	蹬一根	（左右）蹬脚	披身踢脚	转身踢脚	勾踢
肘靠	退步压肘	—	—	—	上步靠肘
指当势	指裆捶	搂膝指裆捶	搂膝指裆捶	进步指裆捶	震脚指裆捶
兽头势	兽头势	玉女穿梭	玉女穿梭	玉女穿梭	兽头势
雀地龙	雀地龙	蛇身下势	下势	单鞭下势	仆步穿拳
雁翅侧身	白鹤晾翅	白鹤晾翅	白鹤晾翅		回身斜飞势
骑虎势	退步跨虎	退步跨虎	退步跨虎	下步跨虎	独立跨虎
拗鸾肘	拗鸾肘	—	—	—	—
顺鸾肘	顺鸾肘	—	—	—	上步穿鞭
当头炮	当头炮	撇身捶	翻身撇身捶	—	左右挒捶
虎抱头	抱头推山	提手上势	提手上势	三通背	跪步冲拳
擒拿势	小擒打	肘底捶	肘底看捶	肘下看捶	活步搬拦捶
鬼蹴脚	旋风脚	转身十字腿	转身十字摆莲	十字摆莲	白鹤晾翅
神拳	击地捶	搂膝栽捶	进步栽捶	践步打捶	搂膝掸捶

二、戚氏三十二路拳经编演[①]及套路图解

1. 预备式（图2-2-1a，图2-2-1b）

图2-2-1a

图2-2-1b

图2-2-2

2. 起势（南）

起手掤托（图2-2-2）

3. 懒扎衣（南）

（1）坐腿右捋（图2-2-3）　（2）擦步横捌（图2-2-4和图2-2-5）

图2-2-3

图2-2-4

图2-2-5

①仅供读者参考（九十六式意形太极拳）。

4. 单鞭（东）

（1）刁手收步（图2-2-6）　（2）（左）弓步推掌（图2-2-7）

图2-2-6

图2-2-7

5. 左下势（东）

（1）右转摆掌（图2-2-8）　（2）仆步左穿（图2-2-9）

图2-2-8

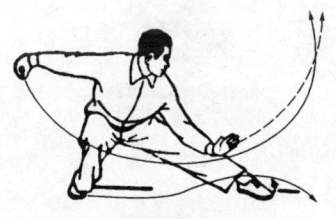
图2-2-9

［拳经］（一）懒扎衣出门架子，变下势霎步单鞭；对敌若无胆向先，空自眼明手便。

6. 左金鸡独立（东）
独立托掌（图2-2-10）
7. 右蹬脚（东偏南）
展臂右蹬（图2-2-11）

图2-2-10

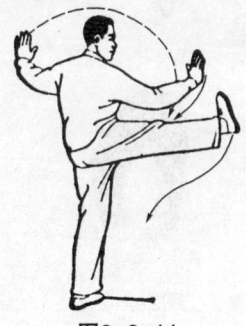

图2-2-11

8. 独立打虎（东）
（1）收提小腿　（2）右打左贯（图2-2-12a和图2-2-12b）

图2-2-12a

图2-2-12b

9.（右）斜飞势（东南）
（1）叉抱落步（图2-2-13）　（2）右弓步靠（图2-2-14）

图2-2-13　　　　　　图2-2-14

［拳经］（二）金鸡独立颠起，装腿横拳相兼，抢背卧牛双倒，遭着叫苦连天。

10. 高探马（右虚步）（东）
（1）左坐右搂（图2-2-15）　（2）虚步左探（图2-2-16）

图2-2-15　　　　　　图2-2-16

11. 右鞭捶（面北，右拳鞭东）
（1）左按活步（图2-2-17）　（2）马步鞭捶（图2-2-18）

图2-2-17　　　　　图2-2-18

12. 闪通臂（东）

（1）右转上架（图2-2-19）　（2）上步左冲（三体式步）（图2-2-20）

图2-2-19　　　　　图2-2-20

[拳经]（三）探马传自太祖，诸势可降可变，进攻退闪弱生强，接短拳之至善。

13. 右左捋式（东）

（1）收步右捋（图2-2-21）　（2）撤步左捋（图2-2-22）

图2-2-21　　　　　　图2-2-22

14. 摆莲踢脚（东南—东北）

（1）收步叉抱（图2-2-23）　（2）右踢摆莲（图2-2-24）
（3）落步穿抹（图2-2-25）　（4）展臂左踢（图2-2-26）

图2-2-23　　　　　　图2-2-24

图2-2-25　　　图2-2-26　　　图2-2-27

15. 马步单鞭（面东北）

（1）（左转）叉步合抱（图2-2-27） （2）上步右刁（图2-2-28） （3）左右往复（图2-2-29） （4）马步左推（图2-2-30）

图2-2-28

图2-2-29

图2-2-30

16. 流星捶（东）

（1）收步左抱（图2-2-31） （2）上步右撇（东南）（图2-2-32） （3）丁步右抱（图2-2-33） （4）上步左撇（东北）（图2-2-34）

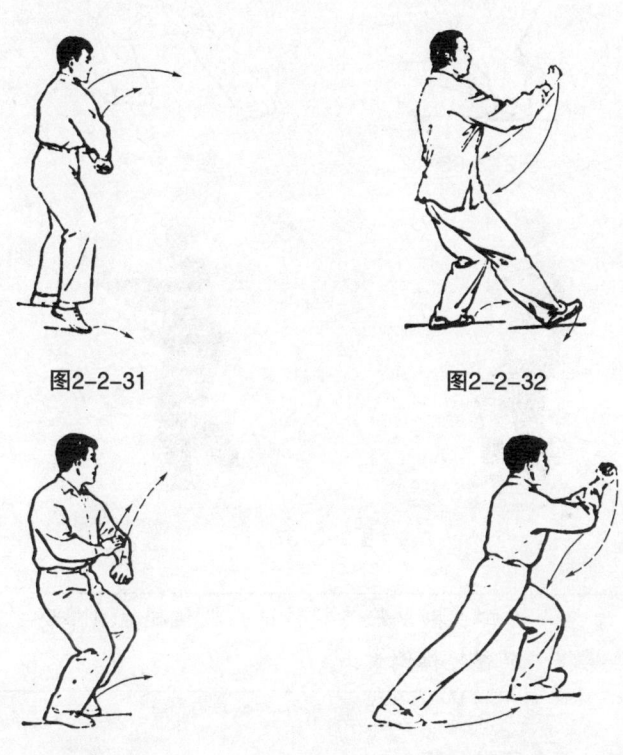

图2-2-31　　　　　　图2-2-32

图2-2-33　　　　　　图2-2-34

17. 活步双推（东）

（1）收步右捋（图2-2-35） （2）上步左掤（图2-2-36） （3）（右跟）活步双推（图2-2-37）

图2-2-35　　　　　图2-2-36

图2-2-37

［拳经］（四）拗单鞭黄花紧进，披挑腿左右难防，抢步上拳连劈揭，沉香势推倒太山。

18. 回身压掌（西）

（1）右转搂手（图2-2-38）　　（2）坐腿压掌（右虚步，左压掌）（图2-2-39）

19. 指裆捶（西）

（1）上步抱拳（图2-2-40）　　（2）（左）弓步冲拳（图2-2-41）

图2-2-38　　　　　　图2-2-39

图2-2-40　　　　　　图2-2-41

20. 半马步靠（西）

（1）（右转）上步右捋（图2-2-42）　（2）马步左靠（图2-2-43）

图2-2-42　　　　　　图2-2-43

21. 右采下扫（西）
（1）左托扣拿（图2-2-44） （2）右采勾扫（图2-2-45）

图2-2-44

图2-2-45

［拳经］（五）下插势专降快腿，得进步搅靠无别，勾脚锁臂不容离，上势下取一跌。

22.（右）披身打虎（东南）
（1）落（右弓）步撇拳（图2-2-46） （2）后坐搳捶（图2-2-47） （3）（弓步）左打右贯（图2-2-48）

图2-2-46

图2-2-47

图2-2-48

23. 右蹬脚（西北）
（1）丁步叉抱（图2-2-49） （2）提膝右蹬（图2-2-50）

图2-2-49

24. 左踢脚（西南）

（1）落步穿掌（图2-2-51） （2）丁步叉抱（图2-2-52）
（3）提膝（左）快踢（图2-2-53）

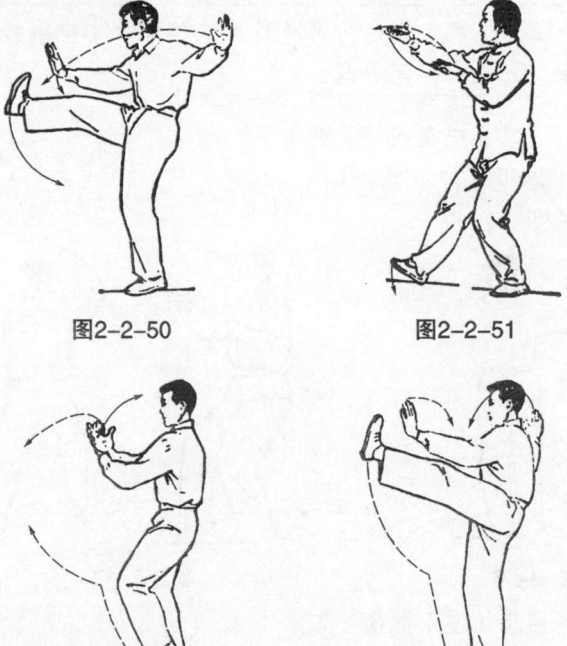

图2-2-50　　　　　　　图2-2-51

图2-2-52　　　　　　　图2-2-53

25. 右拍脚（东）

（1）落步（右转）叉抱（图2-2-54）　（2）右踢拍脚（图2-2-55）

图2-2-54

图2-2-55

[拳经]（六）埋伏势窝弓待虎，犯圈套寸步难移，就机连发几腿，他受打必定昏危。

26. （左）披身打虎（北）

（1）落步（右）摆掌（图2-2-56）　（2）（左开弓步）右打左贯（图2-2-57）

图2-2-56

图2-2-57

27. 弓步（左）抛捶（东）

（1）摆脚洗面（图2-2-58）　（2）活步（左）抛捶（右弓步）（图2-2-59）

图2-2-58　　　　　　图2-2-59

28. 右起脚（东）

（1）两臂上合（图2-2-60）　（2）分展起脚（图2-2-61）

图2-2-60　　　　　　图2-2-61

29. 转身右抛捶（西）

（1）落步左转　（2）弓步右抛（图2-2-62）

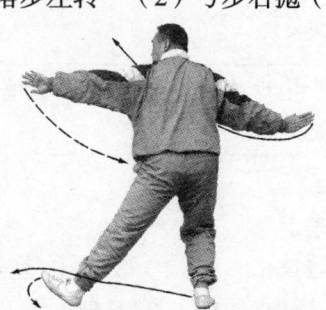 

图2-2-62

30. 左高探马（西）
（1）右坐左截（图2-2-63）　（2）虚步捌掌（图2-2-64）

图2-2-63　　　　　　图2-2-64

31. 闪通臂（西，面南）
（1）左转上架　（2）（左撤步）弓步右推（图2-2-65）

图2-2-65

[拳经]（七）抛架子抢步披挂，补上腿哪怕他识，右横左踩快如飞，架一掌不知天地。

32. 回身如封似闭（东）
（1）左转叉合（图2-2-66）　（2）收步（左虚步）如封（图2-2-67）　（3）右跟活步双推（图2-2-68a、b）

第 2 章 溯源

图2-2-66　　　　　图2-2-67

图2-2-68a　　　　　图2-2-68b

33. 左搬拦捶（东）

（1）摆步搬拳（图2-2-69a、b）　（2）上步拦掌（图2-2-70）　（3）（右）弓步冲拳（图2-2-71）

图2-2-69a　　　　　图2-2-69b

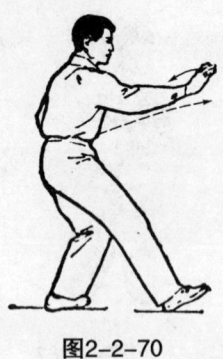 

图2-2-70　　　　　　　　图2-2-71

［拳经］（八）拈肘势防他弄腿，我截短须认高低，劈打推压要皆依，切勿手脚忙急。

34.（左）虚步七星（东）

（左上步）虚步叉拳（图2-2-72）

图2-2-72

［拳经］（九）七星拳手足相顾，挨步逼上下提笼，饶君手快脚如风，我自有搅冲劈重。

35. 骑龙势（东）

（1）左转展臂　（2）叉步双勾（图2-2-73）

图2-2-73

36. 右连珠炮(东北)

(1)(右)出步仰掌(图2-2-74) (2)上步震弹(图2-2-75) (3)撤步刁托(图2-2-76) (4)上步震弹(图2-2-77)

图2-2-74　　　　　　　　图2-2-75

图2-2-76　　　　　　　　图2-2-77

37. 左连珠炮（东北）

（1）撤步左捋（图2-2-78）　（2）右转刁托（图2-2-79a、b）　（3）上步震弹（图2-2-80）　（4）撤步刁托（图2-2-81）

图2-2-78　　　图2-2-79a　　　图2-2-79b

图2-2-80　　　　　图2-2-81

［拳经］（十）倒骑龙诈输佯走，诱追入遂我回冲，恁伊力猛硬来攻，怎当我连珠炮动。

38.（右）独立跨虎（西）

（1）左坐缠叠（图2-2-82）　（2）独立撑推（图2-2-83）

39. 转身摆莲（东）

（1）右转（180°）摆掌（图2-2-84）　（2）右摆拍脚（图2-2-85）

图2-2-82　　　　　图2-2-83

图2-2-84　　　　　图2-2-85

40. 弯弓射虎（东北）

（1）落步分手（图2-2-86）　（2）（右）弓步双推（图2-2-87）　（3）上步握拳（图2-2-88）　（4）活步双冲（图2-2-89）

图2-2-86　　　　　图2-2-87

图2-2-88　　　　　　图2-2-89

[拳经]（十一）悬脚虚饵彼轻进，二换腿决不饶轻，赶上一掌满天星，谁敢再来比拼。

41. 左右搬拦（西）

（1）（右后）转体抱拳（图2-2-90）　（2）摆步左撇（图2-2-91）　（3）上步右拦（图2-2-92）

图2-2-90　　　　　图2-2-91　　　　　图2-2-92

42. 左蹦拳（西）
上步左蹦（左顺步）（图2-2-93）

43. 右高探马（西）
（1）右后划弧（图2-2-94）　（2）撤步扑面（图2-2-95）

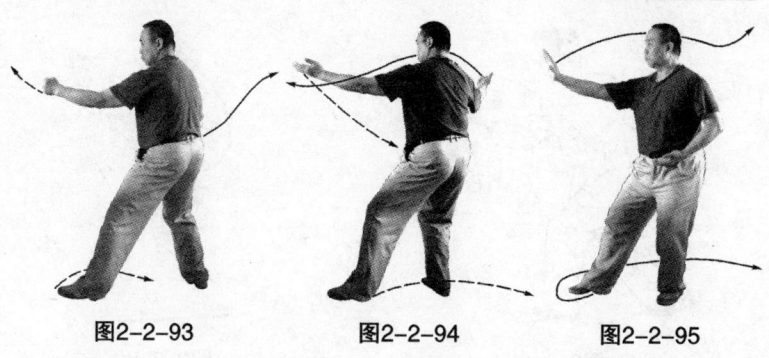

图2-2-93　　　　　图2-2-94　　　　　图2-2-95

［拳经］（十二）丘刘势左搬右掌，劈来脚入步连心，挪更拳法探马均，打人一着命尽。

44. 转身（右）拍脚（东）
（1）左后转体（图2-2-96）　　（2）右踢拍脚（图2-2-97）

图2-2-96　　　　　　　图2-2-97

45. 二起脚（东）
（1）落步左压（图2-2-98）　（2）弹跳二起　（3）腾空拍脚（图2-2-99）

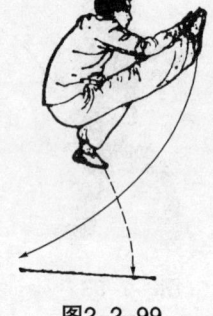

图2-2-98　　　　　　　图2-2-99

[拳经]（十三）一霎步随机应变，左右腿冲敌连珠，凭伊势固手风雷，怎当我闪惊巧取。

46. 叉步冲拳（东）

（1）落步后撤（图2-2-100）　（2）（左）虚步双抱（拳）（图2-2-101）　（3）（左转）叉步双撞（图2-2-102）

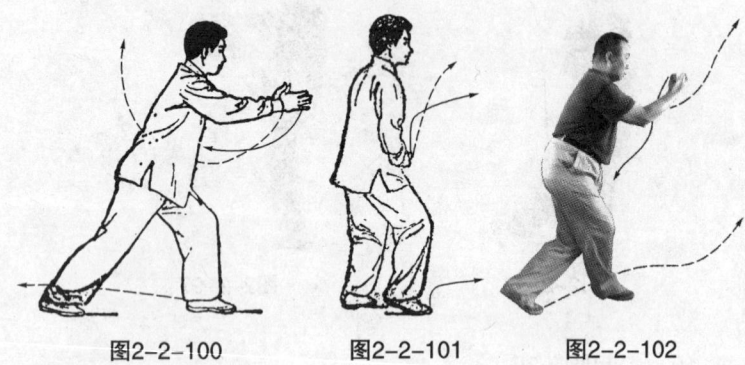

图2-2-100　　　　图2-2-101　　　　图2-2-102

47. 提手上势（东）

（1）上步分展（图2-2-103）　（2）虚步合臂（图2-2-104）

图2-2-103　　　　　　　图2-2-104

［拳经］（十四）擒拿势封脚套子，左右压一如四平，直来拳逢我投活，恁快腿不得通融。

48. 白鹤晾翅（东）

（1）退步双搂（图2-2-105）　（2）虚步亮掌（图2-2-106）

图2-2-105　　　　　　　图2-2-106

［拳经］（十五）中四平势实推固，硬攻进快腿难来，双手逼他单手，短打以熟为乖。

49. 闪通臂（东—西）

（1）上步右压（图2-2-107）　（2）弓步左穿（图2-2-108）　（3）右转拿托（图2-2-109）　（4）翻身右扫（图2-2-110a，b）　（5）劈掌摔打（图2-2-111）

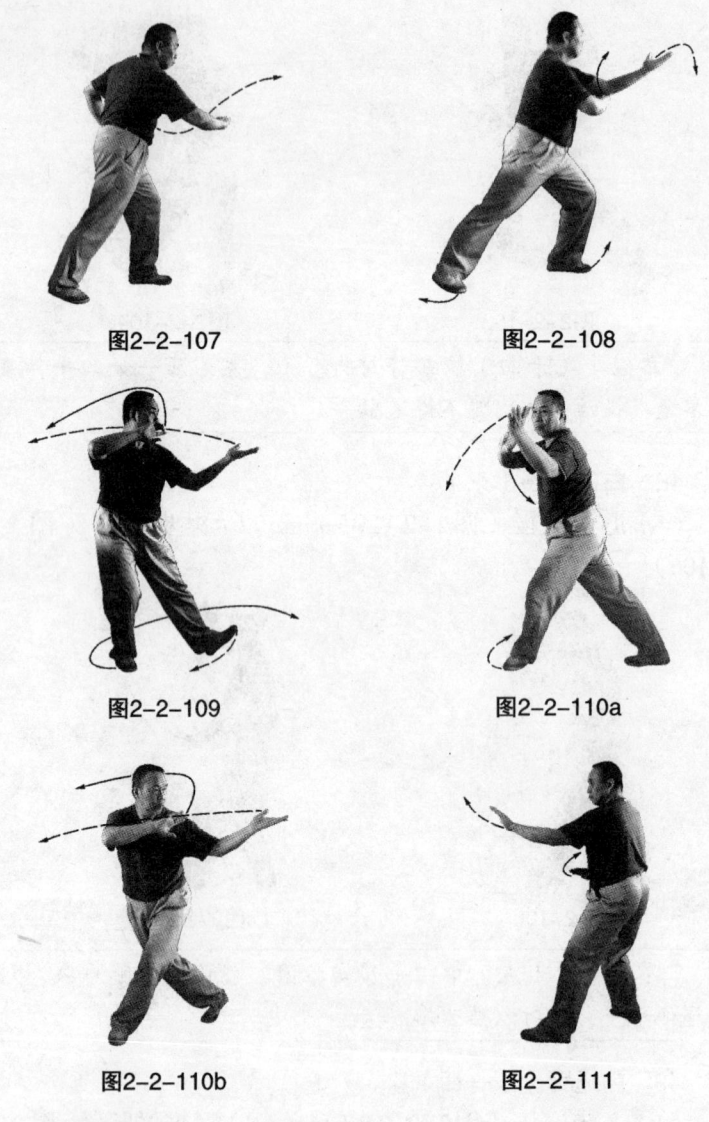

图2-2-107　图2-2-108
图2-2-109　图2-2-110a
图2-2-110b　图2-2-111

[拳经]（十六）伏虎势侧身弄腿，但来凑我前撑，看他立站不稳，后扫一跌分明。

50. 掩手肱拳（西北）

（1）左坐展臂（图2-2-112）　（2）右坐蓄势（图2-2-113）　（3）左转弹拳（图2-2-114）

图2-2-112

图2-2-113

51. 青龙出水（西北）

（1）左转右截（图2-2-115）　（2）右转左截（图2-2-116）（3）左坐包合（图2-2-117）　（4）左撩右弹（图2-2-118和图2-2-119）

图2-2-114

图2-2-115

图2-2-116　　　　　　　　图2-2-117

图2-2-118　　　　　　　　图2-2-119

［拳经］（十七）高四平身法变活，左右短出入如飞，逼敌人手足无措，恁我便脚踢拳捶。

52. 右转斩手（东，面南）

（1）摆步垫掌（图2-2-120）　　（2）震脚斩手（图2-2-121）

图2-2-120

图2-2-121

53. 劈架子（西）

（1）右转起跳（图2-2-122）　（2）虚步劈掌（图2-2-123）

图2-2-122

图2-2-123

［拳经］（十八）倒插势不予招架，靠腿快讨他之赢，背弓进步莫迟停，打如谷声相应。

54. 双推直踢（西）

（1）收步左捋（图2-2-124）　（2）（活步）震脚双推（图2-2-125a、b）　（3）双采左踢（图2-2-126）

图2-2-124

图2-2-125a

图2-2-125b

图2-2-126

55. 中盘（西）

（1）（左）落步缠绕（图2-2-127） （2）并步缠绕（图2-2-128） （3）换重穿肘（图2-2-129） （4）震脚开合（图2-2-130） （5）擦步刁手 （6）偏（右）马抹按（图2-2-131a、b）

图2-2-127

图2-2-128

图2-2-129

图2-2-130

图2-2-131a　　　　　　图2-2-131b

[拳经]（十九）井栏四平直进，剪膁踢膝当头，滚穿劈靠抹一钩，铁样将军也走。

56. 前招（西）

（1）缠腕右转（图2-2-132）　（2）上步抹膝（左虚步）（图2-2-133）

图2-2-132　　　　　　图2-2-133

57. 后招（西）

（1）左挑上步（图2-2-134）　（2）虚步抹膝（右虚步）（图2-2-135）

58. 单摆莲脚（西）

（1）右挑（左）摆掌（图2-2-136）　（2）（右）摆腿拍脚（图2-2-137）

图2-2-134

图2-2-135

图2-2-136

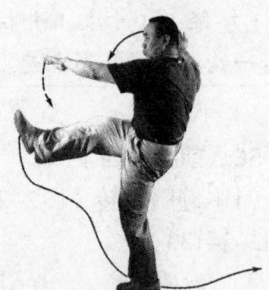

图2-2-137

59. 左下势（东）

（1）右转落步（图2-2-138）　（2）仆步（左勾）右穿（图2-2-139）

图2-2-138

图2-2-139

60. 左肘靠（东北）

（1）弓腿挑掌（图2-2-140） （2）收步叉抱（图2-2-141） （3）出步右转（图2-2-142） （4）半马步靠（图2-2-143）

图2-2-140　　　　　　　图2-2-141

图2-2-142　　　　　　　图2-2-143

［拳经］（二十）鬼蹴脚抢人先着，补前扫转上红拳，背弓颠仆披揭起，穿心肘靠妙难传。

61. 左搂膝拗步（东）

（1）收步左提（图2-2-144） （2）弓步（右）搂（左）推（图2-2-145）

62. 指裆捶（东）

（1）右转上步（图2-2-146） （2）左搂右捶（图2-2-147a、b）

图2-2-144 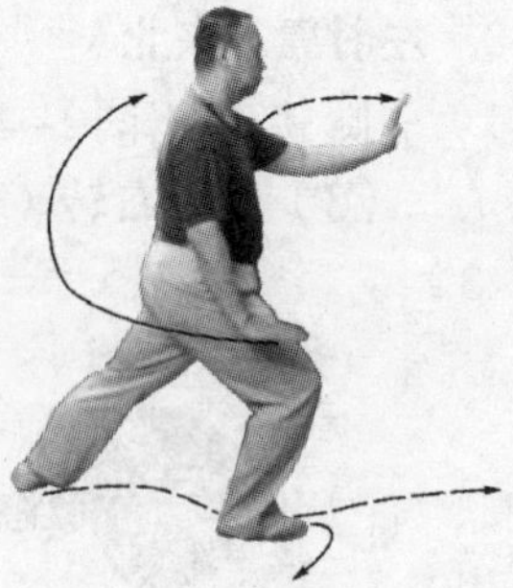　　　　　图2-2-145

图2-2-146 　　图2-2-147a 　　　图2-2-147b

63. 转身大将（东北）

（1）扣（左）脚穿托（东，面南，图2-2-148）　（2）右转撤步（图2-2-149）　（3）（右）弓步右转（图2-2-150）（4）裆步左截（臂）（东北，图2-2-151）

图2-2-148

图2-2-149

图2-2-150　　　　　　　图2-2-151

64. 左蹬一根（东）

（1）左洗面捶（图2-2-152）　（2）双抛侧踹（左）（图2-2-153a、b）

图2-2-152

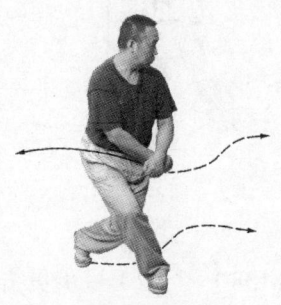 

图2-2-153a　　　　　　　图2-2-153b

65. 进步斜劈（东北）

（1）落步左挡（面）（图2-2-154） （2）上（右弓）步搕捶（图2-2-155a、b）

图2-2-154　　　　　图2-2-155a　　　　　图2-2-155b

[拳经]（二十一）指裆势是个丁法，他难进我好向前，踢膝滚钻上面急，回步颠短红拳。

66. 兽头势（东）

（1）左坐拨掌（图2-2-156） （2）马步弹击（右）（图2-2-157）

图2-2-156　　　　　图2-2-157

67. 双峰贯耳（东）

（1）上（左）步展臂（图2-2-158） （2）弓步贯击（图2-2-159）

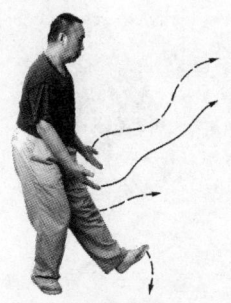 

图2-2-158　　　　　　图2-2-159

68. 摇橹势（东）

（1）后坐下化（图2-2-160）　（2）（左）弓步双推（图2-2-161）

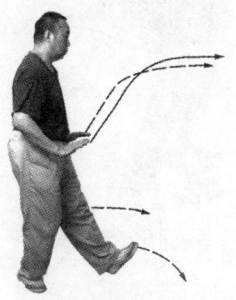 

图2-2-160　　　　　　图2-2-161

[拳经]（二十二）兽头势如牌挨进，恁快脚遇我慌忙，低惊高取他难防，接短披红冲上。

69. 扭马插捶（东）

（1）左转挡面（图2-2-162）　（2）扭马下插（图2-2-163）

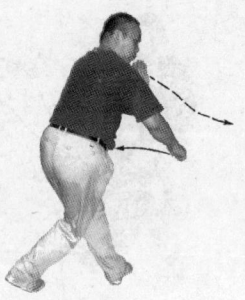

图2-2-162　　　　　　图2-2-163

70. 拗步崩捶（东）

（1）右转搬臂（图2-2-164）　（2）（右跟）活步右崩（图2-2-165）

图2-2-164　　　　　　图2-2-165

71. 顺步左崩捶（东）

活步左崩（左顺步）（图2-2-166）

图2-2-166

72. 戳脚采势（东北，面东）

拿扣戳脚（图2-2-167）

图2-2-167

[拳经]（二十三）神拳当面插下，进步火焰攒心，遇巧就拿就跌，举手不得留情。

73. 右横单鞭（东南，面南）

（1）落步（左）勾手（图2-2-168）　（2）（右坐）弓步右推（图2-2-169）

图2-2-168

图2-2-169

74. 右分脚（东南）

（1）收步合抱（图2-2-170）　（2）展臂右分（图2-2-171）

太极运动真诠

图2-2-170

图2-2-171

75. 左蹬脚（东北）

（1）落步穿抹（图2-2-172） （2）丁步合抱（图2-2-173a、b） （3）提膝左蹬（图2-2-174）

图2-2-172

图2-2-173a

图2-2-173b

图2-2-174

［拳经］（二十四）一条鞭横直披砍，两条腿当面伤人，不怕他力粗胆大，我巧好打通神。

76. 雀地龙（东）

（1）（右转）收腿摆掌（图2-2-175） （2）铲步穿掌（图2-2-176a、b）

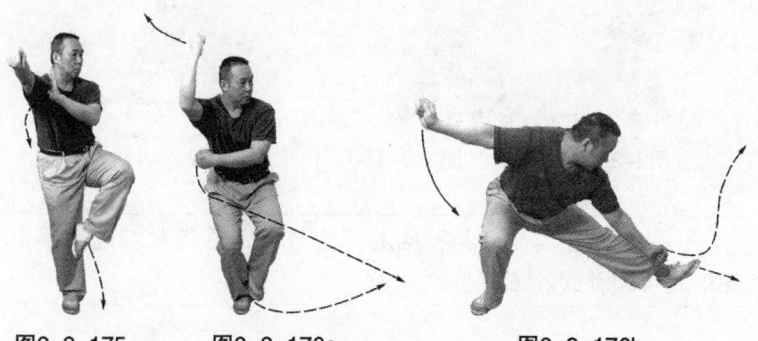

图2-2-175　　　图2-2-176a　　　　　　图2-2-176b

77. 上步七星（东）

（1）弓腿撩掌（图2-2-177） （2）上步叉拳（图2-2-178）

图2-2-177　　　　　　　图2-2-178

78. 左劈拳（东）

（1）收步卷抱（双拳于腹前）（图2-2-179） （2）垫步右转（图2-2-180） （3）上步左劈（图2-2-181）

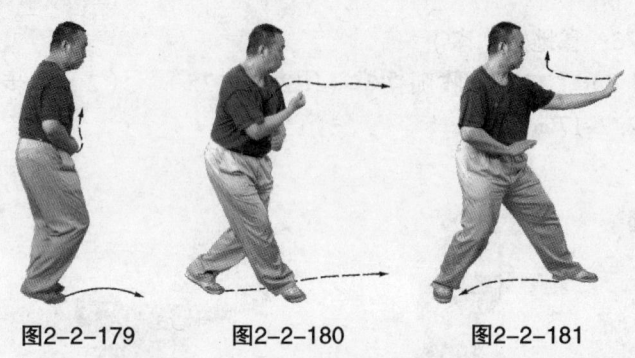

图2-2-179　　图2-2-180　　图2-2-181

［拳经］（二十五）雀地龙下盘腿法，前揭起后进红拳，他退我虽颠补，冲来短当休延。

79. 朝阳势（东，面东南）

（1）收步左拦（拨）（图2-2-182）　（2）（右）独立举拳（图2-2-183）

图2-2-182　　　　　图2-2-183

80. 搂膝拍脚（东）

（1）落步左搂（图2-2-184）　（2）右踢拍脚（图2-2-185）

图2-2-184　　　　　　　图2-2-185

81. 弹踢抱拳（东）
（1）落步抱拳（图2-2-186）　（2）提膝左踢（图2-2-187）

 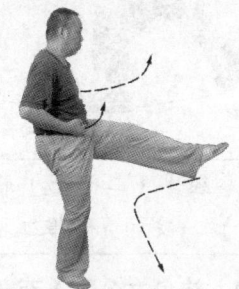

图2-2-186　　　　　　　图2-2-187

［拳经］（二十六）朝阳手偏身防腿，无缝锁逼退豪英，倒阵势弹他一脚，好教师也丧声名。

82. 右斜飞势（东，面北）
（1）落步穿肘（图2-2-188）　（2）上步斜靠（图2-2-189）

83. 左顺步蹦拳（东）
（1）右转拦手（图2-2-190）　（2）上步左蹦（图2-2-191）

图2-2-188　　　　　　　　图2-2-189

图2-2-190　　　　　　　　图2-2-191

［拳经］（二十七）雁翅侧身挨进，快腿走不留停，追上穿桩一腿，要加剪劈推红。

84. 转身右分脚（西北）

（1）后坐（右转）抱拳（腹前）（图2-2-192）　（2）展臂右踢（西北）（图2-2-193）

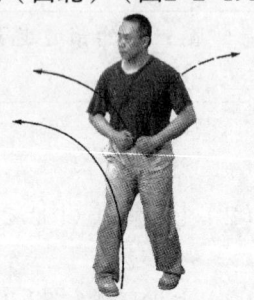

图2-2-192

图2-2-193

85. 独立跨虎（西北）

（1）落步合抱（叉掌于左胯）（图2-2-194） （2）（右）独立撑掌（图2-2-195）

图2-2-194

图2-2-195

[拳经]（二十八）跨虎势挪移发脚，要腿去不使他知，左右腿扫一连施，失手剪刀分易。

86. 进步搬拦捶（西）

（1）落步左拦（图2-2-196） （2）扭马压肘（图2-2-197）
（3）搬拦进步（图2-2-198a、b） （4）（左）弓步冲拳（图2-2-199）

图2-2-196

图2-2-197

图2-2-198a   图2-2-198b   图2-2-199

［拳经］（二十九）拗鸾肘出步颠剁，搬下掌摘打其心，拿鹰捉兔硬开弓，手脚必须相应。

87．当头炮（西）

（1）（左）裆步刁托（图2-2-200）　（2）（活步）震脚抖弹（图2-2-201）

图2-2-200   图2-2-201

88．（进步）左右炮捶（西南）

（1）（后撤）活步抱拳（图2-2-202）　（2）（左上步）活步架打（图2-2-203a、b）

89．左蹬脚（西南）

（1）（右）活步叉抱（图2-2-204）　（2）独立左蹬（图2-2-205）

图2-2-202　　　图2-2-203a　　　图2-2-203b

图2-2-204　　　图2-2-205

[拳经]（三十）当头炮势冲人怕，进步虎直撞两拳，他退闪我又颠踹，不跌倒他也茫然。

90. 上步肘击（西）

（1）（摆脚）落步滚压（左掌右拳，图2-2-206）
（2）上（右）步撞肘（图2-2-207）

图2-2-206　　　图2-2-207

91. 叉步搬拦（西）

（1）摆（右）脚搬拳（图2-2-208）　（2）（右转）叉步拦掌（图2-2-209）

图2-2-208

图2-2-209

92. 马步拿撇（西）

（1）上（左）步左拿（图2-2-210）　（2）马步右撇（臂）（图2-2-211）

图2-2-210

图2-2-211

［拳经］（三十一）顺弯肘靠身搬打，滚快他难遮拦，复外绞刷回栓肘，搭一跌谁敢争先。

93. 虎抱头（西）

（1）收步双抱（拳于腹前）（图2-2-212）　（2）（右）活步（左）横拳（图2-2-213）　（3）（右）垫步双抱（图2-2-214）　（4）活步（左）横拳（右）（图2-2-215）

图2-2-212　　　图2-2-213　　　图2-2-214　　　图2-2-215

94. 上步分鬃（西）

（1）丁步右抱（图2-2-216）　　（2）出步左分（图2-2-217）
（3）后坐左抱（图2-2-218a、b）　（4）出步右分（图2-2-219）

图2-2-216　　　　　　　图2-2-217

图2-2-218a　　　图2-2-218b　　　图2-2-219

95. 左转炮拳（东南）

（1）收步卷抱（两拳于腹前）（图2-2-220）　（2）活步架打（图2-2-221）

图2-2-220

图2-2-221

96. 十字手（南）

（1）右转开步（图2-2-222）　（2）弓腿展臂（图2-2-223）（3）左坐下划（图2-2-224）　（4）并步合抱（图2-2-225）

图2-2-222

图2-2-223

图2-2-224

图2-2-225

97. 收势（南）

（1）抹掌下按（图2-2-226a、b）　（2）立正还原（图2-2-227a、b）

图2-2-226a

图2-2-226b

图2-2-227a

图2-2-227b

［拳经］（三十二）旗鼓势左右压进，近他手横劈双行，绞靠跌人人识得，虎抱头要躲无门。

第3章 述　流

一、各式流派太极拳概述

如上章所述，太极拳之源头应来自民间，特别是戚继光三十二路拳经对太极拳的创编有着明显的影响和嫡亲的亲缘关系，"DNA"极为相似。而蒋发作为一个练"把式"的拳家，与陈家沟渊源甚深也是大多数人所公认的。不管传说他是王宗岳所传的还是他传给王宗岳，还是他与陈王庭为友、为亲随，还是他传授了陈长兴（1771—1853），众说纷纭；然而唯一公认的是蒋发在陈家沟生活过一段时间，陈家沟人的拳术与蒋发有一定的关系。（武术史家徐震先生还直言肯定"蒋发在清朝乾隆年间把太极拳传入陈家沟。"）陈长兴时代及以后，陈氏拳术"老架"定格，又产生了支流，有了新架和赵堡架的不同演练形式，各自以陈长兴，陈有本和陈青萍为代表。

河北永年人杨露禅（1799—1872）曾在陈家沟当佣工，从陈长兴学得拳术后返故里授拳（称"绵拳"），也是各家不争的事实。他的儿孙发扬光大，形成由杨澄甫（1883—1937）最后定式为宽大柔绵的大架杨式太极拳。

武禹襄（1812—1880）与杨露禅同乡里，曾从学于杨后又从学于陈青萍（1795—1868）；加以从舞阳盐店获得王宗岳的"太极拳论"，自有体会，演变出小架的练法，后人称为武式太极拳；由武氏甥李亦畬（1832—1892）继承，再传郝和（字为真，1849—1920），郝氏继之而定型，因而武式与强调"闪战"、"腾挪"的郝式太极拳原为一体。

清代同治年间，杨露禅在北京（1862）受聘于端王（载漪），任神机营总教练，有凌山、万春、全佑三名护卫从学其技，并使列入其子杨班侯（1837—1892）门下。相传凌山善发，万春劲刚，而全佑是满人，善柔化。全佑子艾绅，又名鉴泉（1870—1942）取吴姓，发展乃父拳技，卓然成家，形成现代称之为吴式太极拳的流派，架子适中，后人有称之为"中架"者。

河北完县人孙禄堂（1860—1933）原为八卦、形意拳家，50岁始从郝和学太极拳，数年而成；然后将其融入八卦、形意之中自成一家，架子小而活，以开合手和活步为技法特征。后人亦称之为孙式太极拳或"活步开合太极拳"。

陈式太极拳一般特点是架子较低，蓄发明显，快慢相兼，有较多的跳跃动作（如劈架子、二起脚、双震脚等）和"跌叉"，因而运动量较其他流派为大些。门内代表性拳家有陈长兴，演练时身型正直不偏，精神凝重，人称"牌位先生"。后有陈鑫（字品三，1849—1929），清代贡生，著述颇丰，是陈派太极拳的理论家。近代继承而成就较著者有陈发科（1887—1957）、陈照丕（1893—1973）、陈照奎（1928—1981）、李经梧（1912—？）、田秀臣、洪钧生等；现代有陈小旺（1946—？）和陈正雷（1950—？）。陈小旺劲刚势大，而陈正雷行功较柔而发劲松脆，各有特点。石家庄马虹著述颇多，为推广普及陈式太极拳不遗余力，做出贡献。

陈式太极拳较有代表性的著作是《陈氏太极拳图说》（陈鑫，1933）、《陈家太极拳》（沈家桢，顾留馨，1963）、《世传陈式太极拳》（陈小旺，1985）、《陈氏太极拳械汇宗》（陈正雷，1989）、《陈氏太极拳体用全书》（马虹，1987）。

杨式太极拳，以大架定型，架式宽大柔绵，气势舒展，柔中寓刚；因而在国内外流传最广。门内代表性拳家有杨露禅（名福魁，1799—1872）、杨班侯（名钰，1837—1892）、杨健侯（名鉴，1839—1917）、杨澄甫（名兆清，1883—1936）、陈微明（名慎先，1881—1958）、董英杰（生卒未详考，估约与郑岳同期相近）、李雅轩（1894—1976）、郑曼青（名岳，1901—1975）等。现代有李天骥（字龙飞，1915—1996）、傅钟文（1907—1994）、顾留馨（1908—1990）、杨振铎（1926—？）等。

杨式太极拳较有代表性的著作有《太极拳势图解》（许禹生，1921）、《太极拳术》（陈微明，1925）、《太极拳体用全书》（杨澄甫，1934）、《太极拳刀剑杆散手合编》（陈炎林，1943）、《太极拳释义》（董英杰，1948）、《杨式太极拳》（傅钟文，1963）、《太极拳运动》（国家体委运动司武术科编，实为李天骥执笔及演示拍照，1958年8月第1版，香港太平书局于1961年9月翻版，改书名为《太极拳图说》）、《太极拳术》（顾留馨，1982）、《太极剑》（武云卿、唐醒民，1959）、《太极拳械300问》（薛安日，1998）等。此外，还有以下一些书籍，可供学习参考的，如《太极正宗》（吴志青）、《太极拳讲义》（姜容樵）、《太极拳九诀八十一式》（吴孟侠、吴兆峰，1958年人民体育出版社初版，澳门华人出版公司曾翻版，改名为《杨家太极拳散手》）、《杨氏太极拳剑刀》（杨振铎）、《图解太极拳使用法》（李英昂）……

吴式太极拳是中架子，动作圆滑、连贯、柔和、文雅。门内代表性拳家有吴鉴泉（名艾绅，1870—1942）、王茂斋（1862—1940）、杨禹廷（名瑞霖，1887—1982）、吴公仪（1900—1970）、吴公藻（1901—1985）、吴图南（1884—1989）、徐致一（1892—1968）、马岳梁（1901—1998）、吴英华（1905—1996）、赵寿村（1901—1964）、吴耀宗（1909—1990）、陈振民等。现代继承而有成就者有李秉慈、马海龙、徐文、马江豹和施梅林等。

吴式太极拳较有代表性的著作是《太极拳讲义》（吴公藻，1936）、《吴氏太极拳》（马岳梁，陈振民，1935）、《吴家太极拳》（徐致一，1958）、《太极拳》（吴图南，1931）、《吴式太极剑》（吴英华，马岳梁，2001）、《吴式太极拳械精选》（薛安日，1996）。

武式太极拳桩步较高，架式稍狭，与杨式拳架对比鲜明。它强调腾挪、闪战。门内代表人物有武禹襄、李亦畬、李逊之、郝为真、郝月如、郝少如。近代有姚继祖、陈固安、刘积顺等。

武式太极拳的主要著作有《武式太极拳》（郝少如，1963）

孙式太极拳以活步和开合手为最突出的特征，桩步较高，迈步不大。门内有代表性的拳家是孙禄堂、孙存周、李玉琳、孙剑云、李天骥、郑怀贤、沙国政、张继修、崔文澜等；现代人孙叔容、孙婉容、孙宝亨等仍传其技。

孙式太极拳的主要著作有《太极拳学》（孙禄堂，1919）、《孙式太极拳》（孙剑云，1957）。

二、陈式太极拳的特点及演练要领

（一）架式特点

陈式太极拳桩步较低，架式舒展，气势沉稳，行功过程丹田内转，以内引外，用意行气，随意念的转换以缠丝劲主宰于腰腿而表现为臂、腕、掌、指动作的顺逆螺旋缠绕。动作快慢相兼，动如脱兔，静若处子，或刚或柔，蓄发互变；式式之间有折叠、往复，连结着意、气、劲的转换，节节贯串。

(二) 演练要领

1. 把握手型

（1）掌型

练陈式太极拳时要保持特定要求的掌型规格，即自然展掌，掌心稍内含，拇指有向小指合住的意念；其余四指自然伸展，指尖稍向后仰，特别是食指指尖有意识地后挑——运掌时"食指领劲"（图3-2-1）。

图3-2-1

图3-2-2

（2）勾型

陈式太极拳运动的勾手常作刁勾运用。其形态是拇指尖与食指、中指尖贴合，虎口成椭圆，无名指、小指与中指、食指密排合拢；五指均自然弯屈，掌心中空，手背圆拱，可简称之"密指龟背"。手腕关节稍着意内屈下挂，不可作平腕伸展（图3-2-2）。

（3）拳型

所有武术动作，除特殊风格的拳种有特殊要求之外，拳的握法都大抵一致：除拇指，其余四指并排向掌心卷屈，大拇指收屈压于食指和中指的末节关节上。但随着走架的动作要求，用力有松有紧。蓄劲时稍松握，发劲时紧握。但"松"与"紧"只是相对而言，应始终不失"拳"型，绝不可握成"空心拳"。而每拳发出，必须保持拳面平、拳背平，手腕不容内扣或背屈，即不容"折腕"。这一原则适用于所有太极拳及其他武术运动（下文写用拳处不再重复此拳型要领见图3-2-3）。

图3-2-3

2. 悬顶正容，松腰落胯

这是身型上的要求。要保持上体中正，不偏不倚。在曲膝坐腿的姿态下保持敛臀裹裆。裆口撑开才能将陈式太极拳常见的各种步型步法做好，如偏马步、半马步、弓步、虚步、横擦步、前铲步……

3. 注意节奏

陈式太极拳与其他各流派太极拳形式上的不同处，表现在走架时快慢相兼，不必速度均匀；快慢的节奏与意念的松紧、劲力的蓄发相一致。要做到"慢而不滞，快而不乱"与"顺势自然"。

4. 刚柔相济

开则柔，合则刚，一开一合，一松一紧，开中有合，合中有开；亦即刚中有柔，柔中有刚，柔不能松软，刚不使僵硬。

5. 劲法缠丝

劲力发于腿，主宰于腰，所有运动皆然。陈式太极拳的缠丝劲也是由腰脊的螺旋运动和意念折叠带动出来的，不是光有手动，应是由内及外，上下相随的整体运动，内缠为主，外缠为从。内是心意神气，外是皮肉筋骨，内外合一，螺旋缠绕，动作才得完整一气。

6. 架子适当

练陈式太极拳有高、中、低三种架子的表现形式，也不是架子越低越好。低架子是入门基础。初练者或青年人架子宜低矮一些为好，目的是增长腰腿功力。然而，无论如何低，架子也不能造成臀部下坠低于膝的水平。下蹲曲膝也不能超过脚尖。随着功夫增长，架子可以由中而高些，目的是练习内在的意、气、劲功夫。

7. 呼吸自然

不可以勉强呼吸去迁就动作。运动的呼吸始终都要平顺自然。一趟拳练下来，以大汗出，但面不红、心不剧跳、气不粗喘为好。初学时，平顺自然呼吸即可。功夫稍长，可以"以意引气，以气导体"，把握"开吸合呼，升吸降呼，后吸前呼，上吸下呼，蓄吸发呼"的运动生理规律进行走架。

三、杨式太极拳的特点及演练要领

（一）架式特点

过去有传说杨式太极拳有大架、中架和小架不同的套路和练法，还有一套秘而不外传的"长拳"。直至现代还有人将这些"秘传"之说继续宣扬，给太极拳盖上层层神秘的面纱。然而，杨澄甫的高足董英杰先生在他的《太极拳释义》中明确申明："有云，太极拳功劲，有一部分失传。此系欺人之谈。""外界有云，杨氏太极拳有大、中、小三套架子，实则仅此一套。练熟之后，由熟而化，或高或矮，或快或慢，随心所欲。"他还说："凤侯先生之子兆林先生之拳，系杨班侯先生亲授，乃系紧凑之架子，打来不快不慢。澄甫先生系宽大柔绵而缓。少侯先生则紧凑而速。余乃集三位先生之意，收敛而不速不迟，此乃成功之后，随心所变者也。倘初学者，仍以澄甫先生之架子为根基。希读者勿以架子为三套也。"董先生所述，诚可确信！

所以，杨氏太极拳传播至今，可以将其运动特点归结为如下几方面：

①架式宽大开展；②动作连贯平稳；③身型中正安舒；

④走架圆滑柔和；⑤速度均匀缓慢；⑥腰为主宰，劲如抽丝；⑦力不外显，精神聚敛；⑧气势沉雄，松静自然。

（二）演练要领

1. 步型、步法正确

两脚固定的形态称步型，两脚运动的过程称步法。杨式架子之所以表现宽大，其根在脚。步是拳架的基础，步的迈向其实就是动作的走向。因此，步的定型很重要。如弓步，前膝屈曲，但不可超越脚尖；后腿向前伸，有撑劲，但不尽直亦不跪曲；后足跟与脚掌沿皆不可离地。弓步的两下肢虚实分清，表面上看，好像是前肢曲膝，人体重心偏前，似应为"实"，后肢为"虚"。但实际上运动时弓步的形成过程，起主要作用的是后腿，"其根在脚，发于腿"，后肢前撑是主动的，前肢曲膝是被动的，因而应该认识到弓步时前脚为虚，后脚为实的实质，知道"虚实分清"之所在。

弓步必须是"丁八步"，前脚掌正向前，后脚掌斜向外，有45°~60°的夹角和10~30 cm的横向距离，构成一个适当的支承人体重心的底面面积（见图3-3-1）。

又如虚步。杨式太极拳的虚步有两种：一是前脚脚跟着地，脚尖上翘，上体稍侧偏（见图3-3-3）；另一种是前脚脚跟离地，脚前掌着地，上体正向（见图3-3-2），但重心

图3-3-1

图3-3-2

图3-3-3

均落于后脚上。所以,虚步时后肢为实,前肢为虚,两脚掌是没有明显的横向距离的,前后足跟内沿在同一条直线上,但仍保持45°~60°的夹角关系,后腿曲膝坐实,前膝放松微曲。

又如仆步(见图3-3-4),前腿向地面平铺,前脚掌向内横扣,脚掌沿朝前,脚尖向内与后足跟在同一条直线上。后脚掌斜向外撇,后腿曲膝全蹲,胯要松开,上体正直下坐,但膝必须与脚尖同一方向,否则向下蹲屈一侧的膝内侧韧带一定会受损伤。

又如独立步(见图3-3-5)。独立的支撑腿自然站直,膝不用力撑伸,保持放松微曲,脚尖略向外撇;另一腿曲膝上提,高于腰部,小腿内收,脚尖下垂。

图3-3-4

图3-3-5

步法的前进步、横进步、后退步应予注意之处是:

前进迈步时,一脚站稳,另一脚向前迈出,以脚跟先着地,重心不可同时前移(见图3-3-6)。

横向进步亦同样应注意开步时重心不移,开出的脚脚尖应内扣向正前方,使之落地时与支承重心的脚掌平行、平齐(见图3-3-7),然后足跟落地重心转移(见图3-3-8)。

图3-3-6

后退步时同样是一脚站稳,重心不动,另一脚以提膝向后落,脚尖先着地(见图3-3-9),重心不能与退步同时后移,要先落脚再移重心向后。

图3-3-7　　　　　　图3-3-8　　　　　　图3-3-9

2. "腰脊为第一主宰,猴头为第二主宰"

这提法讲的是走架的身法及定势的身型。如何保持太极拳运动所要求的"尾闾中正神贯顶,满身轻利顶头悬"呢？那就要注意运动过程务必使腰脊基本与地面垂直,不偏不倚。运动不能光以手足主动动作,而应以腰的左旋右转为主宰,这是身法带手法的运动要领。腰骶部尾锥下垂,以百会穴上提(即提顶)的意念引领着胸椎、颈椎自然直线上竖,使上下拔长,保持人体24节椎骨节节贯串。这是运动过程常须保持的身型要求。所以说"腰脊为第一主宰"(这里说的不光是腰,还有脊背！)。

"猴头为第二主宰",这里所谓"猴头",不是指喉咙的"喉头"。过去有些书刊误读曲解为"喉头",实在是误解了。古时北方俚语指动来动去的人头为"猴儿头",世俗也有指称顶部摇摇欲坠将与主体分离的物件为"猴儿头",喻其不够稳当。不能将"猴"改写为"喉"。"猴头为第二主宰",指的是运动时与肢体动作协调配合而有"左顾右盼中定"的头部动作要领。太极拳以掤、捋、挤、按、采、挒、肘、靠八种技法为"八门",以进、退、顾、盼、定五种步法、眼法、身法为"五步",合称十三势。进、退、顾、盼、中定均以"顶头悬"、"悬顶正容"(百会穴上提,下颌微收,颈项放松,眼平视)为支配。练拳时躯干和头颈不可前俯后仰,要提高,要领也在其中。拳谚云:"低头猫腰,传授不高。"这就是说,武术运动,头与腰的姿势都是非常重要的,腰脊的主宰与猴儿头的支配是走架功夫好坏的决定因素,缺一不可。"其根在脚,发于腿,主宰于腰,形于手指"这一要领是对"劲"的要求;"猴头主宰"是顾盼有神、意、气的内涵表现所必须,内外合一,架式才得完满。

3. 注意手型特点

(1)掌型

舒指展掌,虎口撑圆(见图3-3-10)。大拇指与其他四指分开,有意识地将虎口撑圆,四指自然伸展,放松微曲,既不用力紧密并列,也不必分张,更不要使食指后挑做成"兰花手"(这是打拳最差的一种错误手型)。

图3-3-10

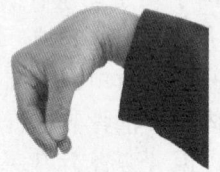
图3-3-11

(2)勾型

手腕内屈,五指微曲,指尖下垂,拇指尖与食指尖相贴(见图3-3-11)。

4. 前进后退,虚实分清

无论前进或后退都必须做好弓腿、坐腿,任何过程不急于移转重心。重心的移换必须在下肢虚实转换完成之后。身体重心的位置移转,绝不能先于下肢虚实的转换。否则,动作不协调，不紧凑，会显得轻浮、起伏、松散。

5. 上肢放长，直中微曲

杨式太极拳架式之所以有"宽大"的特点，就是在下肢稳固、虚实分清的基础上，上肢展得开，运动弧线宽大、圆滑而长远。这种开展放长是包括了沉肩垂肘、虚腋与上下相随等要领的。如倒卷肱（见图3-3-12）、单鞭（见图3-3-13）、斜飞势（见图3-3-14）等。初学时尤须开展，将动作架式定型，为日后以意导体的进一步提高打下牢固基础。

图3-3-12　　　　　图3-3-13　　　　　图3-3-14

6. 呼吸自然

不作与拳势不协调的限制呼吸。初习拳时应自然呼吸，把肢体拳架学习好，练成良好的动力定型。进而以意导动：意到则（内）气到，气到则劲随。这时自然地外气（呼吸大自然之气）与之紧密相关。一般的规律是：意念开则劲蓄，要吸气；意念合则劲发，要呼气。动作上提则吸气，下降则呼气。由一个定式的完结（实–呼）向下一势过渡时（虚）就要吸；由过渡的动作演变成了定势（实）时就要呼。因此，在提高的后阶段，练拳速度的快慢应由均匀的呼吸速度所决定，而不是呼吸将就动作。练拳越慢越好，即呼吸越慢动作就随着越慢，通气量、肺活量、运动量都会渐渐增大。

四、吴式太极拳的特点及演练要领

（一）架式特点

吴式太极拳与杨式太极拳有着嫡亲的"血缘"关系。吴式祖师全佑受教于杨露禅，又列入杨班侯门内。后来其子吴鉴泉才完善为自有特色的练法，而所练所传的套路，从架式编排上仍与传统杨式套路一脉相承。吴式承传了杨班侯的小架风格，桩步不要求压低，采用中架子；将缠丝劲演化为圆滑和顺的抽、缠结合，动作无处不是圈。功架紧凑，松静自然。川字步的弓步步型和前进时偏中寓正的身型使得演练过程别具特殊风格，显得轻灵、圆滑、连贯和流畅，虽动犹静，使人有温文尔雅的观感。金鸡独立、打虎势和退步跨虎等独立步的架子尤其优美。吴式在格调上更适宜于文人雅士、白领阶层和妇女选取锻炼。走架时内气易于流贯，"得气感"较快、较强。

（二）演练要领

1. 把握步型

（1）弓步

前膝与脚尖相对，后腿自然伸撑；前后脚掌平行，中间有适当的"横向距离"，称"川字步型"。由这一固定形态所约束，与之自然配合的就是保持臀部内敛、上体稍向前倾的"偏中寓正"的身型。在川字步型的基础上，要将上体做成尾闾下垂、脊柱垂直的"中正"是不可能的。因此，吴式太极拳是步型决定了身型（见图3-4-1）。

图3-4-1

（2）虚步

吴式太极拳的虚步也是上体正向、两脚掌平行，中间有适当横向距离的"川字步"。但上体后坐时,仍是尾闾中正、顶头悬;前膝自然伸直,脚尖上翘(见图3-4-2)与杨式太极拳虚步时后脚掌斜向与前脚掌成45°~60°夹角,前膝要自然微曲稍有不同。

(3)独立步

吴式太极拳的独立步要领与杨式大致相同,仍是"含胸拔背",从头顶到独立腿的足跟成一垂直地面的直线。但上提腿一侧的胯要稍外展,膝内侧略向前上提,踝稍内扣,脚尖上挑(见图3-4-3)。

图3-4-2

图3-4-3

图3-4-4

(4)马步

吴式太极拳马步步型是重心落于两腿中间,两脚掌略外撇作八字,膝仍正对脚尖。如单鞭势(见图3-4-4)。

2. 注意手型

(1)掌型

吴式太极拳的掌型采取"休息位"(解剖学名词),即五指自然舒松地并排,虎口不宜撑开(见图3-4-5)。

目前有人传授吴式太极拳的"搂膝拗步"架式时采用手腕外旋、向上叉开虎口的形态是不对的,非"传统"的,也是

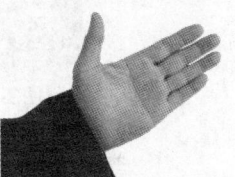
图3-4-5

误导初学者的。然而这种趋势已愈演愈烈,推向了世界各地,"负负得正"的规律就否定了吴式太极拳先师们练习的掌型的

正确性。这一现象非常可悲！究其原因，就在于现代"专家"们的"权威性"传播！笔者受教于吴鉴泉氏的嫡传人，应尽"知无不言"的责任。

（2）勾型

吴式太极拳的勾型采用"撮勾手型"，手腕内屈，五指下垂，指尖合拢成一撮（见图3-4-6）。练习吴式的"单鞭"时就不能用陈式或杨式的"刁勾"手型。

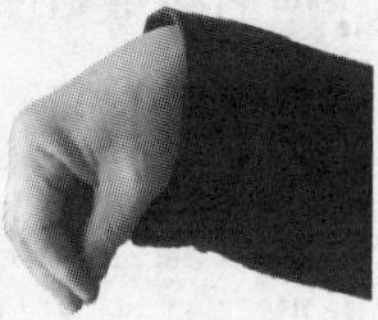

图3-4-6

3. 练好身型

吴式太极拳走架时，作弓步的身型是"偏中寓正"，即弓腿一侧的髋关节（俗称胯）向前上顺出，上体略向前倾，但不折腰、不撅臀和不仰视，从头顶百会穴通过裆中的会阴穴、后大腿内侧到足跟拉成一条斜向地面的直线。因此身体看似偏前，而重心仍稳，尾闾中正，神贯于顶。视线与地面成45°向前下方。同样要沉肩垂肘，胸腹放松，敛臀裹裆（见图3-4-7）。而在坐腿时，上体则一如杨式那样尾闾正中，顶头悬（见图3-4-8）。

图3-4-7

图3-4-8

4. 柔圆缠绕，圆圆相套

吴式太极拳演练过程，缠丝劲与抽丝劲是以内引外混合在一起的。手上表现为竖面、平面、斜面等面上的圆圈运动。大圈、中圈、小圈、竖圈、平圈和斜面圈，圈圈相接相叠而形成吴式太极拳柔化的特征。

然而近代港澳地区及海外传播的吴式太极拳有所谓"方架"与"圆架"之分，也是误解。笔者认为，吴式无二，架为一趟。所谓"方架"，其实只是授拳者为了教学方便，将一个架式分解为若干"分解动作"，化整为零的教法；而学习者却习以为常，将"分解动作"作停顿定型，食古不化，不会将零归整，不知架子搭好以后就应按圆柔、连贯、均匀、缓慢的原则练拳，日久就出现了"方架"问世。这是教学传承上的偏差。希望教学者在教授"分解动作"以后，还应该把学习者引回原来传统练法的轨道上来，练出动作俱走圆弧，圈圈相叠，"无使有缺陷处，无使有凹凸处，无使有断续处"那种"劲断意不断，断而复连"的风格。

五、武式太极拳的特点及演练要领

（一）架式特点

武式太极拳是高桩步小架子。它的创始人武禹襄初学陈式老架太极拳，后在赵堡镇学陈青萍着意衍变的新架。然后努力练习，学而化之——"学规矩，懂规矩，明规矩而化规矩"，从理论到实践都有新的改进；既不同于陈式老架、新架，也不同于杨式大架、小架，在继承中发展而自成一家。武式太极拳的特点是：桩步较高，步法严谨，虚实分清，身型中正，以"内气潜转"引导动作，以内动的虚实转换支配外形。上肢动作幅度较小，手法以坐腕竖掌为主，左右手各管半边身体，不相愈越，向前出手不过脚尖。原先武式太极拳也有跳跃动作，到了第四传的郝月如一代才改为不纵不跳，双摆莲也不拍打脚面，因而外动形态并不剧烈，更显"文静"的秀才风格。武式太极拳因第二传李亦畬的关系，世传曾称为李架（李式太极拳），到第四、五传郝月如、郝少如时代，亦有人称之为郝架。现代人从源流出发，尊重历史仍统称为武式太极拳。

（二）演练要领

1. 着重身型八法：提、吊、裹、护、含、拔、松、沉

（1）提顶

颈肌放松，竖项，头容正直；精神上贯于顶，提挈全身动作。

（2）吊裆

出步时两股用劲，臀部前送，小腹稍向上翻，会阴部有向上提缩之意。

（3）裹裆

两腿虚实分清，两膝不外摆，着意朝前与脚尖相对，意念令两臀大肌收紧向内包裹。

（4）护肫

两腋放虚，上臂及肘不夹贴肋，两胁向下放松，有收束前合之意。

（5）含胸

胸肌自然放松，胸骨不向前挺，脊柱不向后弯拱，上体正直下坐。

（6）拔背

背肌放松，颈椎上竖。意念引领脊柱自然向上伸直，腰骶下垂，上下对拉拔长。

（7）松肩

两肩着意放松下垂，绝不可向上耸抬，但也不应着意将肩锁关节向前包合。

（8）沉肘

运动过程任何动作都不应以上臂引领。在虚腋的同时两肘保持适当下垂，但不当夹肋。即使手法向上过头（如"穿梭"的上架掌）也不能抬肘。沉肘与松肩是相互影响、紧密关连的。

2. 强调气势

郝月如先生说："太极拳不在样式而在气势，不在外而在内。平日行功走架，须研究揣摩空松圆活之道；要神气鼓荡，气势贵腾挪。"

武式太极拳特别提出"腾挪"之说。郝月如先生说："腾挪者，即精气神也。""精气神贯于两脚、两腿、两手、两膊前节之间。"又说："腾挪，即预动之势也。"

实言之，所谓"腾挪"，即每个动作，每一肢节俱有虚实，虚重又实，实重又虚，虚非全虚，实非站煞；静中预动，定中预变，伸缩留有余地。亦即《十三势行功心解》中所谓："一举动，周身俱要轻灵，尤须贯串。""意气须换得灵，乃有圆活之趣，所谓变转虚实也"的概括。这些道理，由武式太极拳总结出来，其实也是所有太极拳和其他武术运动都该贯彻的法则。

六、孙式太极拳的特点及演练要领

（一）架式特点

孙式太极拳编成于民国初期（20世纪初），是河北省完县人武术家孙禄堂（名福全）先生所创编。他自述谓："余受教于为真先生，朝夕习练，数年之久，略明拳中大概之理；又深思体验，将夙昔所练之形意拳、八卦拳与太极拳，三家会合而为一体……"所以孙式太极拳融汇了三家的身法、步法、手法而形成自己的独特风格。既有太极拳的圆活、连贯和速度均匀，动态如行云流水以及气沉丹田的特点，又有动作紧凑、身法灵活的八卦掌的特点，以及意、气、劲三者紧密配合，以三体式为基础的敏捷活步的形意拳特点。孙式太极拳也是架式较小和桩步较高，属小架子。走架中，必以开手、合手为过渡式。整个套路内容的编排有十二个开手、合手，形成了进步必跟，退步必撤的灵活敏捷的开合活步的独特风格。所以，孙式太极拳又被称为"活步太极拳"或"开合太极拳"，也有人称之为"活步开合太极拳"。

（二）演练要领

1. 活步

步法是"进步必跟，退步必撤"，所以孙式太极拳没有杨、吴式那种"弓箭步"架子，却有其"单鞭"那样的横弓步（横裆步）步型（见图3-6-1）。步法"跟步"时，前脚迈出，重心前移，后脚紧跟；但不可超越或靠贴前脚足跟，以留有约10 cm的纵向与横向距离为好（见图3-6-2）。"撤步"则前脚收回，必以脚掌着地，足跟离地成"虚步"姿态（见图3-6-3）；或成"三体式"姿态（见图3-6-4）。

图3-6-1　　　图3-6-2　　　图3-6-3　　　图3-6-4

向横出步（如单鞭）成横弓步时，横出的脚掌不可向前迈出超过于实足的脚尖或向后退于实足脚跟之后，以两脚平于一横向直线上为好。

2. 开合

开手合手时，重心亦随之变换落于一腿上，即两足要虚实分清；完成开手合手动作时重心不能固定落在两脚中间不动。开手、合手要与重心交替移换于两脚协调一致。并且注意动作与呼吸的配合——开手吸气，从足底上引至顶门（百会穴）；合手呼气则气沉丹田。

3. 速度均匀

跟步、撤步速度保持均匀一致；不可忽快忽慢，以使动作平稳，不致出现高低起伏和闪动。

4. 掌型

必须做成舒指展掌、虎口撑圆（见图3-6-5）。开手、合手、懒扎衣等两手如持气球（见图3-6-6）"单鞭"，两手如捋长杆（见图3-6-1）。

图3-6-5

图3-6-6

5. 身型

中正不偏，保持上述武式身型八法的同样要求。

七、四维拳的特点及其演练要领

（一）架式特点

四维拳后于孙式约70年，于20世纪90年代中面世。它是撷取了太极拳、长拳、南拳、形意拳等主要武术技法融汇编成的。它将中华武术的主体技法踢、打、摔、拿（击技之四维）表现在同一个套路中，合内外家为一体（反证武术应无内外家之分的原旨），内容较为丰富。运动时以意导动，呼吸缓慢均匀引导动作速度，则表现为太极拳形式；如以明劲表现技法，蓄发相变，节奏明显，快慢相兼，则是武术攻防的练习或变成了"太极快拳"。所以四维拳的架子特点是架式宽大、遒劲和雄浑,静如山岳,动若江河。

(二)演练要领

1. 做到步型正确多样

(1)四维拳的弓步有三种

①正弓步,与杨式太极拳的弓步相同,如"弓步掸捶"(见图3-7-1)。②子午马,弓步与动作方向垂直;弓腿一则的脚掌内扣,与伸腿一侧的脚掌近于垂直。上体仍保持尾闾中正、头容正直,如"照镜手"(见图3-7-2)。③横弓步,与杨式太极拳同,如"大捋"(见图3-7-3)。

图3-7-1

图3-7-2

图3-7-3

(2)交叉步(歇步)动作独特

如"盖步勾手"(见图3-7-4)。

(3)跪步(骑龙步)

如"跪步冲拳"(见图3-7-5)。

(4)独立步也有三种形态

图3-7-4　　　　　　　　图3-7-5

①正向提膝，小腿内收，脚尖下垂，如"独立托掌"（见图3-7-6）。②正向提膝，小腿向前斜伸，脚尖上挑，如"独立撑掌"（见图3-7-7）。③正向提膝，小腿内收，脚掌离地约20 cm，与地面平行，靠近独立腿的内踝（见图3-7-8）。

图3-7-6　　　　图3-7-7　　　　图3-7-8

（5）三体式步

两脚掌全着地，十趾抓地。体重的70%落在后腿，前膝微曲稍内扣。如"金凤振羽"（见图3-7-9）。

（6）半马步

后腿支承体重的70%，膝与脚尖相对；两脚掌成小于90°的夹角；前小腿斜向后撑，膝与脚跟连线约与地面相垂直。如

太极运动真诠

图3-7-9

图3-7-10

"上步靠肘"（见图3-7-10）。

（7）马步

两脚掌如小外八字站立，上体与两脚尖连线平行；重心落于两脚中间。如"兽头势"（见图3-7-11）。

以上的一些步型，在其他太极拳套路中不常见，演练时需要把握好动作规格。

图3-7-11

2．长桥大马

"桥"是南拳术语，指的是臂，特别是指前臂动作。四维拳运动要用"长桥"，就是要尽量将臂的动作伸展拉长，如"扑翼式"，"搂手斜切"等（见图3-7-12和图3-7-13）。

图3-7-12

图3-7-13

"马"则指下肢的步型，有时也包括步法。大马就是指步幅宽大、桩步稍低矮的步型。如"十字标指"（见图3-7-14）。

图3-7-14

3. 身型中正
注意悬顶正容和专注一方。

4. 动作俱有攻防意识
演练时要意、气、劲合一，练出功架的精神。

第4章 释 义

一、"太极"及"太极拳"释名

(一) 太极

"太极"一词源出《周易》，是指（中国古代的宇宙观认为）天地未分之前，元气混沌的原始状态。《周易》相传为周文王被拘于羑时的著作。其中《系辞上篇》说："是故，易有太极，是生两仪。"过去的文理学家曾有这样的解释："太极者，无称之称，不可得而名；取有之所极，况之太极者也。""太极谓天地未分之前，元气混而为一，即是太初，太一也。"

由此，我们可以理解"太极"就是古代中国人所认知的宇宙的原初，是我们生活的世界的原始。然而，这只是中国古代哲学的认知论，不是科学的宇宙观。

(二) 太极拳

太极拳一词最早见于《太极拳论》（相传为清代中叶王宗岳所作）。但实际上陈家沟第十四世陈长兴传河北永年人杨露禅时亦无"太极拳"的称谓。杨露禅学成返乡及到北京传授武艺时亦只称为"软拳"或曰"化拳"（见许禹生著《太极拳势图解》）——由此亦可对《太极拳论》究竟是否王宗岳所写或者虽有该文，原来就不一定有标题，"太极拳论"的标题是后人给该文添加上去的，笔者有所疑问。

对于太极拳的产生，考证者众说纷纭，但都没有任何证据说明始创者是一位精通理学、熟读《周易》的大家，更没有任何史料足证有人根据宋代周敦颐的《太极图说》去创造太极拳（读者可参阅本题后附载的原文）。而且也未见有哪一位太极拳家同时也是《周易》与程朱理学的大学者。相反，我们可以从张三丰或陈王庭的传说和史料中发现他们都与道家渊源密切，是修炼道家的虚无导引、服气专精的养生之道的行家里手。

因此，我们只能认为太极拳是中华武术的一个组成部分。在博大精深的武学宝库中，它自成体系，有其独特的拳、器械（刀、剑、枪、杆等）、推手、散手与对练等演练方式以及比较系统、完整的武术理论。这种武术的特点是正、稳、松、柔，刚柔相济，蓄发相变；走架绵绵不断，静如山岳，动若江河，以"松静自然"为最高境界。笔者的老师李天骥先生说，太极拳是意识（心）、呼吸（息）、动作（身）三者紧密结合的运动。运动时要求心静神聚，舒松自然。所有运动过程都包含阴阳对立的统一，"动之则分，静之则合"，"一动无有不动，一静无有不静"，"动中求静，不尚拙力；气如车轮，腰如车轴；如环无端，绵绵不断；呼吸根蒂，气沉丹田；专气致柔，纯任自然。"因此后人假借"太极生两仪"的古代哲学观念来形容与解释这种拳法的内蕴，并冠以"太极拳"之名。其实"太极"与拳法本身并无关系，二者不能等同。"太极拳"这种拳术的主体是"八门五步"——掤、捋、挤、按、采、挒、肘、靠等八种技法和进、退、顾、盼、中定等五种步法、眼法和身法。由这十三种要素排列、组合成太极拳架招式和运动套路，运动过程讲究意、气、劲三位一体，亦即"意到气到，气到劲随"。换言之，强调"意在身先"，"重意不重形"，"将展未展"，"劲断意不断，断而复连"这样一种意识、呼吸、动作三者紧密结合的武术运动体系就是"太极拳"。

为了让读者对"太极拳"与"太极"这一哲学概念有比较

深刻的认识，能从比较中找到答案，下面转载《太极图说》全文，提供参考。

《太极图说》（宋·周敦颐）

无极而太极。太极动而生阳，动极而静，静而生阴，静极而动。一动一静，互为其根；分阴分阳，两仪立焉。阳变阴合而生水火木金土；五气顺布，四时行焉。五行一阴阳也；阴阳一太极也；太极本无极也。

五行之生也，各一其性，无极之真，二五之精，妙合而凝（笔者提示1）。"乾道成男，坤道成女"，二气交感，化生万物，万物生生而变化无穷焉。

唯人也得其秀而最灵。形既生矣，神发知矣，五性感动而善恶分，万事出矣。圣人定之以中正仁义（原作者自注："圣人之道，仁义中正而已矣"）而生静（原作者自注："无欲故静"），立人极焉。

故圣人"与天地合其德，日月合其明，四时合其序，鬼神合其凶"，君子修之吉，小人悖之凶。故曰："立天之道，曰阴与阳；立地之道，曰柔与刚；立人之道，曰仁与义。"又曰："原始反终（笔者提示2），故知死生之说。"大哉易也，斯其至矣！

提示1：这四句参考《河图》及张伯端（紫阳真人）著的《悟真篇》第十四首就容易理解。

2："原始反终"的意思是探究事物之起源与结果。

二、"八门五步"解

"八门五步"的"八门"是指太极拳运动的八种主体技法——掤、捋、挤、按、采、挒、肘、靠。"五步"是太极拳走架时前进、后退、左顾、右盼、中定等五种步法、眼法和身法的统称。八门五步的结合，就是十三势。过去有人硬将

"八门"与"八卦"相匹配,将"五步"与五行"相套合;指称"掤、捋、挤、按,即坎、离、震、兑四正方也;采、挒、肘、靠,即乾、坤、艮、巽,四(斜)角也;此八卦也。进步、退步、左顾、右盼、中定,此金、木、水、火、土也,五行也。"然而到目前为止还没有人发现前人的著述或今人在研究太极拳技法上和套路编排上运用八卦相变及五行生克的关系。一定要将八门五步搭配到八卦五行上去说理,那是非常牵强,说不出所以然来的,对拳法及其实用的研究也不会有实质的突破。这种牵强附会的"理论"只会将武术研究引入歧途。

三、"意、气、劲"解

如果说"八门五步"是太极拳运动表现于外的技法和形式,则"意、气、劲"是太极拳运动内涵的主体。

"意"是意念、意识,来源于"心"(思维),所以意为思维的产物。"心为令",就是意念先导,从心所欲,然后有八门五步的表现。如孙禄堂先生说的:"先贤云,固灵根而静心,谓之修道;养灵根而动心,谓之武艺。"

"气"是神气——精神、气势。练太极拳走架时要神气收敛于内,打手(推手)时要神气敷布于外。亦如孙禄堂先生说的:"……操练,将神气收敛于内,混融而为一,是太极之体也。诸法动作,使神气宣布于外,化而为八(门),是太极之用也。"

前辈太极拳家陈长兴说:"要诀云,捶自心出,拳随意发。"陈炎林先生又说:"夫意气,理也;拳术,法也。意气与拳术实有相互之关系。太极拳之用意与气,必须从设想两字着手。譬如双手作按式时,即假想前方若有敌人,此时手中并无气可发,己乃假想气由丹田贴于脊背,然后由背而臂而腕而掌以透出之,发于敌身。此种假想,初学时虽属渺茫,但习之既久,即能运用自如。"以上所述,假想就是意念,有意念然后有完成动作所需的"气"和"劲"。这一举例明确而贴切。这里所说的"气"是由意念、形象思维所产生的。这"气"似乎无形无象,无迹可寻;但它所表现的则是完成意念指令,完成动作所需的"劲"。人体每一个动作都要通过神经系统传达大脑思维的反射弧使肌肉、关节恰当地收缩或舒张、外展或内旋来完成的。这就是"劲"。因而太极拳论所谓"意到气到,气到劲随"是非常科学的总述。

"意"比较易于理解了,下面再回过头来比较详细地讨论"气"和"劲"的问题。

练太极拳的人常会听到或看到一些如"气沉丹田"、"气宜鼓荡"、"气若车轮"等术语和习惯用语。但究竟"气"指什么东西?过去没有人加以全面的、明确的解释,也没有专著较明白详尽地阐述其基本内容与含义。因此,很多练太极拳的人,比较片面地把"气"理解为呼吸运动;有些人又把"气"看得十分神秘,将练"气"看成是练就"刀枪不入"的"内功",或认为"练气"就是太极拳运动的最高境界。这些观点都是不够全面或与事实相违背的。然而对于"气"的探讨,是个大题目,仍值得今后努力研究。我们必须尊重实践,实事求是,从实践中获得对"气"的认识,通过唯物辩证的观点方法加以分析、整理、提高,再回到实践中去加以检定。

前人在太极拳理论上提到的"气"大抵有三方面内容:其一为神经功能作用,与内劲有关;其二为气势,是"有之于中,形诸于外"的精神体现,即在意识指导下动作姿势所表现的形态、气质;其三,指呼吸气息。

(一)"气"为神经功能作用

可以把它与"劲"结合起来体会。过去有所谓"意到则气到,气到则劲随"的讲法。可见"意"、"气"、"劲"三者是相关连的。"气"的产生,先决条件是"意"。意识产生于大脑皮层的神经细胞活动,由大脑皮层的兴奋,通过运动神经而传达于肌纤维的一个反射弧,就是"气"的表现。如"搂膝拗步"向前推掌时,由腿而腰而脊而手,好像有一股气直透指尖,形成推掌的"劲"。又如"揽雀尾"的掤势,好像有一"气"从腰脊达膀至前臂向外敷布以抗御外力一般。这股"气"使得前臂有向外向上拱圆的形态和自我感觉。捋势,好像有一"气"连贯于左右两手之间,使其黏着一物向左后柔韧地牵引的感觉。到挤式时,又似有一"气"从左掌压着右手腕向前挤迫,有逼倒对方之意;然后两腕翻转,似有"气"自两臂直透手心而出,黏着假想敌的"两腕"向后下左右化开其劲,然后向前向上推击。这就是按势。这过程正像过去的人所谓"运于己身,敷布彼劲之上,使不得动也。""以气全吞而入于化也"的"气"(武禹襄《四字诀》,敷,盖,对,吞),也就是所谓"神贯于顶,流行于气,运之于掌,通之于指的"气"(《十六关要论》)。这种"气",发自自我内在的精神活动,在外则表现为"劲"。

再举一通俗例子具体形象地说明这"气"与"劲"的实质,以便帮助读者更易理解。曾有人问我:"何谓劲?"在旁的另一人答:"大解时,便难,欲努躬出,用的就是劲。"这个比喻虽然较粗俗不雅,但它是从生活实际中得来的体会,且令人易懂,不妨借用。解手时欲努燥屎解出,确是用了"劲",这不是"力",这劲是从"气"而来的。这个"气"源自精神上"要大便"的思想意识。大脑皮层里"出恭"这个兴奋灶发出命令,通过传出神经使肛门括约肌松弛,肠管的蠕动增强,同时使横膈紧张,着意鼓着气,增加腹内压,压迫直肠,使粪块向下挤出。这么一个神经功能作用表现的就是所谓"气",由"气"而产生排便的"劲"。

杨澄甫也有过这样的讲法:"气走于膜络筋脉,力出于血肉皮骨(见《太极力气解》)。"武禹襄在《十三势行功心解》中指出练拳要注意的地方时说："心为令，气为旗，腰为纛"，这就说出"心令气旗使"这样一种由神经中枢所发出的流行于四肢筋络的神经功能表现。在打太极拳时，这种"气"是流畅不滞的，由一势到另一势，其气不断活转。所以《总势歌》说："气偏身躯不少滞。"《十三势行功心解》又说："行气如九曲珠，无微不到。"所谓"行气如九曲珠，无微不到"是指练拳时，内在的精神活动贯注全身，使整体上下内外协调统一起来，没有丝毫脱节的地方。所以在练拳上能行"气"，架子就圆滑柔和、连贯，看上去有似松非松，将展未展的一股劲，可以表现出"形如搏兔之鹄"、"静如山岳，动若江河"那样的气势来。这种有形象可见的气势，就是下面要谈的有关"气"的第二个含义。可见"气"的第一、第二两个方面含义都由精神意识所产生，有着内在联系的；只是一为畅行于四肢百骸的筋络之间，无迹可寻，如运用之则为"劲"；一为走架子时敷布于外而影响着动作气势的神气。

  这里所谈的"气"跟练气功之"气"又有何异同？笔者以为要区分这两种"气"的问题，首先要把练太极拳与练气功明确区别。太极拳是由外动而求内静的运动；气功则是欲由内静而求外动或物我俱忘的静坐、立、卧之法。虽然各自的"气"都由人的精神意识而来，但太极拳的"气"旨在拳术的攻防活动；气功的"气"旨在内景，以通行经络为目的。一为外发而主"动"，一为内注而主"静"。我们练太极拳时就不能把练气功想象经脉内气流注那套方法搬到太极拳运动中牵强附会，势必要把太极拳与医学的经络学说联系起来。有些人套用练气功的"大周天"、"小周天"，以为太极拳运动是要使"气血沿着经络路线流转贯注"的，所以就得出"闪通臂一势，督脉上下来回三过其背"的谎诞结论。这一类的理论不是从实践中来的，经不起实践的检验，不能成为真理。至于太极拳与经络的问题，非本文讨论的内容，于此不赘。但我们也不能忽略了人体是一个统一的整体。由于练拳,在练得功夫较深时或许能够"气偏身躯",因为这种锻炼确能改善卫气营血功能,加强肺通气和血液循环,增强人体的新陈代谢,因而也就加强十二经脉的经气流畅和五脏六腑功能。不过经络中经气的流注通路似乎就不是人的主观想象可以驱使的;绝不可能想象"气流向哪里就流向哪里。经气像血液在脉管中循环一样存在的,不以人的意识为转移。然而,通过大脑的指挥,自我意识的暗示,形成一个反射弧,却常可使局部的疼痛感减弱或局部的血循环加速,血流量增加,产生一种"热"的感觉。19世纪曾在法国出现的"高基学说"就是一种自我暗示减痛法。我们在练太极拳或气功时,"运气"于掌,就会感到指尖轻微胀热,甚至在冬天凛冽的寒风中练拳,手掌也是温热的。若在有雾的天气里练拳,这些热量甚至可以使周围的雾蒸发,如同自己的手掌、指、头顶、背脊都在冒烟;因而一些被玄秘感所惑的人就把这种现象说成这个人"内功精湛"。这种情况,笔者在30年前都已身历其境。另一个例子,在20世纪70年代初,笔者有一次深夜从外骑自行车返家,没避开马路面的一处凹陷而摔倒,右掌撑地,大小鱼际瘀肿剧痛。当时只搽抹了一次"跌打万花油",以后每天练拳时,特别留心于右掌,把精神集中到右掌上,也可说成是"运气"于掌,不到一星期瘀肿就完全消退。是不是由于工夫到家,气功疗伤呢?这只是由于意识集中,加上练拳,掌的血流量加大,循环改善,气血流畅,通则不痛,血瘀消除。"意到气到,气行血行",祖国医学认为"气为血帅"是有道理的。

(二)"气"为气势

"气势"是由精神产生的某种意识状态反映出来的具体表现,平常说"神气"也是这个意思。

太极拳是拳术之一种,它也是讲究动作的形态及其所表现的精神和气势的。所谓"形如搏兔之鹄,神如捕鼠之猫;静如山岳,动若江河",就是练太极拳的气势。《总势歌》说:"若言体用何为准,意气君来骨肉臣",它借用封建秩序君臣间的关系来比喻打太极拳时意识与动作间的主从关系。"意、气"就是意识及其所表现的气势和神情。意识是主要的,动作要以意识去引导。如"披身伏虎"势,先要有贯打的意识,再有贯打的神气,才能更好地完成动作,所以有人说练太极拳"重意不重形",但"形"与"意"是相互统一的,互相影响又互相为用的。没有正确的动作形式,表现不出该动作的气势,不能反映该动作的意识;没有意识作指导,又不可能有该动作应有的气势表现。就算手脚的位置都摆对了,动作还只是呆滞的,没有拳法的味道。所以对初学拳的人一定先要求动作姿势(外形)正确,这是练拳的基础。在动作准确的基础上,再要求打出风格来,即学会用意识引导动作,打得气势腾挪。

这里顺带谈谈有关这方面的几个常用而又易被曲解的术语。

1. 气敛

这个"气"字代表"神气"的意思,即精神状态。"气敛"就是要在打拳时把精神所表现的气势敛聚为安静、沉着。切实表现动作的意念就足够了,不要有任何得意洋洋、睁眉怒目、摇头摆脑、俯仰作态等不必要的"神气"表现。这一语出于《五字诀》(李亦畬),原作者也解释说:"气势散漫便无含蓄,易散乱",以反证必须"气敛"。可见这里的"气"乃指气势而言。

2. 气宜鼓荡

这里的"气"字是指产生"劲"的神经功能作用而言。不应理解为呼吸顺遂,气息周流之意。道理有两点:首先,在《十三势行功心解》原文,"气宜鼓荡"之后是"神宜内敛;""无使有缺陷处,无使有凹凸处,无使有断续处。其根在脚,发于腿,主宰于腰，形于手指；由脚而腿而腰，总须完整一气。"读书一定要前后文连贯起来读，文义才清楚，特别时代较远的书籍文章，没有标点符号，更要上下文对着参看才易理解。这里神与气是对举的。"神"是产生"气"的依据，"神宜内敛"是"气宜鼓荡"的先决条件。"鼓荡"的目的在于"无使有缺陷处，无使有凹凸处，无使有断续处。"举一以例其余："其根在脚，发于腿，主宰于腰，形于手指，由脚而腿而腰，总须完整一气。"所以《太极拳运动》（1964年版143页）录出这段文章时在"气宜鼓荡"之后加了一个冒号（：），用得很好。有了这个冒号，文理就一目了然，冒号以后几句都变成解释"气宜鼓荡"的内容。用现代的语言解释，就是说打太极拳时由精神、意识所产生的"气"应当往来不断地流通，不要停滞。如何鼓荡呢？应先把神气集中收敛于内，不要故作精神，表现轻浮造作的神态。以这样内敛的沉稳气势去配合外形动作，使动作圆滑、顺遂、式式相连，式式做到恰至好处；意气不断，没有缺陷的地方，没有凹凸起棱角或身形起伏的地方，没有明显断续的地方。并指出动作是要上下相随，完整一气的。要达到这一要求，运动时步子要稳，如有根生脚下，劲发自腿，以腰为主宰，通过脊背，在手表现出来，一气呵成，没有间断停顿。也就是所谓"气遍身躯不稍滞"（或作"气遍身躯不稍痴"见《总势歌》）的同一道理。这样，我们就不至于单单把"气宜鼓荡"拿出来理解为"呼吸要往复流畅"了。另一个论据，在前人的理论中也有提到："欲要周身无缺陷，先要神气鼓荡；欲要神气鼓荡，先要提起精神，神不外散。欲要神不外散，先要神气收敛（这里的'神气'就是'气势'）入骨，欲要神气收敛入骨，先要两股前节有力，两肩松开，气向下沉（李亦畬《走架打手行功要言》）。"这里提到"神气鼓荡"和"神气收敛入骨"，与"气宜鼓荡"和"气敛"是一致的，但说得更清楚明白，使人一看就知道讲的不是呼吸气息的气，而是神气、气势的"气"。

3. 刻留心在腰间，腹内松净气腾然

这里的"气"也是指产生"劲"的神经功能作用。"腾然"即活跃不滞之意。要求练拳的人时刻注意腰松，以腰带动动作，胸腹放松自然，心静无丝毫杂念，专注于练拳；特别不要经常收紧腹肌以致憋气、撑胯和翻臀，这样神气就随动作变化而灵活变转虚实，"气"就流行不滞。

4. "以心行气，务令沉着""以气运身，务令顺遂"

有人说这两句的"气"指呼吸而言。"沉着指的是增强呼吸强度"，"顺遂指的是扩大呼吸量"。笔者以为这是十分牵强的曲解。其实只要我们仔细看看原文，就不难看出这里所指的"气"并非呼吸气息的"气"。原文在"以心行气，务令沉着"之后，还有一句"乃能收敛入骨"。"乃"字是连接词，在此说明因果关系。所以读起来，三句应紧紧连在一起才成一个完整的意思。意思是这样的：从意识（心）发出来的气势（打拳时意识引导动作，动作所表现攻防方法的精神和神气）一定要表现出沉着，不要露出轻浮和张皇神色。这样，你的气势让人看起来就不会觉得散漫无根而有飘浮之感，相反却有收敛入骨的含蓄之势。同样，在"以气运身，务令顺遂"之后，还有一句："乃能便利从心"，三句才合成一个完整的意思。意思是说：以上面所讲的收敛入骨的气势去完成你的动作（"身"泛指身、手、步法等）必须顺遂自然（即"随曲就伸"，"开合自由"），没有故作姿态，那么就易于达到意想的目的，（在打手时）得心应手。

（三）"气"为呼吸气息

过去的拳论提到"气以直养而无害，劲以曲蓄而有余。"这是指"养气"时（过去道家把静坐调息的练功方法称为"养气"，儒家把修养性情的功夫也称为"养气"，这里的"养气"应指前一类），可以呼吸净尽，在呼吸之间不要残留废气

于肺内，使气体交换完全，彻底地吐故纳新。"气若车轮"也是这个意思，更形象地指出呼吸气息要如车轮之滚转，周流不息，胸中不要憋气。但在发劲上要含蓄，留有伸缩的余地。所以太极拳的动作，手不可伸得太直，要直中微曲，开展中保留着蓄劲之意态；下肢也经常保持半蹲、曲膝状态，即使虚步，其前腿的膝盖也是微微屈曲以保留有缓冲之余地。

《十三势行功心解》也提到"全身意在精神，不在气，在气则滞。"这是说练拳时应把主要精神放在动作的攻防意识方面，不要用在强制呼吸、调息方面。呼吸与动作相配合应当是极其自然的，如把意识都用在呼吸上去，整个运动过程就被一层呆滞之气所氛围。因而过去的人也提到"有气者无力，无气者纯刚。"这里所提的"气"就是指气势呆滞的气。事实上我们也常常看到这种情况，有些人在打拳时专心一意只注意呼吸，一个式子非常缓慢地运行，用若干次呼吸才完成；或者"闭目养气"，或者低眉"内视丹田"，这些人打起拳来总是十分呆滞，没有练拳应有的神采，也没有气魄（势），拳非拳，操非操，甚至令人发笑，丑化了太极拳的形象。

"气沉丹田"是《太极拳论》中唯一提到有关"气"的地方，也是后世练太极拳奉为圭臬的呼吸法则。什么是"丹田"此处暂且不赘。但"气沉丹田"在形式上却是以膈肌运动为主的匀、长、细、缓的腹式呼吸运动（即吸气时膈肌紧张收缩，膈的穹窿形变平，压下腹腔的内容脏器，而使腹壁外凸，腹内压增加；呼气时，穹窿形之横膈舒张上提，回复原态，腹壁减压平复，腹内压减少），其作用在保健上因腹内压经常改变，对五脏六腑有柔和而节律均匀的按摩作用，增加静脉回流的压力，改善局部血循环，增强腹腔内各器官的功能活动。在运动技巧上，则能够使重心向下稳固，下盘易于沉稳有力，形成"力由脊发"的内劲基础。

然而太极拳的呼吸运动不论"自然呼吸"或"气沉丹田"

的拳势呼吸都以不违反生理规律并尽可能使之与动作自然配合为原则。初学太极拳时，专心注意动作，可采用"自然呼吸"。动作熟练了，可用呼吸与动作在意识引导下相配合的练法，即采用所谓"拳势呼吸"的方法。拳势呼吸的基本形式就是"气沉丹田"的腹式呼吸方法。然而太极拳的套路中动作顺序不是按着一呼一吸的均匀节律编排的，套路的结构是从动作前后连贯等多方面因素考虑，经过不断改进发展而渐渐完善的。所以事实上，锻炼起来就不一定和呼吸处处相配合。我们在练拳过程中，常要以拳势呼吸和自然呼吸结合起来，有必要时应用一个短呼吸或自然呼吸加以调整。绝不可以把动作与呼吸机械地结合，用调息去捆缚自己的手脚。全身动作"意在精神，不在气，在气则滞。"

至于"劲"，上面举例已略谈过，在现有文献中能见的先贤的讨论不多，提法也较为模糊，不好理解。如说："力由于骨，陷于肩背而不能发；劲由于筋，能发且可达于四肢。力为有形，劲则无形。力方而劲圆，力涩而劲畅，力散而劲聚，力浮而劲沉，力顿而劲锐。"

其实"劲"与"力"是一而二，二而一的，实质都是肌肉运动的生理表现；只是，明显地、直接地爆发于外的则表现为"力"；阴柔暗使，绵长深邃，忍隐于内的内力表现则称为"劲"。这或许可以理解上面说的"力为有形，劲则无形"。

太极拳的劲法很多，最主要的还是八法的劲。吴公藻先生编著的《太极拳讲义》录有"八法秘诀"（原作者不详），现试解释如下，冀可对"劲"作举一反三的阐述。

《八法秘诀》

[原文]

掤劲义何解？如水负行舟。先实丹田气，次要顶头悬。全体弹簧力，开合一定间；任有千斤重，漂浮亦不

第 4 章 释义

难。

捋劲义何解？引导使之前。顺其来时力，轻灵不丢顶。力尽自然空，丢击任自然。重心自维持，莫被他人乘。

挤劲义何解？用时有两方；直接单纯意，迎合一动中；间接反应力，如球撞壁还；又如钱投鼓，跃然声铿锵。

按劲义何解？运用似水行。柔中寓刚强，急流势难当，遇高则澎满，逢洼向下潜；波浪有起伏，有孔无不入。

采劲义何解？如权之引衡。任你力巨细，权后知轻重。转移只四两，千斤亦可平。若问理何在？杠杆之作用。

挒劲义何解？旋转若飞轮。投物于其上，脱然掷丈寻。君不见漩涡？卷浪若螺纹；落叶坠其上，倏尔便沉沦。

肘劲义何解？方法有五行。阴阳分上下，虚实须辨清。连环势莫挡，开花捶更凶；六劲融通后，运用始无穷。

靠劲义何解？其法分肩背，斜飞势用肩，肩中还有背。一旦得机势，轰然如捣碓。仔细维重心，失中徒无功。

[释义]

本文所述劲法，均以推手或散手而论，同时对走架用意也有较大的帮助。

怎样理解掤劲呢？掤劲就如同水对船只的浮力一样。要发挥掤劲的作用，首先要做到"胸宽腹实"、"气沉丹田"。再就是把握好"顶头悬"的要领。这样重心才可沉稳，集中全身力量于一处以上浮和向外圆拱的劲力，在一开一合之间如弹簧一般承接敌方来力的近攻。任由对方来势力量有千斤重，只要以掤劲的浮力承接，就不难将它漂浮化解。

捋劲又如何解释呢？捋劲是顺着对方攻势前进的方向，稍加牵引，导其继续延伸使之落空。方法就是要以灵活的身法、稳定的重心，用掤劲承接来势，不丢不顶，黏住对手，随曲就伸。当其被引进落空时我方就可乘机发放，予以打击。然而使用捋劲时，首先要注意维持自身的重心稳定，不要让对方有机可乘。

挤劲怎样解释呢？挤劲在对敌时有两种使用法。直接而简单的用法是"防"：两臂交叉掤圆架住对方进攻之势；第二种用法是抓住对方重心不稳的有利时机反击，用劲松弹直击，以掷球投向墙壁一样迅猛的冲击力挤倒对方。挤劲的干脆又可以用铜钱掷向皮鼓作比喻，力量集中于一点，迅猛锐利，干脆利落，如掷地有声。

按劲又如何理解呢？按劲如水流行。水性柔，但洪水泛滥足可成灾，有巨大的破坏力。湍急的江河水是来势汹涌难挡的。按劲的使用法可借喻水流遇到高堤防挡时，它就会向上澎满推击。若遇低洼处它就会倾泻而下冲击。水中的波浪有起有伏，水流无孔不入，比喻按劲也是黏着对手，随其左闪右避推按，令他无所遁形。

采劲又怎样理解？采劲如秤称重，无论来势力量多大，只要延长力臂则可制衡。采势是用引伸和转移对手攻势方向以小力胜大力的方法。对方即使来势重猛千斤，只需以四两之力牵动之，就可摆平。道理何在呢？这就是利用了杠杆作用的力学原理。

挒劲又是如何解法呢？挒劲正如飞速旋转的车轮所造成的力偶作用。若向飞轮上投掷物体，它必然被飞速旋转的飞轮沿切线方向将其抛出寻丈之遥。大家知道江河湖海水流中的漩涡吗？漩涡的水流是顺着螺纹急速向下旋转的，如果有一片树叶落到漩涡边上，倏忽间就被卷入水底无影无踪。

肘劲有何解释呢？肘劲是以肘尖部力量给对方以锐利的打击法。使用方法多种，有点、挤、压、撞、架等攻防用法。临场使用时应分清打击点或面，在上部还是下部，要选用虚招还是实劲。靠身打法使用连环的肘法，其势难挡；如果使用"开花捶"用肘撞击对方胸口、软肋，作用更为凶猛。如果与以上六种劲法融会贯通，配合使用，则肘劲更显其无穷的威力。

靠劲怎样解释呢？靠劲的使用分肩靠和背靠。斜飞势使用的是肩靠，以肩靠为主，还可扩展为肩背靠。一旦抓住了合适的时机，得机得势时向对方使用靠法就如轰然捣碓一般发生巨大威力。然而使用靠势时务必要守中，想方设法维持自己重心的稳定。如果在自身失重不能中定的情况下作出靠势，非但无功，更会为对方所乘。

四、《太极拳论》释义

《太极拳论》亦有称《太极拳经》或《山右太极拳论》。究是何人所作，并无确证。只是传说清代武禹襄得之于"舞阳盐店"，有无实物可证？是否就是武禹襄本人假借王宗岳之名编撰的呢？一个秀才写这样的一篇东西并无难度，因他入门不久，免得张扬，借用别名，也是有此可能的（正如笔者最初创编四维拳械是要助他人而去己名一样，后因有人"过桥抽板"，不得不通过重写出版以正名，于此顺向四维拳械的爱好者们释疑解惑，交代明白）。姑勿论它是谁的作品，其指导后世太极拳运动的价值是毋庸置疑的，确是太极拳理论的一篇经典。

［原文］

太极者，无极而生，动静之机，阴阳之母也。动之则分，静之则合。无过不及，随曲就伸。人刚我柔谓之走，我顺人背谓之黏。动急则急应，动缓则缓随。虽变化万端，而理为一贯。由着熟而渐悟懂劲，由懂劲而阶及神明。然非用功之久，不能豁然贯通焉。虚领顶劲，气沉丹田。不偏不倚，忽隐忽现。左重则左虚，右重则右杳。仰之则弥高，俯之则弥深；进之则愈长，退之则愈促。一羽不能加，蝇虫不能落。人不知我，我独知人。英雄所向无敌，盖皆由此而及也。斯技旁门甚多，虽世有区别，盖不外乎壮欺弱，慢让快耳。有力打无力，手慢让手快，皆是先天自然之能，非关学力而有为也。察四两拨千斤之句，显非力胜。观耄耋能御众之形，快何能为。立如平准，活似车轮。偏沉则随，双重则滞。每见数年纯功，不能运化者，率皆自为人制，双重之病未悟耳。欲避此病，须知阴阳。黏即是走，走即是黏。阴不离阳，阳不离阴，阴阳相济，方为懂劲。懂劲后，愈练愈精，默识揣摩，渐至从心所欲。本是舍己从人，多误舍近求远。所谓"差之毫厘，谬以千里"，学者不可不详辨焉。

[释义]

"太极"这东西，它源于"无极"。它不是固定静止、毫无动静的，而是充满动静交替变化的生机，是阴阳互根、互变的统一体。太极拳的动作也正合这一道理。太极拳动作有动和静、阴与阳两方面；每个招式一开始启动时是分，结束时由动归静，这就是合。走架，特别是与人交手时，动作要恰到好处；手脚运动幅度不要太过，也不可不及。要因对手的招法而随其屈伸，这是一种舍己随人的练法。对方用阳刚拙力进攻，我以阴柔内劲防守对之，这就称为"走"。我常保持顺势（主动），又常置对手于背势（被动），这就称为"黏"。对手动作速度加快，我亦以同样的速度对待；如对手动作放慢，我也同样缓慢相随。虽然在临场上，双方的动作千变万化，总就是这么个道理。

练太极拳，开始时应学招式着法，待着法熟练了，渐渐要学习劲法。在熟着懂劲的基础上进一步加以理解和变化，用起来就随心所欲，达到由熟生巧的程度；也就是说，习太极拳要分阶段循序渐进。然而，没有经过比较长时间的下工夫锻炼，是不可能理解和有所体会的。

太极拳行功过程，包括单练或与人交手，都要求虚领顶劲，气沉丹田，保持身型中正，不偏不倚。在使用手法和技巧上，要处处掌握主动，不被对方察觉。而对手加给我的力量，则要通过听劲去判断。如果在我左侧加力，我不应与之直接斗力相抗，我必须将左侧放虚；如对方在我右则加力，我必须将右侧放虚，使他无法用力，处处落空；如果对方用力向上提，我要顺其走向比他提得更高一些；如对方向下采，我的劲要比他沉得更深一些；如果对方向我进逼，我就以其进攻方向引动他的力量，使之更长远一些；如果对方向后退缩，我则顺势推动他，比他去得更急促些，使之失重心而倾倒。总之，是顺其势而掣其动。练太极拳，一定要锻炼好"听劲"功夫，任何轻微的力量施加于我身，都能察觉出来，做出反应，即使一根羽毛、一只小苍蝇那么轻飘的力量加到肢体上也要感觉得出来，使之落空，不能起作用。要做到动作时不被对方感知自己的意图，但又要察觉到对方的动向，这样就能处处先手，处处得其先机，处于优势。有功夫的英雄所向无敌，都是从这样的基础训练开始，才渐渐获得成功。

武术门派甚多，各种招式架式虽有区别，但都不外乎强壮的欺负弱小的，动作反应迟钝的输给身手敏捷的。有力的打倒无力的，身手慢的输给身手快捷的，这只是先天自然的能力问题，并非经学习之后才有的本领。然而，我们研究一下"四两拨千斤"这句话，就可以发现并非以力取胜的道理。再看看一个瘦弱年迈的老者，能抗御众多壮汉的情形，可以悟出，光是动作快捷也办不到。

太极拳技法的特点就是"立如平准,活似车轮"。偏重于身体某一侧用力,重心必然不稳,为人所控制。如果虚实不分,轻重不明,这便是双重。出现"双重"时,动作的形神必然是呆滞的,进退不灵活的。常常见一些人练太极拳多年而不能灵活地运用,一经搭手,处处被对方所钳制,原因是未弄明白自己犯了"双重"的毛病。所谓"黏"就是要去"化",能练到"化",就掌握了"黏"的要领。阴不离阳,阳不离阴,阴阳两个方面是相反相成的,是统一体中矛盾的两个方面,互相为根,彼此有承济关系。明白这一点,才称得上"懂劲"。懂劲之后,必有进益;只要不断下工夫,会越练越精。很多技术问题我们都能从自修中去揣摩默识得到解决,渐渐地在锻炼实践和临场发挥中随机运用和应变,达到随心所欲的境界。

学习太极拳本来是舍己从人,但很多人不能把握这精髓所在,而误认为太极拳不走直线反走弧线是舍近求远,这实在是错误的。俗语说:"差之毫厘,谬以千里"。学习太极拳的同道不可不加以详审细辨。

五、《十三势行功心解》释义

《十三势行功心解》又有称之为《王宗岳先生行功论》或称为《打手要言》。有人认为它是武禹襄所作,又有人认为是陈微明改编前人之文而成的。不过它不是王宗岳所作则应予肯定。究是何人原作,或经后人多次增删成文则应由武术史家继续探索,不宜凭空定论。不过它总是前人从运动实践中得出的心得体会,一点一滴地记录下来的理论总结,文章比较松散,而条理性、逻辑性都不强,似是学习心得体会的笔记;但全文对指导太极拳走架、推手都极有价值,学习太极拳的人应该好好研读。

[原文]

解曰,以心行气,务令沉着,乃能收敛入骨。以气运身,务令顺遂,乃能便利从心。精神能提得起,则无迟重之虞,所谓顶头悬也。意气须换得灵,乃有圆活之趣,所谓变转虚实也。发劲须沉着松净,专主一方。立身须中正安舒,支撑八面。行气如九曲珠,无微不到(原注:气遍身躯之谓)。运劲如百炼钢,何坚不摧。形如搏兔之鹘,神如捕鼠之猫。静如山岳,动若江河。蓄劲如开弓,发劲如放箭。曲中求直,蓄而后发。力由脊发,步随身换。收即是放,断而复连。往复须有折迭,进退须有转换。极柔软,然后极坚刚。能呼吸,然后能灵活。气以直养而无害,劲以曲蓄而有余。心为令,气为旗,腰为纛,先求开展,后求紧凑,乃可臻于缜密矣。

又曰,先在心,后在身,腹松,气敛入骨,神舒体静,刻刻在心。切记一动无有不动,一静无有不静。牵动往来,气贴背,敛入脊骨,内固精神,外示安逸,迈步如猫行,运劲如抽丝。全身意在精神,不在气,在气则滞。有气者无力,养气者纯刚。气若车轮,腰如车轴。

又曰,彼不动,己不动,彼微动,己先动。似松非松,将展未展,劲断意不断。

又曰,一举动,周身俱要轻灵,尤须贯串。气宜鼓荡:神宜内敛,无使有缺陷处,无使有凹凸处,无使有断续处。其根在脚,发于腿,主宰于腰,形于手指。由脚而腿而腰,总须完整一气,向前退后,乃得机得势。有不得机得势处,身便散乱,其病必于腰腿求之,上下前后左右皆然。凡此皆是意,不在外面。有上即有下,有前即有后,有左即有右。如意要向上,即寓下意。若将物掀起,而加以挫之之意,斯其根自断,乃坏之速而无疑。虚实宜分清楚,一处有一处虚实,处处总此一虚实,周身节节贯串,无令丝毫间断耳。

[释义]

练太极拳时要集中精神意识。当你有意识使内气贯足时,不可轻浮，必须注意松静沉着。这样才能做到气敛入骨。以这样的气势做动作，必须做到连贯，招满式圆、劲力顺达。长久地这样练习，临场交手时技法的运用才可以随心所欲。

行功过程，要提起精神，才不会呆滞，而显出轻灵机敏，这就要求"顶头悬"。动作时精神状态要随攻防意识的不同而转换其气势，行功过程才会有圆活的自我感受，练拳的情趣就更浓了。这就是要领所谓的"变转虚实"，都必须做到。

临敌交手时，要保持沉着冷静的放松心理状态，而在发劲打人时要专注一个方向——寻找对方失势的所在而发放；发劲时须用劲松沉。

无论是走架或推手对敌，都必须保持中正安舒的身型；动作要舒展，面面俱到，如八面支撑，无一疏漏。

行功时气遍身躯，任何微细的地方都贯满动作必须的意、气和内劲。这样日久锻炼，调动起来的内劲如千锤百炼的钢，无坚不克。

运动时身型似在空中俯冲而下扑抓兔子的鹞鹰那么轻灵而精神集中；神态有如捕鼠的猫那样小心机敏。

招式动作完成时如山岳一样稳重而肃穆，动作过程则似水流涟，轻柔不断。

行功时劲力含蓄如拉满弦的弓；发劲时就如离弦的箭那样迅猛。四肢的形态曲如圆弧，劲力的表现蓄而后发，从弧形的圆曲中取得直线的效果。劲要从腰脊发出，步法要与身法紧密地配合。

某一动作看似结束了，但动作并不停顿，劲力并未断绝，而是连贯着下一个动作。动作开展时劲力卷蓄，动作收合时劲力发放，这就是太极拳的特点所在——蓄而后发，断而复连。走架过程中，动作手法上的来去常有折叠，并不是直来直往的；而进退的步法上必须照顾到重心的转换，做到虚实分清。这样，整体的动作就必然有"欲左先右，欲右先左"的折叠效果。

招式练得极其柔韧然后达至极坚刚的程度,刚自柔生。运动时要注意呼吸自然顺遂,呼吸与动作配合起来,那就有了灵活的基础。

练拳需要静心养气,不可轻薄气浮。劲力亦要含蓄,不可外露。发劲时要留有一定的回旋余地。因而传送劲力的肢体都保持微曲,不完全直尽,适可而止。

无论走架、推手或临敌应变,动作起来都是以心意为司令,气势领先,如大军的军旗,有所统帅。而腰如部队的战旗,主宰动作的走向。这就是说练太极拳必须以心意为令,意到气到,气到劲随。心与意合,意与气合,气与力合,称为内三合,也是所有内家拳法的共同特点。

初练太极拳时,应先把架子练宽大,肢体功架开展些,把基础打好,把身体练好,不一定追求连贯、劲力等内在的东西。这个阶段是讲求外形动作的完美。进一步提高,要达到外练筋骨皮,内练一口气的目的,必须使精气神合一,由内及外。这就叫做"紧凑"。内外兼修,动作功架扎实、定型,临敌又可伺机变化,这样就可以达到高级的境界。历来误解者以为把架子练得小了,直至练到"有圈之意,无圈之形",叫做"紧凑"。"紧凑"并不是"缩狭",而是内外合一,势势相连,周身协调,临敌时令对手无隙可寻,无机可乘的意思。所以"先求开展,后求紧凑"是指示人们学习要循序渐进,并不是指练拳的人到后来都必须把架子紧缩起来,"从大圈练到无圈"。这点很重要,也因为过去以讹传讹的多,对太极拳技术的发展与提高极其不利;因而笔者借本文释义之机一再强调,以告诫后学。

前人又说明,临敌时,如对手不动,自己也不要妄动,要以我之静待彼之动。当观察到对手稍有动机,我则动于彼先,先发制人——也可称"后发先至"。用劲不可僵硬,要放得松些。劲松,打击力会强些;但又不可松软。因此,发劲要"似松非松"。又要含蓄，如动作要舒展，却又不是完全的敞开，要注意上下左右配合的严密。当某一种劲法完结之后，用劲的意念犹未断绝，即不可用短促的断劲，用劲意念要绵长。

　　前人又说：运动时，动作之先就要有该动作的意念，由意念引导肢体的动作，即由内及外，知其所止。动作时腹内放松，不可挺腹或收腹；呼吸要自然，气势应收敛沉稳，精神集中而舒泰，形体舒展、安详恬静。这是要经常记住并用以指导锻炼的准则。尤其应该记住动作时一动俱动，手、眼、身和步法协调一致，不可脱节。当一个架式完成，一静俱静，身手步同时完成动作到达定点，形成一个完美的姿势。肢体动作的往来，不应先由手或脚所主动，而是由内在的意气所牵引而动。好像产生劲力的内气来自腰间背脊，并不浮躁于体表。这样，可做到运动时内里集中精神，外形显示安闲适舒。迈步时留意步法轻灵缓慢，如猫捕鼠；运劲则如抽丝那样柔韧绵长。运动过程中，意在集中精神与动作的配合而不在使气，不要因动作的攻防意识而有暴露于外的轻浮、暴躁、得意洋洋或呆滞的表现。这些浮气、滞气、呆气、戾气的存在，会使下肢显得虚浮，重心不稳，因而动作无力。相反，没有这些浊气，心平气和，专注一方，气沉丹田，自然会做到意到力至；与人搭手，对方会感到分量沉重。这就是纯刚之力。

　　运动时，神情不可呆滞。意气要流转如车轮滚动，并以腰为肢体动作的主宰。这是极其重要的一点，是练好太极拳的唯一诀窍。

　　前人又说：练太极拳，一举动，全身上下都要轻松灵活，协调统一。尤其应注意动作的连贯、圆活、柔和、相连不断。气不可留滞，应往来鼓荡。神气内敛，动作圆滑，任何地方都不可出现缺陷、凹凸起棱角或断断续续。动作的劲力根源于脚下，由腿发力，以腰为主宰，在手上表现出来。整个过程由脚至腿而腰，一气呵成，这称之为"劲整"，是太极拳运动的一条法则，也就是说动作要"紧凑"。这样做，无论进退都会保持优势。运动中如不得要领，动作便不协调，显得松散而失掉规矩。这些毛病的出现，症结所在必可从腰腿问题中求得；无论上下、左右、前后都是意的问题，不能光在外形肢体动作形态上找原因，有于中才形于外。

运动时要上下相随，左右连贯，不可顾此失彼。有上面主要的动作，同时也必然要顾及下面的辅助动作；有前面主要的动作，也同时有后面辅助的动作；有左侧为主的动作也必然要做好右边的辅助动作。如果意念要向上，同时也要寄意于下。比如用绳子拴住物件，要把绳子挫断，不能直向上提，而要先稍向下坠，然后迅速上掀，我们看商店售货员捆扎物品后，用手把绳子掀断的动作，也是用了这样一种方法。

太极拳运动要将动作的虚实分清。整体有虚实之分，局部也有虚实之分。一处有一处的虚实，如手有手动作的虚实，脚有脚的虚实，但各处虚实的道理是同一的。虚实不是固定的，在运动中各处的虚实都在转换、协调，全身任何地方都在和谐、有序而连贯地运动，不要有丝毫停、滞、断。

六、《十三势行功歌诀》释义

《十三势行功歌诀》，又名《总势歌》，是以七言歌行体诗歌形式阐述"十三势"的锻炼要领及目的的文章。据载，它与《太极拳论》均是武禹襄（武式太极拳创始人）于1852年（清咸丰二年）到河南时在舞阳盐店得到的拳谱中的内容之一。此歌诀言简意赅，近百多年来，对太极拳运动起到经典性的指导作用。

所谓"总势"，意思是说集合十三势混同练习，而不是单式解法。"行功"就是"进行练功"、"训练"的意思。所以我们可以将本题目看成为"由十三势排列组合而成的一套固定练功模式——'长拳'——亦即'走架'运动的提要"。在文体上，凡歌诀都有对所描写的内容加以概括的作用，并且要排句押韵。

[原文]

十三总式莫轻视,命意源头在腰隙。
变转须实须留意,气遍身躯不稍滞。
静中触动动犹静,因敌变化示神奇。
势势存心揆用意,得来不觉费工夫。
刻刻留心在腰间,腹内松净气腾然。
尾闾中正神贯顶,满身轻利顶头悬。
仔细留心向推求,屈伸开合听自由。
入门引路须口授,功夫无息法自修(休)。
若言体用何为准,意气君来骨肉臣。
详推用意终何在?益寿延年不老春。
歌兮歌兮百四十,字字真切义无遗。
若不向此推求去,枉费工夫贻叹惜!

[释义]

我们不要轻视以掤、捋、挤、按、采、挒、肘、靠、进、退、顾、盼、中定等十三势总汇串编起来的长拳的锻炼。这种运动以腰部旋转为主宰,起到强腰固肾的保健作用。汉医学经典《黄帝内经》说:"腰为肾之府,旋转不能,肾将惫矣。"肾,从中医理论看,是生命的源泉,其功能盛衰的外部表征在于膂力和腰部的活动程度。腰部活动旋转不力,说明其肾精疲惫,命门火衰,机体衰老了。所以加强腰际活动,培补肾气,促进带脉的流通,有利于强身健体,益寿延年。

运动时必须注意动作虚实的转换。太极拳的动作要求整体协调性很强,肢体上下、形神内外均要协调统一,都有明显的虚实变化,而形成刚柔、虚实的变化。运动中,任何动作转换的过程都是意念虚实、重心虚实和力量虚实转变的过程。对于初学者,注意两腿间重心转换的虚实变化显得更重要,进而锻炼两手动作劲力虚实的转换，手足动作在协调中虚实的转换，顾盼间虚实的转换以及腰为主宰、两侧髋虚实的变化乃至意念中虚实的变化等，一步步地提高对于局部虚实变化及其整体观的认识。一些理论指出："一处有一处之虚实，处处总此一虚实"，说的也是同一道理。在推手练习时，更应留神捉摸对方的虚实变化以求自己得势。

此外，运动时要精神集中，意气流转，以意念引导肢体的运动，全身动作浑然一体，如一气贯串，保持该动作的整体势态，不可稍带呆滞之形。

太极拳运动有别于其他拳术或导引术的特点，是在动中见静，静中触动。柔、匀、轻、缓，使动作兼具静的因素。动作虽没有断折，但不是如电闪雷鸣、山河震怒那样的动，而是如行云流水那样轻柔，即似幽谷流涧，亦不失其静谧，"静中触动"可借此形容。所谓"触"，是"蕴藏着"的意思，动的因素是潜在的，而且是可以触发的。犹如火山，在它未喷发之前，外观上静穆一片，然而由于看不见的地壳内部在不停地运动，内里却潜藏着"掀天覆地"的爆发动能。太极拳运动的每一式，都有劲力的要求，但不需要处处把这种动能显露出来，而是隐于静静的平淡之中。如果偶然遇敌，亦可以从静中触发，随着对方来势之变化显示它的刚柔相济、变化得宜的威力。只要在日常锻炼中一丝不苟地研究、体会、熟练每一式的意念、劲力、用法，"日久见功夫"，日积月累，技艺就会进步。

至于锻炼的要领，要反复强调的是腰为主宰的重要性。运动过程中，任何时候，每一个动作都要留心腰的主宰作用。手的动作只是意念的体现，而劲力的基础则在于脚下，其动能则来源于腰间，必须特别予以重视。此外，还应注意到胸腹放松，身法自然。呼吸虽用腹式，亦应任其自然畅顺，养成深长细缓的呼吸习惯；加大通气量，使之与动作的开合、劲力的蓄发有规律地协调起来，做到心与意合，意与气合，气与劲合，使全身动作之上下、内外完整一气。在运动过程中形和神的关系也是十分密切的。

要有完美的身型：首先要注意尾闾（骶骨尾椎部分）向地面垂直的自我调整，颈项微向上竖（但不必着意用力，只用意念将颈椎节节向上引申）。头顶以百会穴为中心，有直向上提吊的自我暗示，那么就容易体会"神贯于顶"。这是做到动作轻松自然、克服呆滞的要领。从动作练习中细心琢磨它的理法和攻防作用，继而在推手练习中训练舍己从人的技术，不丢不顶，随对方的曲伸开合动作，很自然地做出相应的反射动作。这是十三势锻炼要点和精要之处。掌握这些锻炼方法，初学时必须有老师当面指点。学习武术，入门主要靠模仿，再由老师将动作要领加以分析和指点明白，就容易上手。然而练功夫是永无止境的，老师也不可能常在身边，入门后要不断提高，不断上进，必须靠自己不断地刻苦锻炼、思考摸索、总结经验。

对十三势的体育效果和技击作用，什么诀窍是最重要的呢？是以意气为主，以躯体为从；以精神调节为主，以形态姿势为从。这样的锻炼方法有什么目的意义？它能使人防衰祛病、益寿延年，是强身健体的良方。以上歌诀140个字，字字精、句句真，是前人锻炼实践的概括性总结。后来者如果不以此作指导，必然要多走弯路，无功终老，空余叹惜。

七、《太极平准腰顶解》释义

《太极平准腰顶解》最早见于吴鉴泉氏家传秘本《太极法说》，吴公藻先生将它载入《太极拳讲义》中，并在扉页有以下题书："此书乃先祖吴全佑府君拜门后由班侯老师所授，是于端芳亲王府内抄本，在我家已一百多年，藻在童年时即保存到如今。"

这篇文章的核心内容是18句七言歌诀，前此有60字的说明，已将"腰顶解"予以解说明白。

第 4 章 释义

[原文]

顶如准,故云"顶头悬"也。两手即平左右之盘也。腰即平之根株也。"立如平准",所谓轻重浮沉、分厘丝毫则偏,显然矣。

有准顶头悬,腰之根下株。(尾闾至囟门也。——原注)

上下一条线,全凭两手转;变换取分毫,尺寸自己辨。车轮两命门,一纛摇又转。心令气旗使,自然随我便。满身轻利者,金刚罗汉炼。对待有往来,是早或是晚,合则放发去,不必凌霄箭。涵养有多少,一气哈而远。口授须秘传,开门见中天。①

[释义]

这歌诀的中心内容是要说明练拳走架与打手都必须把握"头顶悬"和"尾椎垂"的要领。如果用天平去比喻太极拳运动时人体形态的话,那么头顶(头顶正上方的百会穴)就是座盘天平上刻度为零位的"准星"。"立如平准",头顶必须正向上竖,所以称为"顶头悬"(或"头顶悬")。运动时,人的两手又如"天平"左右两个盘子分载的砝码与重物,必需左右相等平衡。腰就是天平指针的根部,就如显示两边是否平衡而能左右灵活摆动的指针的固定端。腰这"端点"必须与头顶点上下对直,这就是"立如平准"的身型。在运动时如若有偏轻偏重,偏浮偏沉的现象出现,身体就如同天平上有了分厘丝毫的不等一样显而易见的倾侧,重心不稳,易于失势。太极拳运动过程必须把握"准星"使之与指针的根株部上下相对,做到"头顶悬"与"尾椎垂"。也就是说由尾闾至囟门有如与地

---

① "囟门"原是专指婴幼儿头颅骨的接合处。小孩如囟门闭合过迟,是缺钙的一种病征,中医称为"解颅"。俗语如指某人思维幼稚就形容为"脑囟未合",粤人则谓"脑囟都未生埋"。本文用"囟门"是借以泛指人的头顶。但过去有些书解为"匈门",那是认字错误,文理也是解说不通的。于此特予以明白解释。望太极拳的传授者,勿再以讹传讹——薛注。

面垂直的一条直线。

下面是对本歌诀的白话解释：

躯干上自头顶下至尾椎要如一条直线。运动时要保持中定，不偏不倚就全凭两手动作调整，如调整天平的称重平准一样。天平是否平准，重物与重量砝码的分厘丝毫变化都有影响。至于调整的尺度，就要靠自己去分辨以定取舍了。腰际两侧是命门，对人体活动来说，这里就如军队行军打仗司令部的大纛（中军大旗）一样。它的摇转指挥着部队的进退走向。"心"（意念）是运动的总司令，"气"是引导团队前进的军旗，心动则意生，意到气到，气到劲随，动作就是这样自然而然地完成的。能够做到"上下一条线"、"尺寸自己辨"，运动时就能做到"满身轻利"。这要经过长时间的锻炼才可以做到，简直就像和尚要修炼成金刚罗汉正果那样专心一意地漫长地坚持用功。

太极拳打手、与敌相对峙，是有来有往的，要取得优势就必须把握时机，使自己得机得势。但又不能急躁，早晚必有机会。机会不论迟来或是早到，只要合适就可以发劲将对手放出去。发放的劲力不一定要很重猛，如射出一支冲天飞箭那样竭尽全力，只要把握好对方失重的一刹那机会就可将他打倒。功夫能够达到这样的境界，就要看本人的修为涵养。有了扎实的基本功和经验，把握时机，一哈气就能够将对手放出很远。而这种功夫，也不是埋头苦练就必然得到的，还必须有好老师指导并传其奥秘才成。老师的关键性指点，就像打开天窗即见光明那样成效卓著。

八、《四字秘诀》释义

《四字秘诀》世传为武禹襄所作（武术史家唐豪先生亦认定为武禹襄所作），但据顾留馨先生考证，予以否定，认为或有可能是后人所作，或李亦畬之弟李承纶"亦有写作此诀之可能。"总之，未能肯定该文出自某人手笔。成文时间则可能在19世纪70至90年代之间。

［原文］

敷。敷者，运于己身，敷布彼劲之上，使不得动也。

盖。盖者，以气盖彼来处也。

对。对者，以气对彼来处，认定准头而去也。

吞。吞者，以气全吞而入于化也。

此四字无形无声，非懂劲后，练到极精地位者，不能知，全是以气言。能直养其气而无害，始能施于四体；四体不言而喻矣。

［释义］

本文无论为武氏或李氏或其他后人所作，因是"秘诀"，过去多是口授心传，故更难考证真实作者。从内文最后的附识，可见这四字诀是太极拳练到最高水平，所谓"一片神行"的境界方能体会。它说的是太极拳的养气功夫和运用于打手及与人对峙时的使用法。

敷。"敷"字诀，是说内气（气到劲随）运行于自己的肢体上，通过搭手感知对手劲法而灵活应答之。"彼微动，己先动"——感知对手动向意图，即能"气未到而意先吞"，使对方无法动弹。

盖。"盖"字诀，是以自己动作的气势和内劲盖住（承接并化解）对方攻势，占住主动。

对。"对"字诀，是认准对方失势的体位，抓住时机发出足够的气（气到劲随），直击对方，"一气哈而远"。

哼、哈二气，是配合发劲所必需的。"哼"是"盖"，"哈"是"对"。先贤杨澄甫先生说："向上打，意欲将他掷上屋顶；向下打，意欲将他击入地中；向远打，意欲将他拍透墙壁……哼音上打，哈音下打，咳音打远。"这就是"意在身先"的解释和"以气运身"的发劲方法。

吞。"吞"字诀，是讲一开始搭手就以自己的气势、劲力占住先机，盖住（破坏）对方一切有可能的进攻而吞没之（化解于无形），令对手无技可施，不战而胜。

这4个字内涵深邃，本来是只可意会，不能以语言文字解释清楚。练拳的人如果不是练到一定程度，懂劲后再进而练到化境是不会理解的，因为它们所说的都是无迹可寻的"气"的问题。锻炼者，在走架阶段只知肢体活动，只研究架式如何宽大，如何优美，如何刚柔，这时是绝不可能理解明白这4个字的道理的。只有到了"重意不重形"，"用意不用力"的阶段，走架只为养气，达到神定气娴的时候，气及内劲才能施于躯体四肢。四肢随心所欲则对峙时必然达到化境。

九、《打手歌》释义

《打手歌》原文七言六句，未知出自何人之手，有人曾认定"《打手歌》为王（宗岳）以前人所作，洵为不移之论。"其根据是王宗岳写的"太极拳论"有"察四两拨千斤"之句，从"察"字而知之。唐豪先生则考证说："今予进而考之，陈氏《打手歌》四句者较简，存原作面目……陈氏《打手歌》六句者，未作'沾连黏随就屈伸'……奏庭（即陈王廷）前于宗岳，有康熙至巳亥墓碑可证。予推定此歌为奏庭所作。"这种考证也是仅作参考的一种说法。国家体委20世纪60年代初出版的《太极拳运动》原载就没有署出作者名字，即为佚名。

[原文]

掤捋挤按须认真，上下相随人难进；任他巨力来打我，牵动四两拨千斤。引进落空合即出，沾连黏随不丢顶（有些书记为"就曲伸"——薛注）。

以后又不知何人在其后添加六句如下

被打欲跌须雀跃，巧挤逃时要合身；拔背涵胸含太极，裹裆护肫踩五行。学者悟透其中意，一身妙法豁然能。①

[释义]

掤、捋、挤、按是太极拳的四种基本技法。过去的人称之为"四正手"。"揽雀尾"则由此四势组成,杨澄甫先生曾说:"揽雀尾一势是太极拳的体用总手。"意思是说,要练好太极拳必须认认真真一丝不苟地将这四种劲法理解好、掌握好。因为它是走架锻炼身体和与人对峙用作攻防的最基本技法。

太极拳的特点之一是协调性强,非常紧凑,上下肢动作和左右肢动作协调一致,一动无有不动,一静无有不静,架式严密,对敌时就使得对方难有进击的机会。任由对方用多大的力量进攻,我只要认准机会,利用力学原理就可以以小力胜大力,牵动四两之力,足可以拨动千斤之重。如搬运重物时用滚动方法一样。甚至对方冲力越大、速度越快,我在他身上顺其去势稍加一点力,就可以使他跌得更重。然而太极拳技法总以防守性的柔化为上,将对方来势引领过来,使其劲力落空,重心动摇,一伺有利时机,我就可以发劲将其放发出去。而在打手时,一般的对峙往来,双方都应该在"沾连黏随"的原则下进行,互相间以劲力问答,互不丢离,也不用拙力相顶触。

至于"沾",吴公藻先生说:"沾者,如两物互相交黏之使起。"又有谓:"沾者,提上拔高之谓也。"就像磁铁对铁器般一贴近即吸住,对方欲走不能,主动在我;对方受制于我,自断其根,我便有机可乘。

至于"连","连者,贯也;不中断,不脱离,接续连绵。"是与对方搭手,不让其松开,如其收屈,我则前伸,总

---

①这六句其实意义不大,是初学推手的一些基本原则,这里只作介绍,说明前人对《打手歌》有过如此的增撰。下面的白话释义仍只对原文六句作解说——薛注。

是贴住。——"连者,舍己无离之谓也"。

至于"黏","黏者,粘贴之谓。"是指与对方不相脱离,他进我退,他退我进;"彼浮我随,彼沉我松。""仰之则弥高,俯之则弥深","进之则越长,退之则越促。"使他欲丢不能,欲脱不开。——"黏者,留恋缱绻之谓也。"

至于"随","随者,从也;缓急相随,进退相依,不即不离,不先不后。"就是舍己从人,对方快慢和进退我都相随。——"随者,彼走此应之谓也。"

总的说来,二人推手锻炼的方法要求双方用劲都应放轻松;搭手不丢,也不用力相抵抗。对方向前,我则以同样的力量、速度后退;对方后退我就跟随着他,不让他丢离,他向上走我也随着上领;他向下沉,我也向下松沉将就着他。这就是"随曲就伸"的原则。

由于"沾"、"连"、"黏"、"随"都包含了"不丢顶"的意念,所以本人觉得这歌诀最后3个字不论从意思或韵律方面考虑,用"就曲伸"比用"不丢顶"要好些。

十、《身形腰顶》释义

《身形腰顶》是一篇七言六句的韵文,传自杨家,可见于杨、吴二氏的太极拳书籍。其中心内容指出练太极拳时"腰"及"顶"的主宰作用以及由二者决定身型(形)的重要性。由此亦可证明上面提到的"猴头为第二主宰"是绝不能写及解为"喉头为第二主宰"的。是"腰"和"顶"主宰着太极拳运动时的身型,与喉咙何干?

[原文]

身形腰顶岂可无?缺一何必费功(工)夫!腰顶穷研生不已,身形顺我自伸舒。舍此真理终何极,十年数载亦糊涂。

[释义]

练拳时由腰、顶（即《太极平准腰顶解》所谓"有准顶头悬，腰之根下株"）所决定的身形（用"型"字较妥——薛注）岂可忽略掉？假如对"腰"和"顶"等所有动作而言，"腰"为第一主宰，"头"为第二主宰，这样一个重要问题的任何一方面不予重视，无论花多少时间努力练拳也是枉然的，只是浪费时间、枉费工夫！

"腰"与"顶"二者的要领很重要。对于一个练拳人来说，要尽终生努力去研究、追求，切不可掉以轻心；因为二者决定练拳正确的身形（型），身型中正，做到上则"头顶悬"，下则"尾椎垂"，不偏不倚，不俯不仰，架式就能做到沉稳轻灵、舒展大方。

舍弃或疏忽了这里提到的任何一个重要方面——极致的真理，最终还可以寻求出什么练法呢？

放弃了"腰"、"顶"所决定的身型的锻炼，功夫再深造十年数载也是不得要领，糊里糊涂的。

十一、《太极圈》释义

题名《太极圈》，但我们在解释本文时不要被"圈"字所左右。大家都知道，"太极拳无处不是圈"，是"圈"的运动，不是平面圈就是竖面圈，或是斜面圈。有人还说练太极拳应该"由大圈练到小圈，由小圈练到无圈"。所以，这里的"圈"就是太极拳走架与推手这种"动功"的代名词。在解释时，不妨将本文标题看作《太极拳运动》，歌诀的内容也可以这样去理解。

［原文］

退圈容易进圈难，不离腰顶后与前；所难中土不离位，退易进难仔细研。此为动功非站定，倚身进退并比肩。能如水磨催急缓，云龙风虎象周旋，要用天盘从此觅，久而久之出天然。

［释义］

太极拳运动有前进和后退；后退时比较容易做好，前进的动作就比较难，难在哪里呢？是身法和步法（步随身换）。无论进退，关键处仍是腰、顶问题。后退时中正的身型较易保持；没有人会俯着身子向后退步的，也没有人会仰着身体后退。在做后退动作时不难做到上身中正，头顶上领、尾椎下垂。但前进时就不一样，一般人重心常会随迈步同时前出，后脚前移时想稳住重心就有点俯腰前倾，这种毛病在初学者中有普遍性。可见无论前进后退都要使腰与顶保持上下一条线。目的是使运动保持平稳、沉着。人体的重心在腰前腹内，无论架式定势或移步运动过程，这一重心位置（即"中土"）都是不变的（"不离位"）。前进时，由一个弓步移换成另一个弓步的过程，不少人就会有不同程度的上体前俯和臀部后翻。相反，退步时，如倒卷肱过程，要上体保持正直，绝大多数人都能做到；就只是有些人步法掌握不好，会倒插步后退或带有起伏。这些现象，在学习过程中都需要从运动实践中体悟，仔细去思索，研究其所以难易的原因。因为走架是"长拳"活动过程，不是单练"十三势"，"十三势"的单式练习是定势练习，是固定重心保持一种姿势，所以易于保持"中定"。但走架是"动功"，是以身法带手法、带步法进行，始终要保持上体平稳，两肩平衡，不能偏沉、偏随地做均衡运动。动态比定式难练好。作者在教学中常对学员说："定式是'型'（身型、步型、手型），易练，好把握；活动过程是'法'（身法、步法、手法），内容比较细致复杂，上下、左右、内外都要协调好，在一刹那同步完成动作，所以难练，不好把握。这些活动过程就如同水力牵动的石磨工作时那样速度均匀、动作圆滑、不停不断。经过长久习练，到了与人对峙时则有风虎云龙般活跃的威力。

要前进、后退都保持中正，沉稳不偏，就要从"架盘天平"的道理中去寻找方法，按着《太极平准解》的道理坚持练习，不断改进，久而久之，正确定型，不论走架、打手，身法手法都会习惯成自然，攻防意识形成条件反射，一切法则、规矩就浑如天成了。

十二、《太极轻重浮沉解》释义

本文是太极拳理论中比较重要又少见有明白解说的一篇，它被收入各个时代多种版本的太极拳书籍中。它的内容主要是论及走架和推手过程中"用劲"容易出现的问题。所以吴鉴泉先生在他保存的《太极法说》篇上写有眉批"病说"二字。

[原文]

　　双重为病，干于填实，与沉不同也；双沉为病，自尔腾虚，与重不一也。

　　双浮为病，祇如缥缈，与轻不例也；双轻不为病，天然轻灵，与浮不等也。

　　半轻半重不为病；偏轻偏重为病。半者，半有着落也，所以不为病。偏者，偏无着落也，所以为病。偏无着落，必失方圆；半有着落，岂失方圆？

　　半浮半沉为病，失于不及也；偏浮偏沉，失于太过也。

　　半重偏重，滞而不正也；半轻偏轻，灵而不圆也。

　　半沉偏沉，虚而不正也；半浮偏浮，茫而不圆也。

　　夫双重不近于浮，则为轻灵；双沉不近于重，则为离虚，故曰"上手"。轻重半有着落，则为"平手"。除此三者之外，皆为"病手"。

　　盖内之虚实不昧，能至于外气之清明，流行乎肢体也。若不穷研轻重、浮沉之手，徒劳掘井不及泉之叹耳。

　　然有方圆四正之手，表里精粗无不到，则已极大成，又何云四隅出方圆矣！所谓方而圆、圆而方，超乎象外，得其寰中之"上手"也。

[释义]

这篇文章从用劲的"轻"、"浮"与"沉"、"重"的角度一共列举了12种属于"病"的情况。

1. 双重为病：干于填实，与沉不同也

所谓"双重"，与沉的意义是不同的。"双重"是指对峙的双方，二者俱用重劲，互相完全使足劲"顶牛"，不懂"随曲就伸"，没有回旋的余地，所以是一大毛病。如就单方面而言，"双"是指两侧肢体。太极拳动作必须做到"虚实分清"。一侧重实，则另一侧为轻虚，不可"双重"。初学未能分虚实，动作就显得呆滞，病在"双重"。这与功夫日深，达至沉稳是完全不同性质的两种表现。

2. 双沉不为病：自尔腾虚，与重不一（也有书作"易"）也

"双沉"不是毛病。"沉"与"重"是两种不同性质的概念；"沉"是沉稳，内含"腾挪"的态势，与"重实"完全不同。"双沉"是对峙的双方均在"问劲"，表现腾挪、虚灵顶劲，所以不是毛病。

3. 双浮为病：祇如（有写作"病在"——薛注）缥缈，与轻不例也

"双浮"是毛病。"浮"是下盘不稳，缥缈无根，手上无劲；是不懂劲的一种表现。"浮"与"轻"的性质不同。"轻"是"用意不用力"；"浮"与意到气到、能"敷"、能"盖"、能"吞"的用劲之"轻"是不能类比的。

4. "双轻不为病"：天然轻灵（有写作"清灵"的——薛注），与浮不等也

对峙时，双方均用劲极轻，能够做到"沾连黏随，不丢不顶"就足够了。这种轻灵劲与缥缈无根的虚浮是完全不同的。

5．半轻半重不为病，半者，半有着落也，所以不为病

半有着落岂失方圆。（"方圆"者，"规矩"也。古人云："无规矩不能成方圆"，不失"方圆"即有"规矩"——薛注）。

"半轻半重"是似有若无，似松非松的一种表现。"半"的意思是能进能退，能攻能守的一种蓄势，着落于对方的劲可增可减、可发可收，主动在我，所以不是"病"；反而是懂规矩、明规矩而化规矩的功夫。

6．偏轻偏重为病。偏者，偏无着落也，所以为病。偏无着落，必失方圆

打手时，偏轻或偏重都是病手。偏轻是使不上劲，对对手起不到丝毫作用。偏重就极易被对方听察，予以先手，控制主动权。所谓"牵动四两拨千斤"，"四两"指一定的劲力，无太过无不及，偏重是太过，偏轻是不及，"过犹不及"，都失掉规矩，难成方圆。所以无论偏轻、偏重都是"病"。

7．半浮半沉为病，失之不及也

半浮半沉就是功劲只用一半，达不到发挥技法作用的目的。称之为病的原因就是"不及"。

8．偏浮偏沉为病（有的记载去掉"为病"二字——薛注）**失之太过也**

"偏"是"偏于"、"太过"的意思。推手时用劲过于浮或过于沉都是走两个极端，失之于中庸；没有了"中正"，架盘天平就失去平衡。所以，偏浮或偏沉的表现都是"病"。原因就是"太过"了。

9．半重偏重为病，滞而不正也

"半重"是不及，"偏重"是太过。二者均达不到太极拳要求的"轻而不滞，沉而不浮"的技术标准。练拳要"沉"而不是"重"，沉为无形而重力有形；沉劲松活，"重"是拙力，用之则呆滞，不得"中正安舒"。

10. 半轻偏轻为病，灵而不圆也

"半轻"是"轻"之不足；"偏轻"是"轻"之太过。轻不足就是重，重则滞。偏轻就是无劲无根，动作看似轻柔，但劲不足，"势"难饱满，卷不得力，发之无功。陈鑫先生说："纯阴无阳是软手"。

11. 半沉偏沉为病，虚而不正也

"沉"本来是练拳的正确要求，但"半沉"就是"沉"之不足，"偏沉"就是太过沉实，虚灵不足。练拳要"虚灵顶劲"，"精神能提得起，则无迟重之虞。"半沉仍属虚，偏沉则过实，动作均不得要领，形神难达中正安舒。

12. 半浮偏浮为病，茫而不圆也

"浮"都是不好的，浮则飘而不稳，茫茫然无着力处。半浮稍浮都已经是毛病了，偏浮更是病上加病。

然而综上所述，"双轻"不同于浮，二者相去甚远。能将轻、浮分清楚，用意、气、劲的，能轻，就是轻灵。"沉"是意念，内在无形；"重"是力量表现，外可量度。"双沉"不等于重实，也是虚实分清的。"坎"为火为阳为实，"离"为水为阴为虚；水火既济，虚实分清，故称为"上手"。能做到"半轻半重（不为病）"的可称为"平手"。除此三者（即双轻、双沉及半轻半重）之外都是"病手"。

练拳者内里的神和意对虚实与灵滞的认知并不含糊，所以由内及外而产生的外型架子，拳脚也是虚实分清的。假若不专心去研究，追寻运动的轻、重、浮、沉的重要性及其相互间关系的道理，就等于掘井失败，抽不到泉水一样徒劳无功而伤心哀叹！

然而，假如有人练得浑然纯熟，四正手（掤、捋、挤、按）皆能随意变化，中规中矩，内外相合，上下相随，化发有度，不失方圆——明规矩而化规矩——这就已经是大成了。又何必一定要以四隅（采、挒、肘、靠）去补足才得以超出规矩方圆之外，才能运用自如呢？其实所谓"方"，就是"圆"，"圆"也就是"方"；太极拳"一手变五手"，法无常法，超乎物象之外；而能把握太极拳的真髓者就应该称得上"上手"（优秀的把式）了！

十三、《太极尺寸分毫解》释义

[原文]

功夫先练开展，后练紧凑。开展成而得之，才讲紧凑。紧凑得成，才讲尺寸分毫。

由尺进之功成，而后能寸进分进毫进。此所谓尺寸分毫之理也，明矣！

然尺必十寸，寸必十分，分必十毫，其数在焉。故云：对峙者，数也。知其数，则能得尺寸分毫也。要知其数，非秘授而能量之者哉？！

[释义]

练习太极拳，先练架子开展。这"开展"应该是在身、手、步、眼法俱得要领、规矩的基础上，表现为宽大稳重的姿态；然后加以改进提高，使得内外、上下完全协调一致，做到一动无有不动，一静无有不静；改去手足动作不同步、身手不合一、动作松散的毛病。这就是让走架朝着"紧凑"去提高。

"开展"是"搭架子"后练习套路时的第一步，是对每一"定势"架式的要求——这是讲"中定"方面。"开展"包括每个架式动作方位正确、步型正确、尾闾中正神贯顶、肩沉肘坠、臂成弧形、"将展未展"等，使得架式开展大方。这些要求都做到了，然后讲求动作"紧凑"。

"紧凑"更多地对于动态而言。定势是造型，动态是技法。学习时，式子的造型做好了，然后讲求从一个完成式转换到另一个式子的技法,包括身法、步法、手法、眼法,也就是讲的进、退、顾、盼等方面。架子的静态易摆好,一式向另一式的变换过程则较难做得完美无缺,需要以"心为令,气为旗,腰为纛",要"神为主帅,身为躯使",内外一致,上下左右协调,浑然一体;做到动作不松散,这就称得上"紧凑"。"紧凑"不是"往小里练",将架子走成紧缩一团,或"有圈之意而无圈之形"!"紧凑"是"松散"的反义词。动作"松散"的原因是动作有外无内,左右上下脱节,或手先而脚慢,或两手动作分离,互不关联,不能做到"上于两膊相系,下于两足相随"。比如做左式"玉女穿梭",左手向上掤臂撑架的过程与右手前按互不联系,左有左走,右有右推,左架掌撑于头外偏后侧,右推不在躯体的中线方向而朝右外侧推出,有形而无意,有"姿势"无实际,胸腹前露出大片空档,犯攻防的大忌。类似这样的动作就是"松散"。反之,在左手上掤之始,必与右腕下沉相擦,于体前两手前后呼应,然后左手继续向额上撑架,完成"防"的动作,右掌在左臂的掩护下坐腕前推,"似松非松"地完成"攻"的动作。这就是"紧凑"。

"紧凑"练出些成效了,才讲求劲法方向、大小、变化等方面的把握,所谓尺、寸、分、毫之辨,就是要由懂劲向"神明"(技艺出神入化)的方向去提高。

尺进、寸进、分进、毫进是指由大动作向小动作、由粗向细一步步提高。比如打手,由学习听劲(用手上触觉感知对方加给自己力量的大小、方向)而至于懂劲(识别对方劲力的性质、大小、方向、变化等并作出恰当的反应),学会沾连黏随、走化、引发等技巧;甚至到"一羽不能加,蝇虫不能落"的地步,尺寸分毫之理也就是一步一步地提高的意思。然而尺、寸、分、毫必须有绝对准确的把握。对方用劲的轻重、大小、性质、方向要在刹那间分辨明白,这就是"数"(即"程度")之所在。所以说：与人对峙（即打手），无非是"数"的准确，分辨清晰才能做出轻重缓急的正确反应。"动急则急应，动缓则缓随"。如彼推进一尺，我引退一尺；彼退一分，我随进一分。彼按进则我掤；彼捋，则我挤……这样可达至"随曲就伸"而不犯丢、顶的大忌。至于如何学习和把握好这尺寸分毫的"数"，没有好老师给予秘授、指导是难以捉摸、量度得到的。

十四、《太极拳运动三字经》释义

太极拳运动三字经（薛安日　编写）

[原文]

　　太极拳，稳重心；初学步，后学身；先练形，再用心，意气劲，渐追寻。弓坐腿，中规矩；虚实变，贵自然。腹松净，头顶悬，肘节坠，尾椎垂。含勿过①，莫耸肩；呼吸气，沉丹田。步如猫，形如鹘，上下随，内外合，气应敛，神宜舒。盘架子，功问己，习推手，练双人：先在心，后在身。心为令，气为旗，神主帅，身驱使，身虽动，心犹静，意不断，势相连。其根脚，发于腿，主宰腰，劲顺遂。松非松，柔化功；展未展，却从容。彼不动，己不动；彼微动，己先动。务知己，养吾气；及知人，引落空，无不及，随曲伸，气未到，意先吞；意气君，骨肉臣。若中庸②，理为一③，立平准④，气

---

①含胸自然舒展，不可着意做成"寒背"。
②中庸是儒家的最高道德标准"不偏不倚，不疾不随"，"无过不及，随曲就伸"等理念就是："中"，"松静自然"，"似松非松，将展未展"，一切以平常姿态对待就是"庸"。可见儒家思想才是太极拳运动的哲理基础。
③王宗岳《太极拳论》："虽变化万端，而理为一贯"。
④《太极拳论》："立如平准，活似车轮"。

势腾①。练千遍,义自见,少理论②,勤实践。研修法,重桩功。三性备③,涵其中。首健身,略铺陈:正稳舒,圆缓柔,通心脉,畅血流,下肢壮,泵力张;活肺泡,息深长④,腹内压,摩肝肠,精神爽,容颜养,中气足,代谢强,升免疫,医道彰。任何式,源一宗,若此法,效相同。偏见者,贬新编,古即好,不分辨。今传统,旧创新;世间事,日日新,与时进,理当然。明道理,善继承,去糟粕,取其精,再提高,更昌盛。

[释义]

我在学与教太极拳过程中读了一些太极拳理论参考书籍,不少的"论"、"歌"、"诀",这些文章写得都甚是简练,但文字大多颇让人费解,不少地方要推敲猜度;而且它们所述内容相互间多有雷同,虽提法不同,实质内容则一致。其中比较重要的大抵只有四五篇,如《十三势行功歌诀》(佚名)、《十三势行功心解》(武禹襄)、《太极拳论》(王宗岳)、《走架打手行功要言》(李亦畲)、《五字诀》等。这些"经典"理论,其实逻辑性不强,要讲明白的内容完全可以精炼文字,撮要阐述,或更详细地解释清楚的。在《太极拳械运动答问》(广东高教出版社)一书中,笔者已对一些拳论有较明白的浅释。但所有共通性较强的内容仍可以浓缩成一篇;因此就用三字韵文的"三字经"形式,把我对太极拳锻炼的实质、练法、要领、目的及其发展的认识记录下来,供后来的太极拳爱好者作参考,不至被那些文字艰涩而虚泛的众多"拳谱"所

---

①李亦畲《五字诀》:"气势要有腾挪,精神要贵贯注"。
②杨家太极拳衣钵传人,杨澄甫的高足董英杰先生曾很有见地地指出:"功夫昔人好,理论今人好;实在理论一多,功夫不专,进境反少矣。练功时最好少求理论,多做功夫。"
③即武术文化的三属性:健身性、实用性和表演性。
④息是呼吸,一吸一呼为一息。

累。《太极拳运动三字经》原文见刊于2005年2月号《武林》杂志。然而,每句3字,同样是要把需要说的话的内容浓缩,但理解就不一定人人相同。因此,要对其原意作些解释,令读者读得更明白一些,对指导锻炼实践起点作用。

以下是《三字经》要说的具体内容。

太极拳运动的核心问题是抓"重心",不论单练走架还是双人推手,在锻炼过程中都要将稳住重心作为运动的关键。

怎样学习太极拳呢?

要循序渐进。首先要从学步型开始,把弓步、丁步、虚步、独立步等步型和上步、退步、进步、撤步、出步、收步、扣脚、撇脚等步法学好;把"尾闾中正"、"顶头悬"的身型学好。这就是说要在开始时就把你要学的太极拳套路的架子搭好。然后不懈努力,坚持锻炼,从用肢体去打拳,学到用心意去打拳,体会意识引导动作的练习方法。由意念产生气势,气势结合着劲力的虚实、开合、吞吐、卷放。这样的锻炼过程非常漫长。"入门引路须口授,功夫无息法自修。"要在老师指导下,更重要的是自己无休止的苦练与探索,一步一步,一个台阶一个台阶地去提高。

弓腿、坐腿是走架入门最基本的运动形式,也是推手的基本功。必须一丝不苟、中规中矩地学。当老师的也要中规中矩地教。弓腿(即"弓箭步")时人体重心前移,前腿屈如弓形,但膝盖不可超越脚尖;后腿向前自然伸直,膝盖不可下弯如跪;两脚掌抓地,脚掌缘与足跟不可掀起翻离地面。除了吴式太极拳要求足掌平行(图4-14-1),其他各式的弓步,前后脚掌都成一定的夹角(一般是45°~60°),两脚掌中间要有纵向的步幅,(一般约为30~50 cm,因人的高矮和功夫程度而异)和横向的距离(前后脚掌内缘之间的距离,一般约10~30 cm。见图4-14-2),以这两个距离为边线的一个长方形面积就是保证运动者重心的支撑面积。没有了这底座面积,动作就不可能稳定。弓腿时上体必须正直,头顶向上,下颌微收,脊椎节节下垂,两胯松开,腰向下塌,躯干基本与地面垂直。坐腿,即重心后移成"虚步",重心线落在后脚上,前脚变轻。坐腿时一定要将胯向后缩回,腹部放松,腰往下塌,保持原先弓腿时上体的身型。这一弓一坐,就是下肢动作的一实一虚,构成运动过程。所以非常重要。太极拳运动时,不论向前或后退,靠的就是弓腿坐腿。在这过程中上体的规律是头顶上悬,尾椎下垂。弓腿时会感觉小腹略微充实(气沉丹田),坐腿时腹部一定要放松自然,不可挺腹或收腹。除了下肢的虚实变化,上肢也有虚实的变化。其变化随动作的意念、技法的要求而变。对上肢动作总的要求是"(松)沉肩坠肘","臂成弧形"(但肘弯的形态也不是一成不变的,要随动作的虚实变化而有曲有伸,就是要懂得"随曲就伸"),"展指舒掌"。

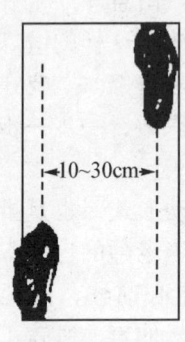

图4-14-1

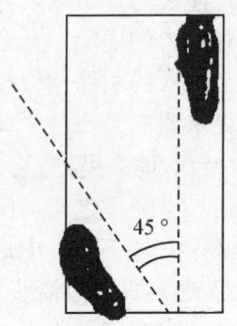

图4-14-2

"含胸拔背"和"松肩坠肘"都是杨澄甫氏太极拳"身法十要"其中的两点。"含胸拔背"的意思是指运动时要求躯干前后的形态——前是胸(胸骨),后是背(背脊骨)——胸背自然伸直。"含"是"挺"的反义词,"含胸"就是不可挺胸的意思,不是要胸骨往里缩陷。"拔"是"拔长",是"压缩"的反意。"拔背"是背脊骨——上至颈椎,下至尾骶——节节往上竖起，直上下行，与"顶头悬"相结合，把精神领起，不要"寒背"而形同"萎缩"。切不可把"含"做成"陷"，把"拔背"误解为使背肌、肩胛紧张，做成"寒背"。前贤就是唯恐练拳的人将躯干练成"陷胸寒背"，形态萎缩，或胸部僵挺，才提出"含胸拔背"的"中庸之道"来的，其实它只是提出要躯干形态自然，精神上领，不可太过。有人提出，为了"含胸"要将两肩锁关节有意识地向前合。如此一"合"，必然会有点缩胸寒背了。练拳时肩锁关节不必向前合拢，也不必向外拉展，能放松不耸就得了。贵在"自然"二字。

初学太极拳要自然呼吸，进一步提高就要注意呼吸与动作的配合。而且是深长细缓均匀的呼吸，引领着动作。吸气时动作开展，为虚；呼气时动作收合，为实。这种练法一定要用"腹式呼吸"方法：吸时脐下小腹放松，呼气时小腹随之沉实，这就会对"气沉丹田"有所体验，"拳势呼吸"就是依此进行的。

练太极拳，要沉稳轻灵，怎样去做呢？迈步时掌握了弓腿、坐腿虚实的变化，加以缓慢均匀的节律，就如猫在搜捕老鼠迈步时那样的静、轻、缓。同时从整体的架式看，由于精神上领，专注一方，动作在意识活动下进行，因而其形态有如在觅食的鹘鸟那样的敏捷，精神集中，全神贯注。练太极拳另一个重要之处是肢体的协调。要上下肢动作同时配合，内在的意念活动、呼吸活动要与外形的肢体活动一致，不可割裂。不可先手后脚，先右后左，两手各做各的动作，或者脚迈出还没落地，重心就已前移，左右、前后、上下完全脱节，那样就不是太极拳了。太极拳运动讲究"一动无有不动，一静无有不静"，动作由内引外，"神舒体静，刻刻在心"，不浮不躁，不形于色。"全身意在精神不在气"，要把"颐指气使"那种气焰收敛起来，聚精会神，安舒松展。"精神能提得起，则无迟重之虞"。能用意念引导肢体拳式的活动，锻炼就达到一个新的高度了。

所以，练拳过程可比喻于行军打仗，心——精神意识，是主帅，是总司令；身——肢体，是按命令行事，被驱动差遣的使者；平稳、深长、缓慢的呼吸如军旗，引领肢体动作的开合、卷放、蓄发。打拳时，身体四肢虽然在不停地动着，但精神是安静放松的。每一招式都是意念所驱动，肢体不使绌力，一招一式随着意念的绵绵不断，没有明显的停断，势势相连。

太极拳是武术运动，它的动作也是由攻防意识表现去完成的，所以要讲究劲力。而这个劲力不是绌力，它来源于意识，根基在牢牢站稳于地面的脚，发动于下肢肌肉活动，主宰于腰的旋转，通过脊背、臂膀而集中于一处，或放或收。因而太极拳用的劲不是涣散的某一个肢体部分的力，而是协调整体集中于一点的很强的劲，动作表现在手而力量来源于腰腿，是"势断劲连，劲断意连"的。从架子外形上看，太极拳运动"似松非松，将展未展"，非常柔顺又很恬静从容，没有一点紧张也没有一点散漫。太极拳运动的最高境界是"松静自然"。要达至如斯境界，就得花大功夫，结合所有要领经历长久的磨炼。

从技击上说来，太极拳尚柔化，不求主动猛力出击：讲求"以静待动"，"后发制人"。人不出击，我就静待，只要敌人稍有动作，我就要占住先机。这就是"彼不动，己不动；彼微动，己先动"，"动急则急应，动缓则缓随"的太极拳"舍己从人"理论。可见，太极拳是化被动为主动的技术，不是只讲慢不讲快，只讲被动柔化，不讲积极进攻的，关键在于伺机而动，抢占优势。因而太极拳练时越慢越好，用时是越快越好！因此前贤陈式太极拳家陈鑫先生曾说："练太极拳，既能慢到十分，又能快到十分。"顾留馨先生说："太极拳举动轻缓，是为了发展重快。"

太极拳锻炼形式中的单人走架子是练养气的"知己"功夫。呼吸要深、长、细、缓、匀。练功的关键是把握自己的重心。而双人推手练习，则是在"知己"功夫的基础上，与人对峙，"引进落空，合即出"（诱敌进击而使之落空后，我则乘机出击），用劲无太过，无不及，适其所需就好了。无论走架或推手，都是心意为君（策划），躯体动作为臣（实施），意念在动作之先，感觉要敏锐，即使一根羽毛或一只苍蝇落下来那么轻的力，也能感知，做出反应。

从哲理方面来说，太极拳与周易八卦、五行是毫不相干的。它反而处处反映出"中庸之道"的儒家思想，万变不离其宗；一以贯之的是这个"立身中正安舒"，"不偏不倚"的道理。动作则静如山岳，平衡稳重，左右对称：不偏重于前或后，或左或右；要有前则有后，有左则有右。比如"单鞭"这个架式，躯体中正，两臂张展均衡稳定：两手不可一高一低，一伸一缩，从安静中取势，稳如山岳，气势腾挪。这些道理要从努力实践练习中探究。俚语有云："拳打千遍，其义自见"，"拳打千遍，身法自然"。要提高，不可只是口头上诵读理论经典；练太极拳到底是习武，要从基本功，从桩步上练出功夫来。功多才会艺熟，空谈理论常不切实际。

太极拳既是武术运动的一部分，它也具有武术运动的共同性，因而也具备武术运动的三大属性，即健身性、实用性和表演性。健身性毋庸置疑了，近百年来大家都知道"太极"是健身拳，也为医学科学所证实。许多大型活动（如1990年亚运会开幕式等）都以千人太极表演为首选，其表演性也毋庸置疑。唯其技击性是否存在呢？太极同所有武艺都一样，功多才能艺熟，熟才能生巧。太极也是拳，一拳一脚，踢打摔拿，练得多了起码人的反应就变得灵活敏捷些，将主要的技击动作组合形成条件反射，练久了，加之以胆、力，也就会用了。推手是太极拳特有的技击性训练方法，然而也是要多练，经常练才可以派上用场。别的武术也莫非如此！现代武术训练已分两条路走，各有擅长。一个方面是专门化的套路训练，另一个方面是专门化的技击散打训练,都走专业化。要实用,当然得专门训练。任何一种技艺都要经专门化训练才可派上用场,想学会一招半式就能用,那是脱离实际。目前太极拳锻炼虽然对其技击实用性要求不高,或练拳人根本不予理会,但它实在是存在的。正如著名太极拳前辈徐致一先生说:"太极拳的技击功夫和健身效果,原是同一个方法下的两个产物,如果在意识上把每一个动作都看作技击方法,当然可以增进技击功夫,但同时并不会减低它的健身效果。如果意识作用专注在健身方面,自然可以得到更显著或者更充分的健身效果,但在无形中也有培养技击基础的作用。"

现代人练拳当然首先是为了健身的。太极拳的防治疾病保健作用由它的运动要求所决定。简单陈述如下:中正、沉稳、安舒、圆滑、缓慢、柔和的运动可以加强心血管机能。练太极拳时下肢肌肉有规律地张缩,对血管起了泵力作用,使下肢静脉血液向心脏回流作用加强。深、长、细、缓、均匀的呼吸运动使气管黏膜经常得到良性刺激,使之对外环境(如气温高低、粉尘等)提高了抵抗能力,同时又使肺活量和肺通气量大大增加,胸腺增强,免疫功能大大提高。腹式的呼吸方式,令横膈肌加强了锻炼,腹内压有规律的变化,对腹腔内脏器起到很好的按摩作用,各脏腑的血液循环及其组织都得到改善。胃腑乃受盛之官,胃纳改善,人的中气就充足,新陈代谢相应加强,产生减少疾病、脸色变好的效果。这些方面都得到了医学的验证,相应地又丰富了体疗医学和预防医学的内容。

说到太极拳的发展,现已产生多个流派,但无论何式何派,它们都是同源而来,各式太极拳的锻炼方法都同样收到锻炼功效的。然而目前社会上有些持偏见的人士,无视现实,扬古抑今,认为古的才是正宗的,对国家体委为推广太极拳而在传统基础上简化编定并推广了几十年,影响深远的套路有不少贬伐之词。认为今不如古,说今天的只是太极操,不是拳术。

有的甚至荒谬地著文指称：练新编太极拳套路会伤膝伤身，只有改练所谓的"传统"套路才有确实的保健效果。这恐怕是一种非常偏激的观点。他们不去想想，现代称之为"传统"的东西，在产生它们的当代（不过距今一百几十年）还不是人们创编出来的吗？还不是新编吗？它不会一问世就那么"*传统*"。而现代经挖掘整理提高产生出来的套路，在练法与要求上跟过去的"传统"基本一致，只是删繁就简，难度少了，对肢体的运动承受力要求降低了，运动创伤应有所下降才是。这些套路再经过几十年，它们不也就是"传统"了吗？世间的事物都在变化，都在前进，都在吐故纳新；所有科学文化事业都在发展提高。与时俱进是当然的道理。经过不断学习，洞明世间变易的道理，善于继承传统，经过去粗取精，去伪存真的整理，再加以提高，太极拳运动岂不是可以有更广阔的发展天地吗？哀叹今不如昔的"卫道士"们应该更新观念，遵循世界发展的自然规律去看待世间的一切事物，这才是正确的世界观，才能正确评价太极拳运动发展的过去、现状和将来。

第5章 学 练

一、入门引路须口授

(一) 筑基

1. 基本功练习的必要

谚谓:"练拳不练功,到老一场空";"练拳不溜腿,到老冒失鬼"。这都是前人从实践中得出来的经验总结,是"老生常谈"。

"功"是功夫,更是指"基本功"。如高屋建瓴,没有打下坚实的地基是办不到的。现在媒体常有曝光的所谓"豆腐渣工程",就是基础不牢,施工过程偷工减料所致。要练好武术同样要先有扎实的基本功,就算"花拳绣腿"也要有基本动作支撑,要"身法活便,手法便利,脚法轻固,腿可飞腾"(戚继光语),否则也"花"不出样子,"绣"不出艳彩。

太极拳的基本功,最主要的是下盘功夫,即正确的步型、步法和桩步的稳固程度。打太极拳要求"沉而不滞,轻而不浮"。沉稳轻灵的关键在于把握重心的稳定,基础在于下盘,因而"上虚下实"。没有扎实的桩步,走架就会轻浮飘忽,独立步和所有腿法难完成好。下肢的基本功可以通过定态的站桩和前进、后退的步型、步法练习去完成。

2. 站桩练习

(1) 浑圆桩(又称三圆式桩)

1) 姿式:开步站立,半蹲坐腿,胸腹放松,头容正直,下颌微收;两臂前举平胸围圆。展指舒掌,掌心向里,两虎口撑圆,指尖相对。眼向前平视。这个姿势因两虎口围圆、两臂抱圆、裆口撑圆,而称三圆式(见图5-1-1)。

2)呼吸:深长细匀的顺腹式呼吸法(即吸时小腹稍胀,呼时小腹稍向内收紧),同时结合数息(每一次呼吸数一数序,可由1~100,然后重复);并可用吸时闭嘴用鼻吸气,呼时嘴唇微开一线轻轻吐气的吐纳方法。

(2)弓步桩

一腿前出,曲膝,膝盖与脚尖上下正对;另一腿在后自然伸直。上体正直,臀部内敛,尾椎下垂;两手叉腰或背握于腰后,目平视前方;自然呼吸(见图5-1-2);一腿站累时,两脚可前后交替轮换。

图5-1-1

图5-1-2

(3)虚步桩

一脚站稳支持体重,另一脚前出,前脚掌着地,脚跟离地(或脚跟着地,脚尖上翘);上体正向(或半偏),松腰、坐腿、顶头悬;站立时间由短渐长。自然呼吸,眼平视前方(图5-1-3)。两脚可交替轮换。

(4)三体式桩

两足并拢站立,脚尖朝前。一脚外撇45°曲膝半蹲,约支承体重70%,(可称为实腿);另一脚直向前迈出,全脚掌着地，脚尖向前，膝稍松曲与地面的垂线落于足跟之后；小腿着意向后蹬撑，约支承体重30%（可称为虚腿）。实腿一侧的手掌坐腕下按于腹前，大拇指根部贴近脐下；虚腿一侧手臂前伸，顺肩松沉，曲肘下坠，肘膝上下相对，掌心朝前下方，与足尖相对，食指轻微上挑对鼻，眼平视前方。自然呼吸（图5-1-4）。两脚可轮换。

图5-1-3

图5-1-4

3. 步法练习

1）a. 立正预备（见图5-1-5）→b.（曲膝）左丁步站立（叉腰或背手，见图5-1-6）→c. 左弓步（见图5-1-7和图5-1-8）→d. 右丁步（见图5-1-9、图5-1-10和图5-1-11）→e. 右弓步（见图5-1-12和图5-1-13）→f. 左丁步（见图5-1-14，图5-1-15和图5-1-16）→g. 左弓步（同c）。

图5-1-5

图5-1-6

图5-1-7

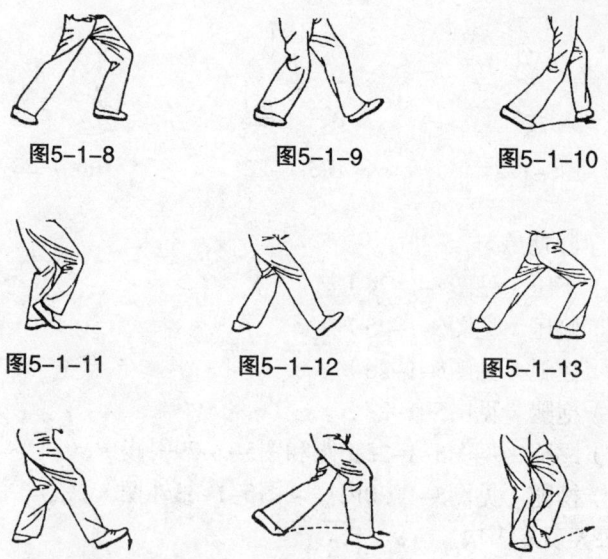

图5-1-8　　　　　图5-1-9　　　　　图5-1-10

图5-1-11　　　　　图5-1-12　　　　　图5-1-13

图5-1-14　　　　　图5-1-15　　　　　图5-1-16

2）……（前面重复）；左丁步（见图5-1-16）→左脚前出成左虚步（图5-1-17）→提膝后退（见图5-1-18和图5-1-19）→右虚步（图5-1-20）→提膝后退（见图5-1-21和图5-1-22）→左虚步（图5-1-23）……（重复前进、后退）→收回左脚丁步（同图5-1-14～图5-1-16）→左弓步（同图5-1-7和图5-1-8）→右丁步（同d）反复地重复上面动作，前进后退多次来回。

图5-1-17

图5-1-18　　　　　图5-1-19　　　　　图5-1-20

图5-1-21　　　　　图5-1-22　　　　　图5-1-23

4. 腿功练习

1）正压（见图5-1-24）。

2）侧压（见图5-1-25）。

3）控腿（见图5-1-26）。

4）抱腿（见图5-1-27）。

5）踢腿（见图5-1-28正踢和图5-1-29斜踢）。

6）摆腿（见图5-1-30内摆～图5-1-33外摆）。

每天反复多次。

图5-1-24　　　　　图5-1-25　　　　　图5-1-26

图5-1-27　　　　　图5-1-28　　　　　图5-1-29

图5-1-30　　　　　　图5-1-31

图5-1-32　　　　　　图5-1-33

其次是身型基础，要加大力度锻炼"尾闾中正"和"顶头悬"（又称"虚灵顶劲"）。尾闾（骶骨与尾椎骨）必须向下松垂，意念使之尽量与地面垂直，不向前、后、左、右倾侧，是谓"中正"。"尾闾中正"才不会翻臀，才有"胸腹松净气腾然"的可能。"顶头悬"是有意识地以头顶正中点（百会穴）为"悬挂"点，将头向上吊挂起来（包括下颔向内微收以制衡之）使得颈椎也和胸椎、腰椎整体一致自然上拔。这样，就能够做好"含胸拔背"。

熟习了以上的基本功，走架时就进退自如，长时间练习成了动力定型，下盘的基础就扎实了。无论走架或推手运动，这些基本功练习都是必不可少的。

（二）《功力太极拳》套路简介

《功力太极拳》只有十个式子，但保留了杨式太极拳最基本的功架。如起式、十字手和收式等，还有被称为"太极体用总手"的揽雀尾,不单有右式,也有左式;左式揽雀尾还加之以活步,使形式、步法多变。又有野马分鬃、云手、搂膝拗步、手挥琵琶、倒卷肱等都是最著名、最基础的太极拳(十三势)招式。经常练习就能掌握太极拳的基本功夫和精要,经常练习能增长功力。

《功力太极拳》,左右来回走一趟,慢练需约 5 min 时间。它动中求静,以内养为主,通过动作表现练意、气、劲。该套路没有下势、独立等体位大幅度变化,方向转变不复杂,运动过程始终保持平稳,它极适宜于疗养院作体疗或教练之用,也适宜用为老年人首选的保健强身之法。

本套路的教学内容已收进由太平洋影音公司出版的教学光碟《健身三宝》(VCD)中,可配合本文作学习参考。

[套路图解]

预备式(正南)

(1)垂手立正

两足并拢,两手自然下垂;手指合拢、拇指自然撑开,指尖贴于大腿外侧,眼平视前方(图5-1-34)。

(2)向左开步

左脚向左横开一步,距离与肩同宽。两脚掌平行,脚尖向前。眼平视(图5-1-35)。

图5-1-34

图5-1-35

1. 起势（南）

（1）两手平举

两腕向前向上平提至与肩高，肘尖自然向下，掌心舒展，手指放松微曲、虎口撑开，眼平视（图5-1-36）。

（2）曲膝下按

松腰下垂，重心下落，两膝微曲，膝盖与脚尖上下相对；同时两肘略屈，两掌下落按至腹前，眼看前（图5-1-37）。

图5-1-36

图5-1-37

2. 揽雀尾（南）

（1）丁步抱球

左脚外撇约45°，重心移于左腿，右脚收至左踝旁，脚尖点地成丁步（熟习后亦可不点地）；同时左手向外向上划弧至左胸前与肩平，臂成弧形，手心向下，肘略低于肩；右手向外旋腕，手心向上与左掌心相对成抱球状，右腋舒张，上臂不可紧贴胸肋；眼看左手手背（图5-1-38）。

图5-1-38

（2）弓步右掤

腰略右转，右脚向前出步，脚跟先着地，重心再前移，蹬左腿右旋腰，面向正南方向成右弓步。同时右臂掤圆，腕与胸平（高不过喉），掌心向内，指尖向左；左掌按于左胯外侧，掌心向下，指尖向前。左上臂自然松垂，眼看右腕（图5-1-39和图5-1-40）。

（3）左托右抹

重心位置暂不动，腰轻微右转，协同右腕内旋，右掌心翻向下，指尖朝前；左掌经腹前向外旋腕，手心向上，托于右肘内侧下方；眼看右手（图5-1-41）。

图5-1-39　　　　　图5-1-40　　　　　图5-1-41

（4）后坐左捋

重心后移，坐左腿；腰向左旋，牵引两手下沉经腹前向左捋（图5-1-42）。

图5-1-42　　　　　图5-1-43　　　　　图5-1-44

（5）弓步前挤

腰继续左转，右臂掤于胸前；左手向左后划弧，举至指尖平眼，掌心斜向上，眼看左手。左腿坐实，右脚变轻，脚尖可向上翘，或全脚掌轻贴地面（图5-1-43）；然后，左肘弯屈，左手经耳旁搭向右腕内侧，重心前移成右弓步，两臂掤圆，两手交叉，左腕推右腕挤出；眼平视前方（图5-1-44）。

（6）后坐拖掌

重心后移，稳坐左腿；同时两手平抹分开平肩宽，随重心后移，两肘收屈下坠，将两掌向后拖回至肩前；眼看右手；两胯松开（特别右胯）后收，臀部下垂，不可向后翻，保持上体正直、舒松自然（图5-1-45）。

（7）弓步前按

继续坐腿缩胯，两手经肩前下滑，坐腕轻按于腹前（图5-1-46）。然后重心前移成右弓步，两手向前向上推按，至指尖平眼，掌心向前，两掌相距稍窄于肩宽，眼平视前方。（图5-1-47）

图5-1-45

图5-1-46

图5-1-47

3. 左右野马分鬃（三式，向东）

（1）左转揉手

两腕放松，平掌掌心向下；重心后移，坐左腿，随腰向左转，右脚尖轻离地面向左扣约45°，同时两手亦随转体平抹如推磨盘至左前方（东北），见图5-1-48和图5-1-49）。

（2）丁步右抱

重心回移于右腿，右肘收屈成弧形，掌心向下，高与肩平，左手向外旋腕下落至右腰前，手心向上与右手心相对成抱球状；左脚收回至右踝旁，脚尖点地成丁步；眼看右掌背（图5-1-50和图5-1-51）。

图5-1-48

图5-1-49

图5-1-50

图5-1-51

（3）左转出步

腰略向左转，重心稳坐右腿，左脚轻轻向左前方出步，脚跟先着地，两手交错，眼看左前方（图5-1-52）。

（4）弓步左分

重心前移成左弓步，左臂向上分靠，掌心斜向上，指尖平眼（或高不过额）；右手向下按于右胯前下方，掌心向下，指尖向前；眼向前看（图5-1-53）。

（5）后坐撇脚

重心后移坐右腿，腰左转，左脚尖离地外撇约45°；同时左掌开始内旋使手心向下、右掌外旋使手心向上置于腹前（图

5-1-54）。

图5-1-52　　　　　　图5-1-53　　　　　　图5-1-54

（6）丁步左抱

动作与（2）相同，唯左右及方向相反（图5-1-55）。

（7）右转出步

动作与（3）相同，唯左右及方向相反。

（8）弓步右分

动作与（4）相同，唯左右及方向相反（图5-1-56）。

（9）后坐撇脚

动作与（5）相同，唯左右及方向相反（图5-1-57）。

图5-1-55　　　　　　图5-1-56　　　　　　图5-1-57

（10）丁步右抱

动作与（2）相同（图5-1-58）。

（11）左转出步

动作与（3）相同（图5-1-59）。

（12）弓步左分

动作与（4）相同（图5-1-60）。

图5-1-58　　　　图5-1-59　　　　　图5-1-60

4. 右云手（4次并步，往西横进）

（1）后坐扣脚

重心右移，左手内旋下按，右手经腹前向上划弧，手心向面；同时左脚内扣约90°，右脚外撇45°使两脚掌平行（图5-1-61和图5-1-62）。

（2）右云并步

重心右移，腰向右转，右手指平眼向右外侧翻腕（图5-1-63）；左手经腹前下捋，向外旋腕，提至右胸前；眼看右手，同时收左脚成并立步，两脚掌平行，相距10～20 cm。

（3）左上右落

左手经右肩前向上划弧，手心向脸，指尖平眼；右手向下按落，腰向左转，重心渐移至左腿上，右脚变轻，准备向右侧横开步（图5-1-64）。

图5-1-61　　　　　图5-1-62　　　　　图5-1-63

（4）左云开步

继续向左旋腰，左手腕内旋向外按，右手经腹前捋至左肩前，重心移至左腿上，右脚向右侧横开一步（图5-1-65）。

（5）右上左落

与（3）动作相反（图5-1-66）。

图5-1-64　　　　　图5-1-65　　　　　图5-1-66

（6）右云并步

动作与（2）相同（图5-1-67和图5-1-68）。

（7）左上右落

同（3）（图5-1-69）。

图5-1-67　　　　　图5-1-68　　　　　图5-1-69

（8）左云开步

同（4）（图5-1-70）。

（9）右上左落

同（5）（图5-1-71）。

图5-1-70　　　　　图5-1-71

（10）右云并步

同（6）（图5-1-72）。

（11）左上右落

同（3）（图5-1-73）。

（12）左云开步

同（4）（图5-1-74）。

图5-1-72

图5-1-73

图5-1-74

（13）右上左落

同（5）（图5-1-75）。

（14）右云并步

同（6）（图5-1-75和图5-1-76）。

图5-1-75

图5-1-76

5. 搂膝拗步（三式，向东进）

（1）左上右落

动作同"右云手"之（3）（图5-1-77）。

（2）左云碾步

左手继续经面前向左划弧，右手下捋至腹前；右脚以脚掌为轴心碾步，脚跟向外拧（图5-1-78）。

（3）右坐提臂

重心落至右腿上，右掌外旋往右外侧划弧提臂，左手向内旋腕，掌心向右拨落至右肩前（图5-1-79）。

图5-1-77

图5-1-78

图5-1-79

（4）弯肘出步

右肘弯屈，掌心向下置耳旁，左掌下落至右胯前；左脚随腰转向左前方（东）迈出，脚跟先着地；眼看前方（图5-1-80）。

（5）左搂右推

重心前移成坐弓步，左手在膝前搂过后在左胯外侧成按掌，右臂同时前伸，沉肩、坠肘、活腕，右掌向前推出，掌心向前，指尖对鼻尖，眼看前方（图5-1-81和图5-1-82）。

图5-1-80

图5-1-81

图5-1-82

（6）后坐撇脚

重心后移坐右腿，腰向左转45°，带左脚掌外撇，同时左手向外旋腕，手心向上，右掌向左拨，指尖不超过眼（图5-1-83）。

（7）丁步左提

与（3）动作左右相反（图5-1-84）。

（8）弯肘出步

动作与（4）同，左右相反（图5-1-85）。

图5-1-83

图5-1-84

图5-1-85

（9）右搂左推

动作与（5）同，左右相反（图5-1-86和图5-1-87）。

图5-1-86

图5-1-87

（10）后坐撇脚。

动作与（6）同，左右相反（图5-1-88）。

（11）丁步右提

动作与（3）同（图5-1-89）。

（12）弯肘出步

动作与（4）同（图5-1-90）。

图5-1-88

图5-1-89

图5-1-90

（13）左搂右推

动作与（5）同（图5-1-91和图5-1-92）。

图5-1-91

图5-1-92

6. 手挥琵琶（东）

（1）跟步松腕

重心在左腿，右脚向前跟步落左脚之后，两手腕放松，左掌垂，右掌平，眼看右手（图5-1-93）。

（2）虚步托掌

重心后移落右腿上，左脚变轻，右掌随腰右转向胸前拖回，左掌向前向上挑掌托起（图5-1-94），然后左脚向前出步，脚跟着地成虚步，两腕外旋使掌心相对，左掌上挑，大拇指对鼻尖，右掌在胸前左肘内侧下方，眼向前看（图5-1-95）。

图5-1-93

图5-1-94

图5-1-95

7. 倒卷肱（四个虚步，向西退）

（1）右后划弧

腰微向右转，右手外旋腕下落，经右胯旁向右后方划弧上举，手心向上，指尖平眼。眼看右手。同时左手亦向外旋腕，掌心上仰（图5-1-96）。

（2）退步推掌

重心稳坐于右腿，左膝收屈轻提，向后退步；然后重心向后移，坐左腿，右脚随腰左转，以脚尖碾地转对前

图5-1-96　　　　　图5-1-97　　　　　图5-1-98

方；同时右肘弯屈，右掌经耳旁向前伸臂推出，沉肩、坠肘、坐腕；左掌向下向内收回于左腰前，掌心向上，指尖向前；两臂均保持圆弧形；眼看前方（图5-1-97和图5-1-98）。

（3）左后划弧

动作与（1）同，左右相反（图5-1-99和图5-1-100）。

图5-1-99　　　　　　　　图5-1-100

（4）退步推掌

动作与（2）同，左右相反（图5-1-101、图5-1-102和图5-1-103）。

图5-1-101　　　　　图5-1-102　　　　　图5-1-103

（5）右后划弧

动作与（1）同（图5-1-104）。

（6）退步推掌

动作与（2）同（图5-1-105和图5-1-106）。

图5-1-104　　　　　图5-1-105　　　　　图5-1-106

（7）左后划弧

动作与（3）同（图5-1-107）。

（8）退步推掌

动作与（4）同（图5-1-108和图5-1-109）。

图5-1-107　　　　图5-1-108　　　　图5-1-109

8. 左揽雀尾（东）

（1）右后划弧

动作与"7. 倒卷肱"之（1）相同（图5-1-110）。

（2）丁步右抱

动作与"3. 左右野马分鬃"之（2）相同（图5-1-111）。

（3）左转出步

动作与"3. 左右野马分鬃"之（3）相同（图5-1-112）。

图5-1-110　　　　图5-1-111　　　　图5-1-112

（4）弓步左掤

重心前移，左前臂向上抬向前掤圆，右掌心擦经左腕上向下按,置于右胯前外侧,眼看左腕(图5-1-113)。

(5)左黏右托

动作与"2.揽雀尾"之3.相同,左右相反(图5-1-114)。

(6)后坐右将

动作与"2.揽雀尾"之4.相同,左右相反(图5-1-115)。

图5-1-113

图5-1-114

图5-1-115

(7)弓步前挤

动作与"2.揽雀尾"之5.相同,左右相反(图5-1-116、图5-1-117和图5-1-118)。

图5-1-116

图5-1-117

图5-1-118

太极运动真诠

（8）跟步拖掌

左腕内旋，掌心向下，右腕外旋，掌心向下盖于左掌上方。右脚相左脚之后跟步，同时重心后移落右腿上，左脚渐变轻，两掌左右抹开，平肩屈肘收回，眼看左掌（图5-1-119和图5-1-120）。

图5-1-119

图5-1-120

（9）弓步前按

左脚向前出步，重心前移成左弓步，两手下落至腹前，从两侧腹角向前向上推按，掌心向前，指尖平眼，两掌距离稍窄于肩宽，眼向前看（图5-1-121～图5-1-122）。

图5-1-121

图5-1-122

9. 十字手（南）

（1）后坐扣脚

重心后移，坐右腿，由转腰，左脚尖翘起向内扣90°；右手向右侧拉展，指尖高与眼平（图5-1-123和图5-1-124）。

图5-1-123　　　　　　图5-1-124

（2）右转开掌

重心仍在右，右脚向外撇，成横裆步；两臂向左右分展，与肩平；眼看右手方向；保持上体中正，臀部内收（图5-1-125）。

（3）左坐沉肘

重心左移，回坐左腿，后脚尖内扣，两脚掌平行；同时两臂下沉划弧，掌心向前；眼看前方（图5-1-126）。

图5-1-125　　　　　　图5-1-126

（4）并步合抱

右脚向左脚靠拢收回成并立步，脚掌平行，相距约为肩宽；两手在小腹前交叉合抱，右手在外；重心渐向上起（图5-1-127～图5-1-129）。

图5-1-127

图5-1-128

图5-1-129

10. 收势（面南）

（1）反掌下按

两掌内旋，手心向下，左掌自右掌背上抹开平肩宽，然后坠肘、按掌、垂臂（图5-1-130和图5-1-131）。

图5-1-130

图5-1-131

图5-1-132

（2）立正还原

当两臂下垂，两掌按至大腿旁时，向外旋腕放松使掌心向里，指尖向下，左脚向右脚收回并拢成立正姿势，眼仍看前方（图5-1-132）。

11. 左揽雀尾（南）

（1）后坐揉手

重心后移，坐右腿；左脚尖上翘，松腹收胯，两臂平伸，松腕俯掌；然后上体右转，左脚内扣90°，脚尖朝南（图5-1-133）；接着重心左移，坐左腿，继续右转腰，右脚尖外撇至向西南（图5-1-134）。

图5-1-133

图5-1-134

图5-1-135

（2）丁步抱球

上动不停，随之重心右移，坐右腿，收左脚成左丁步，右臂平屈高与肩平，左手腕外旋向下落至右腰前成仰掌，两掌心相对成抱球状（图5-1-135和图5-1-136）。

（3）弓步左掤

动作及方向同"2. 揽雀尾"之（2），唯左右相反（图5-1-137和图5-1-138）。

（4）右托左抹

动作及方向同"2. 揽雀尾"之（3），唯左右相反（图

5-1-139）。

图5-1-136

图5-1-137

图5-1-138

图5-1-139

图5-1-140

图5-1-141

（5）后坐右将
见图5-1-140。
（6）弓步前挤
见图5-1-141和图5-1-142。
（7）后坐拖掌
见图5-1-143和图5-1-144。
（8）弓步前按
见图5-1-145和图5-1-146。

图5-1-142　　　　　图5-1-143　　　　　图5-1-144

图5-1-145　　　　　图5-1-146

以下所有动作均与前面朝左侧（东面）方向进行的运动相同，唯左右肢体及方向相反（如下面84幅图的连续动作）。

12. 左右野马分鬃（三式，向西）

见图5-1-147～图5-1-161。

图5-1-147　　　　　图5-1-148　　　　　图5-1-149

太极运动真诠

图5-1-150

图5-1-151

图5-1-152

图5-1-153

图5-1-154

图5-1-155

图5-1-156

图5-1-157

图5-1-158

图5-1-159

图5-1-160

图5-1-161

13. 左云手（四次并步，往东横进）

见图5-1-162~图5-1-176。

图5-1-162

图5-1-163

图5-1-164

图5-1-165

图5-1-166

图5-1-167

太极运动真诠

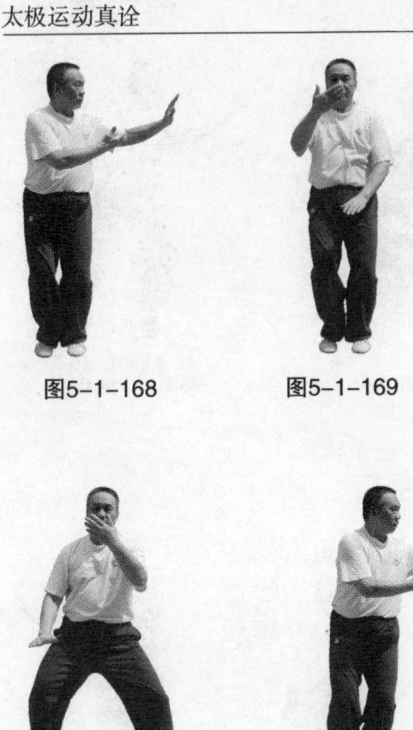

图5-1-168　　　　　图5-1-169　　　　　图5-1-170

图5-1-171　　　　　图5-1-172　　　　　图5-1-173

图5-1-174　　　　　图5-1-175　　　　　图5-1-176

第 5 章 学练

14. 左右搂膝拗步（三式，向西）
见图5-1-177~图5-1-191。

图5-1-177　　　　图5-1-178　　　　图5-1-179

图5-1-180　　　　图5-1-181　　　　图5-1-182

图5-1-183　　　　图5-1-184　　　　图5-1-185

太极运动真诠

图5-1-186　　　　图5-1-187　　　　图5-1-188

图5-1-189　　　　图5-1-190　　　　图5-1-191

15. 左式手挥琵琶（西）

见图5-1-192和图5-1-193。

图5-1-192　　　　　　图5-1-193

16. 倒卷肱（四式，向东后退）

见图5-1-194～图5-1-209。

图5-1-194　　图5-1-195　　图5-1-196

图5-1-197　　图5-1-198　　图5-1-199

图5-1-200　　图5-1-201　　图5-1-202

太极运动真诠

图5-1-203

图5-1-204

图5-1-205

图5-1-206

图5-1-207

图5-1-208

图5-1-209

第 5 章 学练

17. 右揽雀尾（西）

见图5-1-210~图5-1-221。

图5-1-210

图5-1-211

图5-1-212

图5-1-213

图5-1-214

图5-1-215

图5-1-216

图5-1-217

图5-1-218

太极运动真诠

图5-1-219

图5-1-220

图5-1-221

18. 左十字手（南）

见图5-1-222~图5-1-226。

图5-1-222

图5-1-223

图5-1-224

图5-1-225

图5-1-226

第 5 章 学练

19. 收势（面南）

见图5-1-227和图5-1-230。

图5-1-227 　　　　　图5-1-228

图5-1-229 　　　　　图5-1-230

（三）套路教材的选择

太极拳的门派、套路繁多，一般人不可能全部兼收并蓄、学练皆精。专家只能专擅一项、一家或一派。所以初入门学习时选择教材与选择老师同样重要。过去的人练功夫重质不重量，重招式的技艺和变化（如"一手"如何变"五手"），重扎扎实实的基本功。而现代绝大多数人贪多求快，急功近利，以为一个一个套路都学会，那就是高明了，只求量不重质。还有一些人，自以为高明，将一些"简单"的套路称为初级，将一些编修过的、为竞赛时间限制而产生的套路称之为高级。又有一些，要寻根究源，以"传统"套路为准，把从继承传统技法加以整理提高而编出的套路称之为劣。又不论其为新旧套路，总以陈式太极拳为最优、最正宗，其他流派的太极拳均视为"流野"（粤语，即"冒牌"之意）。其实，各式太极拳各有其优劣。一个拳种如果失去自身优势，一定不能流传久远。自然淘汰、优胜劣汰是世间万物生存发展的自然规律。一二百年，二三百年流传至今的自然有其优势和存在的生命力。比如解放初期，国家体委为了大力推广太极拳运动，使之造福于人民群众的健康，就从众多门派太极拳中拣选了杨式太极拳。其实当时集中研讨的专家不单有杨式太极拳的名手，精通陈、杨、吴、孙各派拳艺的名家都有。为什么最后会挑选杨式太极拳加以整理，统一架式，精选动作编成24式简化太极拳首先推广呢？最大的原因就是历来以杨式太极拳传播面最大，从东北到华南都有杨氏门人的足迹。当时杨式推行至广，人才颇多。其次是杨式太极拳架子宽大柔绵，动作圆滑、柔和、均匀、连贯，形态可观性强；因减去了发劲和跳跃，更适宜于各不同年龄层次的成年人锻炼。当然，经精简出二十四式之后，也方便了教学，然而若论到难易学问题，杨式太极拳又不见得易于其他流派，反而一些快慢相兼、蓄发互变、高低起伏练法的流派更易于入门。缓慢、均匀、圆滑的练法因协调性强和要领要求多，劲力蕴于内，"重意不重形"的练法反而更难。所以首先推广杨式，是从当时群众性开展需要的特点去考虑的。正因为有了几十年推广杨式太极拳的基础，现代人喜爱练陈式就变得容易入门得多。

从上述情况引申出来，作者认为初学太极拳最好还是选择国家体委推行了50余年的"简化太极拳"作为入门教材较好。

简化太极拳其实并不太简单的，它完全保留了传统杨式的架子和技法，编排先易后难；八门五步是其精粹，式式功架规范，并无花架（当然还是要决定于传授者，传乎其人），是入门的上选教材。

学习了简化太极拳之后，继续学习什么，就要视乎学习者的喜好了。如果喜欢陈式就可以选学三十六式（阚桂香编）、三十八式（陈小旺编）、五十六式（国家规定竞赛套路）和老架一路（八十三式）等。如果喜欢吴式就可以从简化吴式（三十式）太极拳入手，再学习四十五式（竞赛套路）和一百式传统老架。如果喜欢孙式，就可以选七十三式（竞赛套路）和九十七式传统套路为教材。如果喜欢继续学习杨式太极拳，就可以续练四十式（竞赛套路）和八十八式（经国家体委整理统一动作的）传统老架套路。这些套路都是经历长时间在民间流传推广的，也是有图文并存的教材为依据的规范动作，不因"口授心传"而变样。至于为了保健而锻炼的效果，各流派太极拳都是相当的，未见有优劣之别。

如果希望在几年之间就学成可以参加群众性比赛，那就在熟练了二十四式简化太极拳之后，直接选练四十式杨式竞赛套路和四十二式综合太极拳竞赛套路。因为四十式套路与二十四式套路动作直接相关，风格基本一致；除增加了一些平圆揉手的过渡动作外，总体练法相同。而四十二式竞赛套路的编排，则仍采用杨式太极拳为基调，又吸纳了其他流派的精华动作，使其内容更加丰富；但吸收的架式在技法上却又稍经修改，使之与杨式大架的风格靠近。除一些发劲动作外，也与简化太极拳风格大致相同。下面是作者在教学四十二式太极拳时得出的一些体会，提供给读者在练习时参考。

四十二式太极拳竞赛套路问世多年，在群众中日渐普及，然而群众普及的教与学仍存在许多问题，水平不高。究其原因，一是基础不好，简化太极拳的基本功就没打好；二是对套路中动作的来源及其本来面目、练法特征未弄清楚；三是不少人对教材了解不多，没有深入研究。

比如把所有的弧形动作都理解成"划弧",至于这个"弧"何以要划,从哪里划起,到哪里为止?"划"的过程中手、眼、身法、步形是怎样协调的?心中都不甚了了。教者如斯,学的也只好依葫芦画瓢,不求甚解了!

又比如什么叫抖弹劲?什么叫缠丝劲?什么叫抽丝劲?什么叫"力由脊发"?什么叫"松散"?"松散"与"舒松"区别何在?什么叫"含拔松沉",什么叫"提吊裹护"?也可能只是一知半解。在运动中就难于中规中矩地表现出来了。教习者在其示范"划弧"时,较好的也只是把"弧"划得大一些,圆一些,匀一些,但同时又存在高低起伏、内劲不充、拳理不明等诸多毛病。要进一步提高群众的锻炼水平,太极拳辅导员必须先提高自己。教学中还要讲究教学技巧,深入浅出地将技术重点、难点逐一突破,把动作要领准确示范、讲解清楚明白。还要不辞劳苦反复带练。这样,教学才会卓有成效。

四十二式太极拳是"综合太极拳",其舒展大架风格与"简化太极拳"一脉相承。套路中有选自杨、陈、吴、孙各式太极拳的动作,但不是照搬各家的大杂烩,而与四式传统太极拳竞赛套路的动作特点不尽相同。这是艺术上"多样"与"统一"的协调关系。

四十二式太极拳是规定套路,练习时随意性要少一些,动作的方位、技法、速度、节奏、劲力都讲求一定的规范性。下面就本人在教学过程中发现的一些问题提出讨论。

1. 第一式 起势

首先要注意身型。敛臀、宽胸、松腹、沉肩、坠肘、虚腋、顶头悬,是整个套路练习的身型要求,起势就要做到。其次是掌型,要求舒指展掌、虎口撑圆;两掌按于腹前,掌心对膝,膝对脚尖。落臂下按时不可直臂下落,要边屈肘边微坐腕。

2. 第二式 右揽雀尾

1)右脚尖外撇,同时身体微向右转;右臂上抬,圆屈于胸前，手心向下——抬举右臂时不应直线向上提，要随转体右手向外划一小弧线上提平肩，臂成弧形，沉肩垂肘，内含掤劲。

2）捋：两手动作应随腰转向后引至腹前，意气劲合一。而不是光用两手向外离开身体很远抹扯或往下坠。这些错误动作颇为常见。

3）掤、捋、挤、按须认真，四势要做得明白、完满，但劲法要断而复连，没有明显断折。

4）由挤势至按势这一连串动作，以右手为主，在平肩高度由前向右转，再经右肩前成立掌，扣右脚向右前方按出，成顺时针平圆轨迹运动，必须上下相随，身法与手法一致。由挤至按要非常自然圆滑，不可断折。右掌平圆右摆时注意圆的幅度适当，不可特往右侧拉大。按出时成右弓步，不是丁步。待"单鞭"式开始，右手撮勾的同时，左脚才同时收回成丁步。

3. 第三式　左单鞭

此式来源于杨式太极拳，其要点是：

1）左推掌要伸臂与旋腕翻掌推出一致；不可先转腕再伸臂，令动作断折。

2）完成式是正弓步，面向东（弓步左脚尖向东偏北约15°），由左旋腰完成。而不应将动作做成左横裆步面向南，左脚尖向东偏南。

3）左推掌时食指尖要与鼻尖、脚尖相对，称"三尖相对"。

4）右勾手与左推掌前后伸展的弧度与高度一致，沉肩坠肘。上体中正安舒、松胯、塌腰敛臀，与杨式太极拳理论提出的"太极平准解"相符。

4. 第十二式　右单鞭

此式来源于孙式太极拳，其要点是：

1）步型是横裆步。右脚横开时以左脚掌为基准，不可向右偏后撤步，要沿左脚的横轴线向右侧横向开步，横开之中偏前约半脚掌更好。右脚尖向南偏西。

2）上体中正，头容正直，不可侧歪。

3）两手抹掌平肩高水平展开，在与上体平行的横面上进行，不可有先向前推再横开展如蛙泳的动作。

5. 第四式　提手

本式是杨式太极拳动作。完成式为右虚步、横向合臂。虚步方向在南偏西约30°方位上，上体中正；但并非胸口与右脚方向一致，而是上体坐左腿，腰向左松沉，敛臀裹裆，右肩与右胯稍前顺，随腰左旋两手左右横向合劲并略有上捧之意。

动作过程要以腰为主宰，身手合一。要掌握"一摆（掌），二（平）带，三提（膝），四合（劲）"手法与重心移动、"腰为车轴"的配合：

1）摆：重心右移，腰稍右转，扣左脚。左掌坐腕，随腰转向右摆拨，掌心转向右。

2）带：重心左移，腰左转，左掌掌心向下，经左肩前一小弧向左平带；右勾手同时变成平掌。

3）提：重心坐稳左腿，腰稍右转，右脚轻提收经左踝向前出步，两臂展开上提。

4）合：坐左腿，腰略往左转松沉，松胯敛臀成右虚步，随腰左旋两手向胸前合拢。

6. 第八式　捋挤势

左右式动作相同，方向相反。完成这个式子要注意穿、抹、捋、挤四个分解动作。穿、抹划平圆，捋、挤划立圆；既要做到用意明白，又要做到衔接圆滑，一气呵成。上体不可呆滞，不可只用手划弧线。

7. 第九式　进步搬拦捶

此式特别要注意"外三合"（手与足合，肘与膝合，肩与胯合）和"上下相随，左右连贯"的原则。无论搬或拦，都不光是手与脚的动作，一定要主宰于腰！不可先搬拳后摆步，也不可先伸臂拦掌，后上左脚。摆步与搬拳、上步与拦掌均要以腰的旋转带动,做到"一动无有不动"。

8. 第十六式　右左蹬脚

这式子由穿、抹、绞、合、分、蹬等分解动作连贯组成。平圆穿、抹与立圆绞、合的交接要圆滑、连贯、流畅、自然。眼神要配合手的主体动作。蹬脚时两臂平肩分展要对称,掌心俱向外,掌型是侧掌,不要做成俯掌拍到脚面的形态。独立姿势身体不可倾侧,要提顶、拔背、舒展、稳定。

9. 第十七式　掩手肱捶

注意劲力卷蓄与发放的特点。蓄劲要卷紧,腰右旋;发劲要迅猛而松沉,右腿蹬、右脚碾地、腰迅速左转;充分体现"蓄劲如弯弓,发劲如放箭"和"其根在脚,发与腿,主宰于腰而形于手"的"劲整"规律。

10. 第十八式　野马分鬃

此式包括了一个发劲抖弹的双掌横捌和两次弓步穿靠动作。完成此式要注意两个问题:一是腰腹抖弹发劲并成弓步。横捌掌在胸腹之前,不可做成马步并且掌在右腰侧甚或臀后撩拨。二是弓步穿靠是顺步动作,出左脚伸左臂要向左旋腰引领,出右脚伸右臂要向右旋腰引领。这样,完成动作的劲力才能顺达。有不少人做成左弓步时向右旋腰,右弓步时向左旋腰,与往外靠的劲恰恰相反,这就不知所谓了。简化太极拳的"野马分鬃"遵循的也正是这个规律,如果简化太极拳基础打得好就不会出现这类毛病。

11. 第二十式　独立打虎

此式要注意三点:

1)完成独立步时正体,不应将上体扭曲。

2)动作要挺拔,脚下用力,脊向上拔,头顶向上领起。不可臀部下坠、上体蜷缩。

3)左右臂成弧形,沉肩垂肘虚腋,两拳上下相对,右上臂不可夹住身体。

12. 第二十六式　斜飞势

1）要注意右脚出步的落点，不可偏落于以左脚为基准点的横轴线之前（北侧），最好偏于这"横轴线"稍后（南侧）约半脚掌位置，以保证步型的正确性与动作完美。

2）要注意保持上体中正。动作意念右肩向右后做靠势，但上体不可倾斜。

13. 第三十一式　独立托掌

完成这个式子必须以腰为主宰，旋腰带动提膝和托掌；右肩右胯前顺，肩肘松沉。独立步时腰脊上拔，自头顶至足下成一条直线。

14. 第三十二式　马步靠

1）完成这个式子应注意"半马步"步型的特点和正确性：①两脚掌之间的夹角（由左右脚跟的连线与右脚掌所形成的夹角）等于或小于90°；②上体重心线落于两脚掌连线的右侧1/3处，体重大部分落在右腿上；③坐右腿，左小腿撑向后，左膝向地面的垂直线落于左脚跟之后，膝稍内扣。

2）完成式时重心不可前移，应气向下沉，坐腿，松胯，旋腰，扣膝，劲力发于腰，力点在肘尖外，不可变作弓步挥臂甩拳的动作。

15. 第三十三式　转身大捋

1）注意完成动作过程的四个方位：①并步平托掌，面向正南；②左转平摆至东南；③左脚撤步向西北；④横裆步滚肘撅臂在东北方向。

2）大捋完成时是"滚肘撅臂"——滚动自己的前臂撅折"对方"的肘关节。因此左拳收抱贴于左腰，右前臂固定在水平位置上旋转滚动而不是左右往来摆动或向自己体前抽回右拳。

16. 第三十四式　歇步擒打

1）此式是左擒拿右打捶，右旋左转要活腰；右脚上步要先提起再向前盖落，右脚不可平拖上步。

2）歇步步型要求两大腿内侧相贴，左膝抵右膝弯，上体下坐，左脚跟离地靠近臀部。

17. 第三十七式　退步跨虎

这原是吴式太极拳中一个很有代表性的动作。完成此式时应注意：

1）动作过程要活腰，右旋左转带动两手动作。

2）独立前，挑掌时腰稍右转，两掌先从左胯旁掌背相叠分开，右手掌沿经左大腿外侧向右前上方展臂挑掌。挑掌与左腿微曲膝上提一致。

3）完成独立时上体略向左转，左膝盖高于腰，与脐中线相对，不可将左膝向右摆或使左大腿内侧面向上翻。两臂平肩分向右斜前、左斜后直线伸拉，肩肘放松，提顶拔背，整体舒松自然。眼随右手挑掌后转向左前方望。

以上所说的是演练四十二式太极拳时应该特别注意的要点，在学练时要多予注意。若是辅导员，尤要详细讲解，切勿以不可解解之。

在四十二式套路产生之前，李天骥老师曾指导过四十八式太极拳套路的创编和推广；但二者相较，各有优点，虽然四十八式的左右对称动作多，据称可以起到平衡左右肢体锻炼的效果，但从内容和技术上对比则仍以四十二式稍优。笔者以为学习了四十二式就不必再回过头来追求四十八式的式数编排了。在四十八式产生之前其实还有一套六十六式综合太极拳问世。20世纪50年代后期至60年代颇多爱好者，称之为"健将级太极拳"（因为当时先后面世的健将级长拳拳械规定甲组套路均为六十六式）。它是李天骥先生原编创的，后来却见有国内外的六十六式太极拳套路的出版物，虽架式与编排完全相同，某些动作的练法却非李天骥先生传授的原貌。

下面简介四十八式和六十六式（综合）太极拳的架式名称和套路，提供读者参考。

四十八式太极拳（曾被称作第二套太极拳）

起势

（1）白鹤晾翅
2. 左搂膝拗步
3. 左单鞭
4. 左琵琶势
5. 捋挤势（三）
6. 左搬拦捶
7. 左掤捋挤按（揽雀尾）
8. 斜身靠
9. 肘底捶
10. 倒转肱（四）
11. 转身推掌（四）
12. 右琵琶势
13. 进步栽捶
14. 白蛇吐信（二）
15. 拍脚伏虎（二）
16. 左撇身捶
17. 穿拳下势
18. 独立撑掌
19. 右单鞭
20. 右云手（三）
21. 左右分鬃
22. 高探马
23. 右蹬脚
24. 双峰贯耳
25. 左蹬脚
26. 掩手撩拳
27. 海底针
28. 展通背
29. 左右分脚
30. 搂膝拗步（三）
31. 上步擒打
32. 如封似闭
33. 左云手（三）
34. 右撇身捶
35. 左右穿梭
36. 退步穿掌
37. 虚步压掌
38. 提膝托掌
39. 马步靠
40. 转身大捋
41. 撩掌下势
42. 上步十字拳
43. 独立跨虎
44. 转身摆莲脚
45. 弯弓射虎
46. 右搬拦捶
47. 右掤捋挤按（揽雀尾）
48. 十字手

收势

六十六式太极拳（曾被称作健将级综合太极拳）

（1）起势
（2）右揽雀尾（跟步）
3. 左单鞭
4. 左云手（三）
5. 左搂膝拗步
6. 手挥琵琶
7. 右撇身捶
8. 左进步搬拦捶
9. 左揽雀尾
10. 斜飞势
11. 肘底看捶
12. 倒卷肱（三）
13. 转身推掌（三）
14. 提手
15. 白鹤晾翅
16. 左搂膝拗步
17. 海底针
18. 闪通臂
19. 白蛇吐信
20. 右进步搬拦捶
21. 上步右挤势
22. 左下势
23. 左右金鸡独立
24. 撤步右分脚
25. 上步左分脚
26. 搂膝打捶
27. 掩手肱捶
28. 小擒打
29. 如封似闭
30. 右单鞭
31. 右云手（三）
32. 撤步左高探马
33. 左蹬脚
34. 左双峰贯耳
35. 右蹬脚
36. 右双峰贯耳
37. 左踢脚（快速）
38. 转身踹脚（快速）
39. 进步栽捶
40. 反身二起脚
41. 左披身伏虎
42. 右披身伏虎
43. 野马分鬃（四）
44. 四角穿梭（四）
45. 虚步压掌
46. 左穿掌
47. 转身单摆莲脚
48. 左搂膝拗步
49. 搂膝打捶
50. 左撩右弹
51. 右退步左挤势
52. 转身雀地龙
53. 左提膝托掌
54. 撤步揽雀尾

55. 左单鞭
56. 左下势
57. 上步七星
58. 退步跨虎
59. 转身双摆莲脚
60. 弯弓射虎
61. 左撇身捶
62. 退步右高探马
63. 退步搬拦捶
64. 如封似闭
65. 十字手
66. 收势

至于说某些流派某些套路"能打"、"能胜"人，某些套路是花架子，那是偏执之词，不见得真切。技术传乎其人，技术高低除了师承，很大程度取决于个人的努力与修为，而不关乎宗于哪一传统流派。况且，技击之道与套路锻炼是有相关之处而又绝对不同的训练方法；未经搏击散打训练，只练过一些套路就想在擂台上胜人的，未之有也！故事般传播的也是欺人之谈。故以锻炼身体，达到保健防病为目的者，教材的选择应以"简、易、实效"和"真、善、美"为原则，不一定要有"第×代传人"的标签。比如杨式传统太极拳，世传的就有多种版本，大同而微异，然而总不能各有争持，莫衷一是，最终还是应该有个统一，就是以88式为依归。下面是本人曾经公开发表的《杨式太极拳传统套路教学提示》的一些浅陋见解，提供给读者作学习研究的参考。

（四）搭架

学习太极拳选定了好教材，就要有好老师。在老师指导下最初入门是"搭架子"——学习基本功架和套路，这是学习太极拳的第一阶段。

搭架，首先要熟练基本步型、步法，这是第一步。在学习动作过程中要结合具体架式一步步将弓步、虚步、丁步、仆步、独立步、歇步等步型和上步、退步、跟步、撤步等步法过程的规律弄清楚（在前面"筑基"一节中已有稍详的述说），加以熟习。

比如，最基本的步法规律是上步时先以足跟着地，然后重心前移，全脚掌踏实。退步时先以足尖和脚掌前半部分着地，随重心后移才使足跟踏实、坐腿。

又比如，在两个野马分鬃之间的运动过程，由前一个完成式起动，上体必先向后坐稳（欲前先后，保持平稳，下肢的虚实分清），转腰带撇脚；然后重心前移，弓膝站稳了前脚，才慢慢提后脚到支承脚内踝侧（成丁步）。这样练才可达至重心稳定、虚灵顶劲、中正安舒。若挪动步子时没有"弓膝站稳"的过程，重心就会移动过快、胸肩先行、上体前倾、臀部后撅。达不到动作要领要求，"松静自然"也就成一句空话。这些最简单、最基本的规律，开始学习时老师就会讲授，学习者也一定要掌握好，这就是一个"懂规矩"的过程。

又如步型，学习者必须知道什么叫"弓步"，什么叫"虚步"，它的形态怎样？每种步型两脚之间的关系怎样？如弓步时，完全要做到前脚掌正向，后脚掌斜向，有一定的横向距离，膝与脚尖上下相对直，后腿有自然前撑的意识，脚跟及脚掌沿不离地等；虚步时两脚掌关系与弓步时相同，但中间不必有横向距离，也不可前后脚交叉，以两足跟内沿在同一直线上为最好。步型、步法是影响动作沉稳的要素，而"稳"则是太极拳一大特点。

其次要练好身型。学习动作时要学会"身法带步法"，"身法带手法"，即动作要"主宰于腰"。太极拳的身型，无论任何流派都是"头容正直"、"尾闾中正"的。上下两点连成一条向地面垂直的直线，这是身型的主体特征。传说陈式太极拳一路老架套路的奠基人陈长兴在身型方面做得非常好，正直不稍偏，人皆称之为"牌位先生"，这是习拳者的楷模。

身型是影响太极拳主要特点——"正"——的主要因素。

其次就是要将架式的形态学端正；手足的方向、位置与上下左右搭配要讲清楚；由一个架式向另一个架式过渡的过程要学得细致，一丝不苟，明白地掌握好整个运动过程。比如"闪通臂"式，是正弓步动作，动作方向在起势时的横轴线方向上；即前弓腿的脚掌与横轴方向平行，前后足跟有10 cm左右的横向距离；上体形态同"野马分鬃"。因是"顺弓步"动作，上体比"搂膝拗步"的"正弓步"时稍向右偏转，但绝不可向推掌的一侧倾斜。前推的手臂与肩相平，掌心与脚尖方向一致，保持"外三合"（肩与胯合，肘与膝合，手与足合）。上架一侧臂成弧形，手掌外翻上托于额的前斜上方，绝不可错误理解"开展"而将手掌拉向头的斜后侧。因为这式子是守攻兼备的动作，"上架"是防对方对自己头部的砸击；"前推"是在"架"掩护下推击对方的胁腋部。整体态势中正沉稳、不偏不倚。如果推击的方向偏斜，上架的掌又拉向头后，说明不懂动作意识，失却作为武术的内涵。这种胡乱动作，难怪被人戏称为"太极操"。

另外，初学时也要同时学习"腰为车轴"，动作"主宰于腰"。分解动作的教学会将一个连贯不断的完整式子分解成若干个小动作，使之逐一熟练协调后才将它们连贯起来练习，这样做事半功倍。但如果忽略了分解教学之后的合成操练，抹去断折、凹凸的地方，则太极拳运动的"圆滑、柔和"就不能实现。某些地域将吴式太极拳分成所谓"方架"和"圆架"就是因此而产生的。作者认为，将"方架"作为一派推出是误导学习者的，吴式太极拳自祖师爷吴鉴泉氏以来，均以柔圆走架为特点的。运动时不能将圈切成一段一段停顿的直线，直线连起来也成不了圈。这种修改决不是进步、提高，更不能看成是技术的发展。

在学习分解动作时尤其不可忘了腰的主动作用。笔者在20世纪60年代初学习和70年代初执教太极拳时都以为初学时应单独做好手脚动作,熟习以后才学腰的旋动,这样易于教学,岂料这是事倍功半之举。比如教学"搂膝拗步"连续上步时就写出"后坐撇脚"之类的口令,学员广为传读,以记忆口令为首要,于是上步动作时,重心后移同时将前脚尖向外摆撇,而上体保持不动,久而久之,成了习惯,走架就成了只是手足动而躯干僵呆。照这样子去练,再下多少工夫都永远练不出意气劲合一的"松静自然"来的。如果一开始学习就强调以腰主导,"步随身换",可以将口令"后坐撇脚"改成"后坐左(或右)旋(腰)",效果就完全不同。比如左脚在前,足跟着地,脚尖上翘,腰向左旋必然会带着左脚尖自动外撇;如腰右旋时必然会自然带动左脚尖内扣;你想光旋腰而脚不转动是不可能的,会觉得膝、髋拗扭着。重心稳定的情况下自然的动作是腰转动,上翘的前脚就会随之向同一方向摆动。久而久之成了习惯处处动作主宰于腰,成了规矩,拳势就完整得多。

为了让初学太极拳的爱好者了解更多"筑基"的道理,作者将近半个世纪前李天骥老师在北京工人体育场太极拳骨干训练班的教学讲座稿、后来又发表于1960年《新体育》杂志第22期的文章《怎样练简化太极拳》全文载于本书附录中,给读者参考。

二、功夫无息法自修

(一)先求开展,后求紧凑

有人说:"太极拳易学难精",但经验告诉我的是:"太极拳学既不易,精则更难。"

又有人说:"太极拳是老少皆宜的健身运动。"但经验告诉我说:"太极拳是只宜于骨骼发育完成了的各年龄层次的成年人习练。幼少、儿童是绝不适宜的!"

我这样说的道理来源于太极拳运动的本质。太极拳是一种由外动而达至内静的运动，又是从内静引发外动的拳术。心意为运动之主，肢体动作为运动之宾。简言之，它是以意行气，以气导体的意气劲统一的拳术运动。儿童少年神经系统、肌肉、关节尚未发育完成，"由内引外"的反射弧未能建立，许多小肌肉群的动作也完成不好，长时间的单足半蹲状态下静力负荷严重影响孩子的下肢骨骼、关节的正常发育，所以太极拳运动绝对不能在儿童少年中开展！[①]

是拳术就讲究攻防，太极拳也同样需要以攻防意念进行运动。没有意的活动就没有"劲"的变换，也就无所谓沾劲、黏劲、走劲、化劲、引劲、拿劲、截劲等，也不会有所谓"四正"、"四隅"之劲了。"意到气到，气到劲随"是太极拳运动内涵的总括。因此，太极拳运动必须如前辈名家郝为真先生所说那样："方走架必精神专一，若有敌当前也；及遇敌，又当行所无事，如未尝有人也。""若有敌当前"自然就讲究攻防意识。有人要把太极拳单纯地解释为卫生拳，那是不懂什么叫"拳"，是自欺亦欺人。当然，长期坚持太极拳运动自然而然地就得到防病治病的效果，但那只是从锻炼中获得的诸多效果之一。吴式太极拳名家徐致一先生说："盘架子本来是一种练习技击的东西……其实，太极拳的技击功夫和健身效果，原是同一个方法下的两个产物，如果在意识上把每个动作都看作技击方法，当然可以增进技击功夫，但同时也并不会减低它的健身效果。如果意识作用专注在健身方面，自然可以得到更充分的健身效果；但在无形中也有培养技击基础的作用。"吴先生指出的是一种正确锻炼方法下的两种产物，这观点是以意、气、劲的正确锻炼为前提的。

然而对于初学者来说，"意念"越少越好。要有意念也不

[①] 欲知详细内容，请参阅人民体育出版社出版的《武术科学探秘》中的论文"论儿童少年的武术训练"。

能放在攻防想象。因为初学搭架子时是要学习功架的正确定型,诸如动作的方向,手足的高低,四肢的配合等,使架子准确而又宽大开展,姿式优美,处处合乎规矩,进退娴熟自如。功架长进了,才能"由尺进之功成,而后能寸进……其数在焉。"就如徐致一先生提示那样:"初学太极拳者,不问他先前有没有练过其他武技,在最初的阶段里,最好不要把太极拳的种种要点一下子就全部吸收到各个拳式或者整套架子里去,免得顾此失彼,反而收获不大。"吴公藻先生说:"太极拳以拳架为体,以推手为用。在初学盘架时,基础至关重要。其姿势务求正确,而中正安舒;其动作须缓和,而轻灵圆活,此系入门之径。学者循序而进,不致妄费功夫,而得其捷径也。"

练拳时,在合乎规矩的原则下,架子越大,桩步越低,它的运动量就越大,基础就越牢固。为了打好基础,初学时也要往大里练,"先求开展"。徐致一先生说:"任何一种架子都可以分作大中小3种姿势来练:大架子可以往小里练,也可以把架子练得更大些;小架子可以往大里练,也可以把架子练得更小些。总之,要先往大里练,然后再往小里练,《十三势行功心解》里说:'先求开展,后求紧凑',盘架子也不能例外。但架子的大小与运动量的大小有关,架子较大运动量也较大,架子较小运动量也较小,故上面所说的'先求开展,后求紧凑',对身体较弱的练拳人来说,是并不相宜的。在初学时,务须量力而行,不可勉强。"这是具有科学锻炼观点的权变之论,值得参考。然而,徐先生也将"紧凑"作为"开展"的反面去解释了,值得商榷。从修辞学上看,"开展"的反义应该是"收狭",而"紧凑"的反义词应该是"松散"。"松散"就是互不相关,各行其是,统不起来。对练拳来说就是肢体动作松散,协调性差,"心为令"统不起来。初学太极拳的人往往有这样的现象,顾手不及足,顾左不及右;心里明白而外形却不能达意,上下内外的协调性极差,平衡能力也差。所以初学时只能一步步地去学,切不可以懂套路架式顺序为满足。能顺溜地走出一个套路,不算真的懂得练拳了,只有处处规矩,式式准确,内外合一,上下相随,左右连贯才算是学会了走架。因此初学时必须模仿老师动作,少思考理论问题,少问为什么。只需问怎样模仿好、做得好,先达到形似的目的。待架式、趟子(套路)都掌握好了,要进一步提高就必须按要领要求去做,目标是"内三合"与"外三合",提高内外统一、肢体协调,提高动作质量。能"合"就能"紧凑"。所谓"内三合",指的是"心与意合,意与气合,气与力(劲)合";"外三合"就是"肩与胯合,肘与膝合,手与足合"。这是所有内功拳都应遵循的法则。太极拳是内功拳,也必然要按这一规矩去锻炼。有一个很漫长的"懂规矩,明规矩,化规矩而神规矩"的过程。这个过程就是在"开展"的基础上进行的。20世纪30年代的太极拳家陈炎林先生说得好:"总之,功夫先练开展,后练紧凑。紧凑得法,再研究尺寸分毫。由尺而寸而分而毫,达乎缜密,乃不动而变。至于用法,能懂能化能拿能发后,太极拳中任何一势一式或另一种散手法,或已至少林派拳中一著,均可参入应用,只需分清外门内门,上中下3部,得机得势,随意运用,不必拘于一式或一法也。"这就是说学习必须分阶段,由浅入深,由粗到细(由尺进而寸进而至分毫),不可一蹴而就,急功近利;必须先求开展,后求紧凑。"后求紧凑"不是要把架子往小里练,形态越缩狭越小器越好,而是指出学无止境,越练越深入,越练越细致,直至"立如平准,活似车轮","似松非松,将展未展","进之则愈长,退之则愈促,一羽不能加,蝇虫不能落";"懂劲后,愈练愈精,默识揣摩,渐至从心所欲",达到"松静自然"的神明境界。

（二）虚其心，实其足

俗语说："学海无涯，唯勤是岸"。学习太极拳也是一样，要虚心学习，不满足于一知半解，不断提高——要在理论指导下从实践中去体悟，不断提高功力。"拳不离手"，走架在足。练功要有"三心二意"。"三心"分别是：虚心，恒心，决心。"二意"分别是：诚意，实意。

虚心就是虚怀若谷。从开始学习入门到功力增进，整个过程都要虚心，每一阶段都不满足于小成，虚心求教于明师，多与同学切磋交流，多学、多问、多思索。古人说："学而不思则罔，思而不学则殆。"思索问题，从理性上去学习与落实于训练实践，不畏劳倦地从走架、打手中学习。两者要互补。尤其对待师长，应恭敬顺听；或有功力过之，而经验总不及前辈，亦应虚心请益，择善而从。孔夫子说："三人行必有我师焉。"在同辈中、拳友中，亦总有可学的地方。取众之所长，补己之所短。先贤陈鑫先生有《学拳须知》训示后人："学太极拳不可不敬。不敬则外慢师友，内慢身体，心不敛束，如何能学艺！""学太极拳着着当细心揣摩。一着不揣摩，则此势机致、情理，终于茫昧。即承上启下处，尤当留心。此处不留心，则来脉不真，转关亦不灵动；一着自为一着，不能自始至终一气贯通矣！""学太极拳先读书，书理明白，学拳自然容易。"

恒心就是练功不间断，长期定时、定地、定量进行练习；这对初学者更为重要。过去有人说："一日不练全功尽弃"。练拳过程其实也是意志锻炼的过程。古人有"冬练三九，夏练三伏"之说。即不论气候变化如何都要调拨好生物钟，定时练习，养成习惯，有利于姿式的定型，形成条件反射。马岳梁先生谈怎样练好太极拳时说："恒，就是定时、定量；首先是持之以恒，无论是严寒或酷暑都不能间断。其次是定量，根据各人体质和时间制定相应的运动时间和运动量。时间与运动量均需逐步加强，才能逐渐提高水平。"

至于诚意，则是一心一意选择某种太极拳作为健康的运动。不可人家说瑜珈好，中途又折去搞搞瑜珈，人家说游泳好又去搞搞游泳，人家说跳舞好又去搞搞跳舞；心不专意不诚，跳来跳去，结果无一成就，费时失事。学习必须诚其意，对老师的态度也一样，一定要有诚意求教。各个师傅都有自己的优点和不同的风格、不同的学问修为。在这老师看来，动作该如此练，但那个老师却不以为然，认为动作该那样练。如果你是个初学者，原无定见，不知真谛何在，不懂分析，那就不知所从。所以学习也应有诚意并较长时间固定跟一个老师学习。如果你对他没有信心，意本不诚就不要学下去，另选高明。经过多年的教学，笔者至今才明白何以过去的老拳师不喜欢自己的徒弟随便向外跟其他师傅学习的道理。那不完全是因为武术界的师傅们小器狭隘，实际上不同师傅会有不同教法、不同的经验体会、不同的涵养，学生跳来跳去，的确会使教学上出现些障碍和困难的。初学入门选老师非常重要，老师选定了就要专心诚意地学习下去。

实意就是坚持锻炼，坚持自修；从筑基开始，扎扎实实、一步步提高。经过学习，熟知各流派太极拳的风格和技法特点以后，如果认为哪个流派比较适合自己，是自己喜欢的，就专下心来坚持研究这个流派的拳艺，做到专心致志。对某种拳法在没有深厚的基础和动作定型以前不可今天学学这种拳，明天又练练那种拳。结果任河一种都学得不伦不类。好像套路是能模仿下来了，其中的精髓却捉摸不着，始终是三脚猫功夫。这不是学习和研究的态度。任何拳种流派都有自己的优势的，绝对没有哪种拳是高级的，哪种拳又是低级的道理。陈鑫先生写有一首"太极用功七言俚语"其中有句谓："人言此艺别有诀，往往不肯对人表；吾谓此艺甚无奇，自幼难以打到老；

打到老年自然悟，豁然一贯神理妙。回头试想懒惰时，不是先贤未说到；说到未入我心中，我心反作多烦恼；天天说来天天忘，有心不用何时晓？有能一日用力寻，阴阳消长自有真。每日细玩太极圈，一开一合在吾身。循序渐进功夫长，日久自能闻真香。只要功久能无间，太极随处见圆光。此是拳中真正诀，君试平心细思量。"作者也曾对学生有一首题为"练习太极拳提要"的诗发表于《武林》杂志[①]，对学习者指出从足下长功夫的道理——

太极圆玄无巧法，全凭足下有功夫；书中道理都成颂，步履飘摇势未符。中正安舒神内敛，含拔松沉气自敷，虚实互生成一体，刚柔相济莫迷糊。

（三）计划练功

学习太极拳的一些套路之后坚持练功自修都要按部就班，有计划地进行。

1. 初学阶段

初学必须从步型步法、身型身法开始。比如开始三个月学会了一个二十四式简化太极拳套路。这三个月内，除了兼顾记忆每个架式的形态、方向要点以及连结外，主要学习的精力要多放在步型、步法和身型的正确上。这个阶段要将正、稳、轻、慢、匀作为主要练习目的。

（1）正

有两重意义，首先是要把步型、身型学正确。开步、收步、迈步移动重心，任何一个过程都要注意塌腰、垂臀、坐腿，以保持身型正、步型正；不断予以纠正，这样都做对、做好了，就无前俯、后仰、挺腹、翻臀的毛病。初学可以时常低头看看脚的动作，脚尖的位置、方向、两脚的关系。发现不对就即可及时纠正。熟识了以后，每次做同样动作都不会变样

[①]现已停刊。

了，头就不能再低垂看地；要提顶（同时下颌微收，以制衡提顶时仰面）、竖项、宽胸、垂臀，眼向前看。

"正"的另一个意思是动作准确，架式规范，手不可随意摆放、提举，旋臂、转膀、活腕有一定的规律；臂成弧形，动作过程成弧形；不能任意施为。比如蹬脚之后，同侧的手掌向内向上经面前拨向另侧肩前、胸前、腹前，再转入下一式子，不可能使手掌向下向里经腹、肋再转向上逆行划弧。

（2）稳

是控制重心稳定。前进后退不能高低起伏，左摇右摆，前俯后仰。稳的关键在腰和腰以下，特别是下肢的动作。

最初学习入门不能只顾学动作的形式，更不能追求短期内学会动作连贯成套演练为满足。在学习架式形态的同时，要特别关注完成这一形态的要素。"正"是要素之一，多指静态完成式定型之"正"。"稳"也是要素之一，多指进退动态时的重心控制。静态（中定）时只要做到"正"就必然稳，容易把握重心的稳定。走动过程，重心就较难把握，学习时必须注意进退的规矩，按要求学习。比如从前一个弓步架式上步成下一个弓步，这个过程就容易出现不稳。常常是上体前倾，姿态起伏。原因是初学不掌握先稳重心再移后肢上步的规律。教的人往往只述说动作过程，如"野马分鬃"，由"弓步分靠"，下面就喊出"丁步抱球"，以完成该分解动作为教学目的，却不管如何由弓步向丁步的演变。其实走架的实质，不在于将一个架子摆出来，而在于从一个架子到另一个架子的过程。摆架子易"正"、易"稳"，从一招到下一招的过程则较难"正"难"稳"。关键在哪里？关键之处在能否始终将弓、坐腿完成好。不要以为架式的完成势才需要弓腿或坐腿。其实弓、坐腿是贯彻走架的全趟；在完成整个套路过程中，下肢动作都以弓、坐腿完成。如前举例的"弓步"，固然是前腿弓膝要合乎标准。在下一动作完成"丁步"的过程也以"弓腿"为前提。

如果你很随便就把后脚前移到原来弓步的脚踝内侧成丁步，那么这过程中上体必然前倾，头、肩先走，腹稍收而腰弯，很自然地原来弓屈的前膝稍向上松直，体位上移，做成近于"站"势。但假如你注意了在后脚前移之先，重心后移，坐稳后腿再向外旋腰带前脚掌外撇一定的斜角（一般是45°～60°）以后再将重心前移，向前弓腿，使膝盖、脚尖相对，脚掌着意用力钩地站住，头顶上竖，尾骶下垂，肩胯相对，保持正确身型，然后轻提后脚前移。如此细致的过程练成了习惯，走架就能达至既"正"又"稳"！

又如退步，一般是在虚步状态下启动后退的。先稳住前一虚步时的支撑腿，以竖项、顶头、松胯、落腰、敛臀、裹裆的坐腿姿势保持正直的身型，稳住重心，然后轻轻提屈原来"虚"的前膝（注意这里屈提的是膝，不是提脚掌！）使脚踝放松，脚尖下垂经支撑重心站稳的一侧下肢内踝上沿向后直线下落，以脚尖先着地；随后脚掌碾地，足跟向内着实，腰外旋并带同重心后移，坐于后腿上。原来的后脚就变成前脚——以脚前掌着地、足跟离地碾步扭转使脚尖正向前方，同时膝微松屈。这样完成的一个后退步就非常自然，不会摇摆起伏。

（3）轻

主要指的是上肢动作。我们常常提到太极拳是"上虚下实"、"上轻下重"的运动。所谓"上"，指的是上肢；"下"，指的是下肢。这就是说，下肢动作要稳实、不飘浮，而上肢的动作要轻松，不着绌力。初练太极拳时肢体动作都比较紧张，关节、肌肉都着力，显得有点僵硬；不是耸肩就是抬肘，最常见的是手腕内屈或背屈（翘腕），五指撑直或掌指关节屈曲令掌背成屋脊形，这都是绌力的表现。太极拳练习，上肢是不着力的。力度刚能完成动作形势所需就足够了。过之则僵硬，不及则萎软。这种恰到好处的力度的把握要经过较长时间的锻炼才能达到满意的效果，这是一个由"尺进"而"寸进"，而"分进"、"毫进"的"数"的过程。这个过程可以是5年、10年也可能要10多20年，因人而异。然而初学时就着意将动作放"轻"去做，这是至关重要的。自己单人走架动作力度要放轻，多着意少用力；双人对峙打手也是肢体放松，劲力放轻，这样才能使"听劲"灵敏而又不使对方得机得势。因此练太极拳初入门时就要"知轻"、"懂轻"、"学轻"。能"轻"才可以"灵"；轻、灵是两重意思，有因果关系。上肢重滞，动作就迟钝，影响将来向圆滑、柔和阶段的提高。

（4）慢

慢指的是运动过程的速度要缓慢，这是练太极拳与练其他武术特别不同之处。无论初学或者为保健而练太极拳的人都应该"慢"，"越慢越好"。

初学时，随着老师慢，有利于较好地模仿动作，有利于认识动作和记忆动作，摆正肢体的位置、型态；有利于边模仿边听清楚老师的解说与要求。学习就会比较细致，基础就较为牢固。"慢"与"轻"同样是基础功夫。熟识套路后自己练习时也要"慢"，动作过程越慢，运动量就越大，协调性和平衡性的要求就越高。初学入门时动作的慢与呼吸规律无关，只要如常地顺畅地自然呼吸就可以了。但在提高阶段，动作的慢就直接与呼吸规律相关。不是动作的慢带着呼吸节律的慢，相反，是深长细缓的呼吸速度引领动作的速度。呼吸越深长缓慢，动作的收放、开合、虚实变化就同步缓慢。

有些人练拳，一个动作用多次呼吸去完成，这是没有把握"拳势呼吸"的规律，内外脱节，不懂"规矩"，动作就表现得劲力无根而呆滞。这样的慢，为"慢"而慢，是不可取的，不是练习太极拳的正途。吸气慢而充分，蓄劲就慢而饱满（蓄劲如张弓）；呼气慢，发出劲力就集中而绵长，用时就爆发充分，劲力速而锐（发劲如放箭）。这就是"以心行意，以意引气，以气运身"的锻炼过程。《太极拳论》所谓的"鼓荡"也由此而产生。

然则太极拳练得如此之慢，能否用呢？其实慢练是为加强人的内外上下协调性，一动无有不动，一静无有不静，练得动静的挚动收发自如。因为动作越慢，上下肢或左右肢的协调动作就越难完成得好。长拳的"弹踢冲拳"就比太极拳的"独立分脚"易于完成。慢动作时肢体的协调都做得好，快速动作时就更完满。所以前辈名家就有练习"轻缓"为了发展"快重"的认识。太极拳使用的一个原则是"（彼）动急则（我）急应，动缓则缓随"，使用时就不会是缓慢了。有些人只强调太极拳"柔能克刚"，能"牵动四两拨千斤"，显然比较片面。

在掌握了慢练的方法以后，要纯熟套路，有时也要快练，使套路在不假思索的情况下顺遂完成，这对需要参加比赛的人来说，抽出时间快练尤其必要；能够练到慢时人家跟不上，但慢而紧守规矩；快时人家也跟不上，快亦不失规矩，这就成功了。

（5）匀

"匀"是指动作匀速。初学时要练成习惯。一举手一投足一进一退都要控制着速度均匀，不能忽快忽慢。各个流派有同样的要求。陈式太极拳虽有快慢相兼，乃是由于蓄发互变，然整个基调仍是匀速。慢练套路自始至终保持同样的慢动作，快练也是始终保持同等的快速过程。

2. 熟练阶段

这个阶段要注意架式动作和套路的完整性。要将整、松、圆、柔、活作为主要练习目标。

（1）整

"整"有三重意义。首先是要求每一架式要完满。其次是完成动作的劲力要顺达，做到"劲整"。再就是演练的整个套路要娴熟、完整。

学和练的过程要对全套路中每个动作的起始与结束都一清二楚，不能前招式与后一招式都分不开，一溜而过。武式太极拳用做八股文的规律放进练拳的理论中去，更讲究每个架子的"起、承、转、合"。其实练任何一种流派太极拳都一样，对每招式都要有明晰了解，知道架子名称的含义，该式从哪一动开始，到哪一动结束？动作重点技法在哪里？意念是攻还是防？要有于中形于外。以右式"揽雀尾"为例，"捋"势从何开始，至何处是捋劲的结束？接下来"挤"又从哪里开始到何处结束？不少打太极拳的人就练不出来。"掤"结束之后，左手经腹前外旋腕上托于右肘内侧下方，右手内旋平抹，使掌心朝下，指尖朝前与肩相对，这是"捋"的开始动作（图5-2-1正面、图5-2-2右侧面、图5-2-3左侧面）。接着重心后移，坐左腿并缓慢向左旋腰，引领双手保持原距离向左往腹前掤回，至左手向上在左胯前，右手手心向里在左腹前为止，捋势就完成了（图5-2-4正面、图5-2-5右侧面）。所以这"捋"劲并不是两手向外向下拽，两手向外摆或向下拽的动作都是错误的；"捋"的劲力方向是随腰转方向，主要是向左侧，稍向下是因动作带点弧线而已。而要发挥劲力作用更不能两手往外远离身体。例如"拔河"运动，要有效发力就要往身体方向拉扯，不能用力向身体外拽，道理是一样的。接下来，右前臂"掤"于胸前，左手继续往左后上方拉弧至视平线高，这是"挤"势的起始。很多人却错误地以为这是捋的结束动作而在此稍作停顿，（图5-2-6），这是不对的。当左手弧线提至眼高时不停，须卷回小臂使左掌心向下经耳旁随腰回旋正向往前活腕"挤"出，贴近右腕内侧，弓腿，两臂撑圆，两掌交叉，臂成封条状；腕的交叉点平胸，高不过喉。这就是"挤"势的完成（图5-2-7）。

第 5 章 学练

图5-2-1　　　　　图5-2-2　　　　　图5-2-3

图5-2-4　　　　　图5-2-5　　　　　图5-2-6

再举一例，又如"倒卷肱"。每一个"倒卷肱"式的起点都是虚步状态下，与前脚顺步一侧前推的手向外旋腕仰掌；同时另一手仰掌自同侧胯骨旁向后向斜上方划弧平眼。这个过程是"倒卷肱"的开始（图5-2-8）。接下来后手小臂卷屈，俯掌经耳，随退步、旋腰、重心后移、上体侧转时往前活腕弧线立掌扑面前推，原在前的前臂下降，仰掌弧线落至同侧胯骨之前。眼看前推手掌方向（图5-2-9）。这是一个"倒卷肱"的完成。初学的人往往没有这一式子完成的定势，前推的手只是俯掌手指前插，后手就往后往上斜举并稍作停顿，以为这是一个式子。这叫"半夜食黄瓜，不知头或尾"。责任何在呢？责在教人的"老师",不是"教不严,师之惰",是"学不成,师之错"!所以每一个刚学了个套路就想立即教人的"老师",更要虚心,努力进修,不可以讹传讹、让谬种流传。

图5-2-7　　　　　　图5-2-8　　　　　　图5-2-9

"整"的另一种意思是"劲整";是身、手、步协调一致;动作完成式劲力顺达,专注一方。要点在于"其根在脚发于腿主宰于腰,形于手指",由脚而腿而腰再形之于手,完整一气。如果运动时手足动作分离,身手动作不一致,只有手舞足蹈而无身法的主导,则不能称之为"整"。下肢乏力,脚下无根,两手主动,上体呆板,是无劲可"整"。练拳必须朝"劲整"方向努力;不独练太极拳,练所有武术都必须如此。

"整"的第三种意思是指走架要纯熟完整,如行云流水,中间无停顿、无横折、无间断,动作无失误;走架自始至终都圆滑、柔和、缓慢、均匀;"静如山岳,动若江河"这就是"整"。这对于突出武术"三性"中的表演性尤其重要,对参加竞赛时套路完成的完整性非常重要,甚至比技术的深浅、内涵之有无更显重要;因为内行才看门道,观众常常只看热闹,而比赛的评分也突显套路完整顺畅的重要位置,一次停顿,一次遗忘的扣分即可导致名落孙山。而运动员的技艺高低、功力优劣常难得真实的分辨。赛场气氛与裁判员的主观印象常常是决定胜负的因素。所以走架过程娴熟完整是表演赢得掌声、比赛得分取胜的主要方面。

至于闭关自养练功则套路是否完整并不那么重要，重要的是前面提到的两种"整"是内外合一的"整"。

（2）松

"松"是要练好太极拳的一个关键所在。"松"字应贯彻走架的全过程，不论是动还是静都要"松"。"松静自然"是练太极拳的最高境界。"松"并不易练好，如果太极拳练到"松"了那就到达了一个高深的层次。因此，搭好架子以后，踏进修习的阶段就要认准"松"字，以"松"为目标，不断熟习要领，改进运动质量，完善体态，提高走架水平。

开始练习"松"，最先要注意的是肩松、肘松、腕松、胸松、腹松、腰松、胯松，最后就是掌指松、颜容松、意念松、发劲松。

1）肩松。初学的人肢体比较紧张，肩易抬耸。所以从学第一个姿势——预备式开始就要有意识地使肩向下松垂，走架的全过程都决不可以用力向上抬耸。练太极拳肩部是没有主动动作的，运动中它始终只是传动机构，包括肩靠，虽然向外击打面在肩，但发出靠劲的原动力却是腰腿。任何时候不应以肩带臂做动作。比如向上提臂的"白鹤晾翅"、"闪通臂"、"玉女穿梭"等，展臂上举时都不可以抬肩，反而应该沉肩。肩与手腕如弓之两端，上下相拮，臂才可以撑圆、掤满，劲由此而生。肩不松垂，就如上体被捆，形态难以舒展，劲力就无法传达到手上。

2）松肘。肘是连接前臂与上臂的关节、屈伸臂的关键，臂成弧形就是依靠松肘形成的。"随曲就伸"都要发挥肘关节的作用。然而肘的伸屈、旋摆都要轻松自然，不可使用强力蹬撑。无论何时，肘弯都是放松微曲的，"劲以曲蓄而有余"。如"单鞭"，单鞭要拉，是两臂伸展至直中微曲，这就舒展了（图5-2-10）。左右臂均不能用掘力将肘关节伸或拉直，肘一直尽，动作就立显僵硬（图5-2-11）。比如"搂膝拗步"（图5-2-12），如果肘不"松"，着力撑伸了，动作就变得紧张难看。所以拳论上说"将展未展"主要是指肘松的问题。

图5-2-10

图5-2-11

3）腕松。太极拳运动拳、勾动作不多，常用掌法。掌的动作虚实互变，需要手腕松活。如果腕不松活，始终坐腕，掌就竖立不能灵动。如"搂膝拗步"（图5-2-13和图5-2-14）、"倒卷肱"（图5-2-15～图5-2-17）的向前推掌，手腕都必须松活，从俯掌至立掌然后完成由虚到实的推掌过程。又比如"白鹤晾翅"，外展上挑一侧的手腕要松展，掌背与前臂平面相接处不起折角，劲力在于小臂桡侧，斜向上掤，姿势才显得舒展（图5-2-18）。如果手腕着力内屈或背向屈，着力于腕，动作的意念用错了，姿势也难看。

图5-2-12

图5-2-13

图5-2-14　　　　　　图5-2-15

图5-2-16　　　图5-2-17　　　图5-2-18

4）胸松。《总势歌》说："胸腹松净气腾然"。"胸"指由胸骨、胸肌、肋骨、肋间肌共同组成的躯干前面部分。"胸松"就要求胸骨不着意前挺或者向内缩陷，与背脊一起自然地竖直就可以了。如向前挺则上体后仰；向内缩陷则佝偻前俯，并且影响呼吸自然。只有胸松，体态才能舒展自然；所谓"中正安舒"，不得中正，何能安舒？胸挺或俯均对肺有不良影响，使呼吸活动紧张。也只有胸廓放松，与之关连的肩部才能放得松。太极拳运动要保持优美姿态，胸廓宽松是重要条件。

5）腹松。是指腹部既不收缩亦不前挺，在尾骶骨下垂的情况下腹肌自然放松。这样做有利于呼吸顺畅，气沉丹田。胸腹是相关连的;收腹则上体前俯,臀部就会向后翻;挺腹就会使背向后靠,胸向前挺。而在腹松状态下完成动作架式,同时以腹式呼吸法的人处于呼气状态时,常会感到小腹沉实。这就是前人说的"胸宽腹实"。

6)腰松。正常生理状态下正常人走路,腰是略为前挺的;但练拳时则是坐腿、塌腰,腰肌必须放松,使尾骶椎下垂。腰肌紧张则会折腰、撅臀,重心前倾。腰松是练太极拳的重要要领,也是要经长期刻意锻炼才可以养成正确定型的。女性由于自然生理因素尤难调整,须花更多功夫。

7)胯松。胯是股骨与髋的连接关节。两侧胯在运动过程中必须放松,上体才可自然下坐。胯不松,上体就站直了。练太极拳是在弓坐腿状态下进行的,所以松胯尤为重要。撑胯就提臀,重心也上提。比如"揽雀尾"的按势前半部分动作与"如封似闭"过程上体都要从前向后移,坐于后腿。这过程一定要松胯内缩使该关节内摺,上体才得自然。如果胯不能松,始终撑住,上体后坐受阻,影响重心后移,很难达到"虚实分清"的要领要求。

以上几方面的"松"是在熟练阶段要形成习惯,不断提高的。

(3)圆

前人曾有一首"乱圜诀",一开始就说:"乱圜术法最难通,上下随合妙无穷。"它指出太极拳的技法动作都由圆圈组成,即互相套叠的大圈、中圈、小圈,所走线路均作平面圆、斜面圆或竖面圆。一式接一式环环相叠。因此除初学时为了教学方便,教学者都将这些不同的圈分割,在同一个圈内亦切成若干部分成了一段段弧线;因此常以"划弧"来形容手的运动轨迹。当一招一式学会了,走架时就要再把这些弧一段段接续起来,连成圆圈去完成架子,这样才得式满招圆。在熟习阶段,走架时应留意动作轨迹走圆弧,不起折角。比如"肘底捶"的整个过程,从"摆步分靠",转体"跟步擒拿"乃至"搂手穿掌"到"肘下看捶"完成式一共走了3个圆,一个接一个沿着斜面(图5-2-19图5-2-20)、平面(图5-2-20和图5-2-21)和竖面(图5-2-21和图5-2-22)的轨迹运动,完成动作。又如"搬拦捶"也是在竖面(图5-2-23和图5-2-24)、斜面(图5-2-24和图5-2-25)与平面上(图5-2-25和图5-2-26)划圆而完成动作,运动过程"无使有缺陷处,无使有凹凸处,无使有断续处"。有些人不懂"乱环"的真义,运动时常划直线,如由"搬"完成后,拳便横向外平划、直折卷收到肋下,练成习惯还不知要改。这也要归咎于初学时老师没有讲明白,不懂规矩,或者真的是"失败教训"了。

图5-2-19

图5-2-20

图5-2-21

图5-2-22

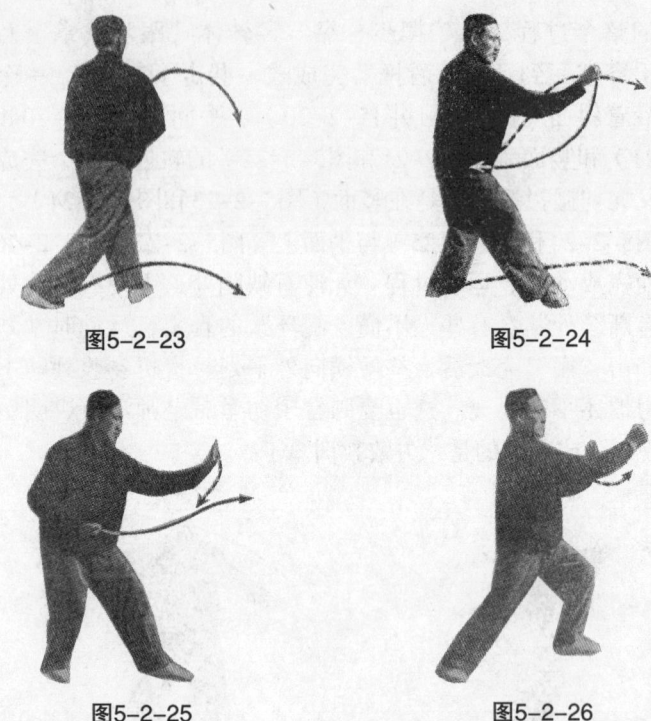

图5-2-23　　　　　　　图5-2-24

图5-2-25　　　　　　　图5-2-26

（4）柔

太极拳运动是绵里藏针的拳艺，其劲力表现是刚柔相济的。"由刚入柔，练柔成刚，运刚成柔"。"柔"是转轨的关键。最初的刚是蛮力、死力的刚，处处僵硬着力（较形象地借用冶炼来比喻，此时相当于生铁）。经过较长时间柔化——总合所有运动要领、用意不用力地练习，动作会变得轻柔起来，肢体也变得松活（此时如同炼成了熟铁）。再进一步提高，以心行气，以意导动，动作的攻防意识也明白了，有于中形于外的精神、劲力也有所表现，肢体动作不着力而含刚劲（此时如同炼出优质钢）。这时的刚是坚刚，是拳论中提到的"极柔软然后极坚刚。"

陈式太极拳的前辈陈鑫在其《总论拳手内劲刚柔歌》中将太极拳的刚柔相济的表现描写得甚清楚："纯阴无阳是软手，纯阳无阴是硬手。一阴九阳根头棍，二阴八阳是散手；三阴七阳尤觉硬，四阴六阳显好手。唯有五阴并五阳，阴阳无偏称妙手。"这里写的"阴"指柔，而"阳"则指刚。"手"是泛指技艺。太极拳练到较高层次，阴阳无偏，刚柔相济，这时便称得上"妙手"了。

（5）活

"活"就是灵活，前进后退无呆滞。"一举动周身俱要轻灵，犹须贯串。气宜鼓荡，神宜内敛。"这就是"活"的实质。怎样才做得到呢？拳论又说到："能呼吸然后能灵活"。所以呼吸是动作灵活的关键。最初学习走架，要呼吸自然，不屏气，不粗喘气，如日常生活时的呼吸就可以。因那时刚学架式，谈不上活不活；套路熟习了，在练的过程中就要学习调整呼吸，使之与动作的蓄劲、发劲、开合、虚实相结合，进而由呼吸规律引领动作，按"拳势呼吸"的规律进行锻炼。如果呼吸不顺畅，肢体动作就会显得紧张，使不上劲。因此练拳要活，就是要练习顺畅而有规律的深长细缓的呼吸。然而呼吸也是按一定的规律进行，大致规律如下："起吸，落呼；开吸，合呼；蓄劲吸，发劲呼；上升吸，下降呼；向后吸，向前呼。"不必花太多的心思去想象"气沉丹田"或"丹田内转。"

其实所谓"气沉丹田"也不是贯彻全套路走架之中的。动作完成，架成定势的刹那结合呼气，小腹微微向下沉实，"胸宽腹实"，是发劲。如果在走架中将主要精神放在"丹田"，或想象内气如何运行于经络，那也会做成动作呆滞的。

练拳的最高境界是"松静自然"，也包括呼吸。

3. 提高阶段

（1）计划

当学会套路，要领清楚，付诸走架时，应该做好练习计划。比如，一个月内，安排一周专注于步型步法，另一周专注于身型身法。今天注意训练弓、坐腿，松胯落腰；明天走架注意沉稳轻灵；这两天练架子形态；次两天练劲力；再过两天练套路纯熟；再过两天侧重于呼吸……又如，每天练三趟，可以两趟慢练，一趟快练。慢要以呼吸的深长最大限度为原则，不可强制呼吸，但越慢越好。快要以匀速、轻柔、动作完整细致、内外合一为好；不可为快而快，做成动作溜滑而松散。

每次练习务必认真完成，走架过程中如有错漏，要从头再开始，不能跳过这些动作。在慢练走架过程中，可以多想整体要领和动作的攻防意识。如觉得完成不好，亦不必停顿，待整趟完成后，再作回忆调整，反复单练有缺欠的几个动作，然后再一趟从头走架，留意改进的地方。

（2）目标

每天的练习要有目标，按自定的要求进行。每天练习要有固定的时、空、量，按自我目标计划要求进行。如果毫无目标地随意进行练习，当然对锻炼身体也有好处，但技术的提高就慢了。计划锻炼，有目的地解决一些存在问题，既可提高身体素质，同时拳术也会较快提高。

综上所述，下面再着重概括出几点练拳建议，提供初学太极拳的读者参考。

1）太极拳的主要运动特点。太极拳是武功与气功锻炼的结合体。它的主要运动特点之一是"一动无有不动"，动的关键在腰——"腰为第一主宰"。太极拳运动也是有劲力的，劲力来自腰腿——"其根在脚，发于腿，主宰于腰"才"形于手指"。如果用电脑作比喻，则手是"终端机"，反映动作的内容；脚和腿是"驱动器"；腰是劲力来源的"软件"。因此从一入门就切勿忽视脚下的功夫和腰对动作的主宰作用。"稳"从脚下生，能"沉"才能"稳"；"沉"的关键是做好松腰坐腿；能"稳"下肢步履才能轻；在"稳"和"轻"的基础上加以腰的主宰作用，动作才谈得上"灵活"。

2）入门要重视基本功的练习。太极拳运动之所谓"轻"、"松"、"静"都是相对的，不是绝对的；练习起来是要使足下"稳重"，手上"轻柔"，松紧交替，"静中触动，动犹静"。这些特点就要求有坚实的基本功。因此初学入门就要把步型准确、步法有度放在首位，要经常做前进后退的步法练习使之正确定型。"弓"、"坐"为步法的基础，同时可加强下肢力量。步履有根，功夫才显得扎实，这是"舒松自然"的根本。

同时要注意自然的"含胸拔背"、"臂成弧形"。运动过程中任何时候肩、肘关节都是放松的，只是曲伸开合的传动机构，而不应有主动的运动；注意到这点就可以避免"耸肩、抬肘"的毛病。

3）注意提顶敛臀。读者只要注意一下你身边练太极拳的人或在比赛场上多留意一下，都会发现练习者常会在做定式时姿势不错，一旦提足上步，身型就变。比如两个"野马分鬃"或者两个"搂膝拗步"之间的上步动作"丁步抱球"，上体就会前俯，臀部后翻，足下不稳。这是因为他不曾理解"弓"、"坐"的重要性，不懂得提顶敛臀，或者根本不知弓、坐腿的要领。

4）强调"心为令"的练法。学与练都要用"心"，用"心"则能致"静"——不是气功练习时闭目垂帘的静，而是不疾不随、专注一方，淡定娴静的静。"心"是"心思"，是思想。练拳要"先在心，后在身"，由"心"发出号令去做动作。每动都有其一定的意识表现，一定的内涵，不是为划弧而划弧。"弧"的轨迹如何走？高低、长短、阔窄都要有一定的法度，眼的视向也要与之紧密配合。"眼为心之苗"，所以练拳切不可目光呆滞、低头看地或茫然不知所措。左顾右盼也要目标准确，不要故作精神，形形翼翼。"精神能提得起则无迟重之虞"，"神宜内敛"与"提起精神"二者并无矛盾，同是练拳时的要领，是"内外相合"的两个方面。通过反复练习去体悟，自然可以理解，所谓"拳打千遍其义自见"。

5）心有"坐标"，身有"平准"。练太极拳时心里永远要带一个纵轴南北、横轴东西的"十"字坐标轴。"十"在心则动作方向就相当准确。如练"云手"，横进步在横轴线上进行，上体方向在纵轴线上。"左单鞭"的"左弓步推掌"要求在横轴偏左外侧约15°方向上完成，那么在"丁步勾手"以后，你的左脚就朝横轴线东偏北约15°的方向迈步。弓步方向对了，整个架式方向也就对了。

身有"平准"是"中正安舒"的诀窍。杨家"太极平准腰顶解"，对所有流派太极拳都具指导意义，它是太极拳理论中一个重要篇章。练拳时要"立如平准"——"有平准在身，则所谓轻、重、沉、分、厘、丝、毫，莫不显然可辨矣。""立如平准"是"上下一条线"，上则是头顶，"顶为准头"，要求"顶头悬"；下则为尾闾，腰部下端尾闾下垂，则如座盘天平的"指针"。上下一条线，头顶百会穴与尾锥两点连线与地面垂直——自我检查的简易方法是肩与胯两点连线与地面垂直，两臂张展的弧度一致，高低、上下相呼应，则身体就无偏侧、俯仰的毛病。

6）练拳既要开展，更要紧凑。"开展"是形态的舒展优美，不要练起来捆手捆脚，局促得很。动作弧线要圆滑、宽大绵长，表现"劲断意不断"。但运动的整个过程尤其要注意"紧凑"。"紧凑"不是把圈子向小里练，越小越好——"由大圈练至小圈，小圈练至无圈"，这叫"紧凑"？非也！"紧凑"是"松散"的反义词。"紧凑"是不松散，是高度协调之谓也。内外上下密切配合，完整一气是为紧凑。一动无有不动，一静无有不静，静中触动动犹静是为紧凑。这要求非一朝一夕功夫可以练好的，所以前贤提出练太极拳"先求开展，后求紧凑",即提出学习要分阶段的要求。"求"是"要求"、"追求"、"研究"的意思;即初学时要学架子舒展,完成架式讲究准确、优美;然后讲究运动方法,要求手、眼、身、步、法紧密配合,意识呼吸动作结合在一起,不断提高整体的协调性,不可松散,如果把"先求开展,后求紧凑"误传为先"大练"后"小练",以讹传讹,也是害人不浅的——因为这种误解必将把太极拳的发展引进误区。

初学时,甚至到一定阶段,有些人不懂协调,运动中常出现身、手、步动作速度不一致,常见有先手动后脚动,先转体后划弧的毛病,架子虽宽大,水平也难以提高,就是因为缺少了"紧凑"的正确指导。

三、练拳不练功,到老一场空

(一)站桩与走架的重要性

"站桩"是练武术打基础、长功力的一种必不可少的训练方法。

练南拳的说:"未学功夫,先学扎马。""功夫"就是武术技法;"马",从狭义来说就单指"马步"(骑马步),广义来说,就是武术所有步型的统称,如"吊马","跪马"等。

练长拳的也说:"练拳不溜腿,到老冒失鬼"。"溜腿"是广泛地指练习下肢力量、柔韧、速度的功夫,包括压腿、踢腿、摆腿、控腿、耗腿等。"冒失鬼"的意思是指脚下无根,乏力飘浮,以致跌跌撞撞、摇摇晃晃的状态。练形意拳对下肢功力也同样地要加强训练。李天骥老师在他的《形意拳术》书中是这样写的:"形意拳的腿法,在套路中多用踢、蹬、踩、点四法……初学时,特别应注意直摆性和屈伸性的腿法练习,增强腿、胯、腰的柔韧灵活,打好腰腿基础。有人认为形意拳重拳不重腿，忽视腿功练习，这是不正确的。"可见，凡武术，均重视下肢功力的锻炼。太极拳是武术，与形意拳同属内功拳，锻炼的途经、要领基本相同。形意拳特别强调"三体式"桩步——称"万法出自三体式"（图5-3-1）。同样，"三体式"桩步也是太极拳运动需要采纳作为增长下肢功力的站桩方式。此外练习太极拳对于初学者，还应该加强弓步桩（图5-3-2）、虚步桩（图5-3-3）、独立步（图5-3-4）和仆步（图5-3-5）的练习，使能在增长下肢功力的同时，固定正确的身型。

图5-3-1

图5-3-2

图5-3-3

图5-3-4

图5-3-5

因此，凡练拳都不可忽视桩功练习。桩步是走架的基础；对于专注于散打或推手的爱好者来说，"站桩"练习尤为必要。现今不少太极拳爱好者却常常只重视学会套路，刚学完一套，又追第二套，以为学的套路越多，功夫就越高了；甚至有人非常浅薄地把套路分成初级与高级，完全忽视基本功特别是桩步的锻炼，这是训练上的误区。

当然，走架也是非常必须的。所谓"走架"就是整个套路的趟子练习。单从下肢来看，走架是活步桩功的练习。整体说来走架是练功架、练动作组合的连结和灵活使用、练习整体的协调性、平衡性、劲法的转换等，是"外练筋肉皮，内练一口气"的主要方法。然而走架，不在于套路编排的简或繁，只在于其内容的功力表现。无论走哪个套路的架，基本功是第一位的。正确把握要领是第一位的，而不在于套路的式数。式式虚浮，式式松散，飘浮起伏，行路式的走架，就是能将市面流行的所有套路，什么"传统"的、"竞赛"的、"老架"的、"新架"的套路都练下来，也是白练，内行人只会说一句"好，但未入门！"或"不得其门而入！"因此走架锻炼，不在乎"架"（套路）是哪家哪派哪一种"架"，关键在于"走"（练习）。而"走"又不是随便走路的走，而在于"懂规矩，明规矩，化规矩而后神规矩"地走。"规矩"就是方法、要领、原则，是"架"的内涵，是意、气、劲的统一表现。初学时要重"形"，将架式按要求练出动力定型。但对于提高，则强调"重意不重形"。这里说的"不重形"，其实是"形"老早就已经练得正确而固定下来，举手投足都成方圆了，不需要再特别着意于形态了；在这种情况下强调"意"的运用和锻炼。形意拳练习分明劲、暗劲、化劲阶段，太极拳练习也是有这些过程的。"先求开展"、"后求紧凑"、"重意不重形"就是练习与提高的三个过程。这三个不同实质内容的过程虽然都只是几个字，但要切实做好就有很多不同内容，要一个个弄明白，一个个解决，经过较长时间练习将所有内容消化、综合起来，贯彻到走架的全过程，经过不断的综合练习，才得以提高。这就是由"尺进"而"寸进"而至分、毫、厘提高的漫长过程。其中有不少地方要有老师不断地予以指导，不是学会一个套路立刻就可去教人，也不是自己埋头日练十遍就成功的。

（二）推手训练

1. 什么是"推手"

"推手"过去又称"打手"、"揉手"或"搞手"。

推手是太极拳运动中双人练习八门五步各种劲法的训练手段，是影响走架水平提高的必须训练方法。陈炎林先生说："太极拳基本功夫全在懂劲。欲求懂劲，非先有沾黏劲不可；但欲有沾黏劲，又非练习定步推手不可。"

经过长期的实践，笔者认为推手运动主要目的不在于学习它的技击性，而在于它的健身性。"推手"时两人搭手，以不丢不顶为原则，利用八法做圆圈的运动，互相化发，运动量较之单人走架大一些，兴趣浓一些，精神更集中一些，上肢力量的锻炼也加大很多。从生理角度看，"推手"时，人的肾上腺素分泌提高，心搏和脑血流也有所增强，经脉的循环作用加强，特别是二人都要承受和化解对方的劲力，弓、坐腿与旋腰的运动强度比走架要大很多，加大了外周血循环和心肺功能的锻炼；冲、任、督、带经脉的脉气流通大大强化。因此笔者一直认为太极拳特别是"推手"锻炼，堪称为最好的防治心血管病非药物性的活血祛瘀疗法。将这个观点介绍给运动医学的研究者和预防医学、临床医学工作者们在实践中去验证。

吴式太极拳名家徐致一先生说："虽然以研究技击为主，但是练拳人如果把它当作游戏来做，不但趣味浓厚，而且是强弱皆宜的一种体育运动。过去只把推手当作技击方法，而没有重视它的体育效用，在今天，应当扭转这个看法。"这是对"推手"较为客观、全面的认识。

2. 如何练"推手"

"推手"运动必须二人对练；最先按一定的规则进行，纯熟之后可以随意运动，收发自如。如何练习推手，前人多有介绍和精辟的指导。以下是从前贤的著作中择取一些段落，提供读者们学习。

陈炎林先生说："推手时，对于掤、捋、挤、按四手，均须一一分明。初学者固须从盘圆圈入手，然至相当纯熟后，非将掤、捋、挤、按四手详细个别分析清楚，而手手能化能发不可。若仅盘圆圈，则掤、捋、挤、按之正义全失。盖不知掤、捋、挤、按即不能言推手；不能推手，习太极拳有何兴趣……尚须有一'化'字，否则不能连贯……捋之后生化，此'化'常为人所漠视。化之后生按。掤、捋、挤、化、按已分为前进、后退、左顾、右盼，但尚有一中定为普通习者不知。何谓中定？中定者除含有前进、后退、左顾、右盼时之身重心中正之意外，即在内劲将发未发时，先中定己势，然后发之；其状犹如钟摆，化时若摆之左右摇动，化至发时，如摆之中定，定后发出则发劲得势而不偏丢矣。故中定在推手中亦甚重要也。

至于掤之后生捋，捋之后则生挤，挤之后生化，化之后则生按。反之，解按非用掤不可，解捋非用挤不可，解挤非用化不可。故掤、捋、挤、化、按实为相生相克。在挤之前，当先被人捋足，足后变挤，可使己身近靠敌身。否则两人距离较远，不易得势借力，易于中断。在按之前，须有后化之劲；后化则敌重心向前倾斜，即可乘势前进。（使敌落空，落空则易借势。）否然者，敌可坐腰稳步，重心中正，气沉丹田，如何能按动之耶？

又挤与按，身体不可过于前俯。过前则反易被人借力；膝不可过足尖，肘不可过膝，以保持己身之中正，而免前俯后仰之弊。

推手时除心静、神凝、气降外，如沉肩垂肘、含胸拔背、虚领顶劲、身体中正、尾闾收住、松腰松胯，腰、腿、手以及全身完全一致，尤为必要条件。此外对于眼神注视之方向，亦甚重要。如掤须上视，捋须后视，挤按须前视，切不可捋后望前，挤前望后。

总之，学者对于定步推手中掤、捋、挤、按四手当下苦功，须练至腰腿均可沾连黏随，身形和顺，伸舒自如，毫无掘力，随感随应，式式圆满，不生棱角，庶可言基本之功用⋯⋯故太极拳中式式动作，均含有圆形者，盖取法于此也。学者能将四手盘至异常圆满，而周身一致后，则无须采用其他手法，亦足以应敌。"

徐致一先生在他的《吴家太极拳》中有一章是专论推手的，引述于下：

在早先，初学推手时，先要经过单搭手的连续屈伸，目的在于活动膀子，化除僵劲，实际上，不过是一种辅助运动。推手也有各种形式，主要是在步法上有所区别，最通行的有定步推手、动步推手、大捋、烂踩花等名目。动步推手只有简单动步，是初学动步的形式；大捋虽然是较高的形式，但是动步时仍要按照一定规矩。只有烂踩花步法不受拘束，双方在听劲中都可以随意走动，才是真正的活步推手；如果功夫较高的一方走得太活，另一方就要跟随不上。这种活步推手，没有专门练法，只要懂劲功夫到了一定阶段，稍稍演习，便能水到渠成；但要增加熟练，仍需经常练习。作者初学推手时，一开始就学定步推手，当时什么都不懂，只是按式搭好双手，两足一虚一实站定步子，两人如同锯板一样，一来一往地转换双手。既无变化，也不懂劲，这就是习惯上所说的"画圈子"，每次总要画十来分钟。"画圈子"虽然没有什么趣味可说，但是，作为健身运动来说却是很舒服的一种运动。在冬天只要画上三五分钟，身体就很暖和了。因此，有许多人到后来已经懂了劲，还是很喜欢画圈子，就是这个缘故。吴先生（吴鉴泉——薛注）教推手的时候不是很早就给我们说劲，只是要求我们放长身手互相推逼，在被逼时只许扩大"坐身"的式子（即前脚虚步、后腿屈膝作坐势）以容纳对方的推逼，然后顺势化开，不许用力抵抗或者用劲拨开。必须到被逼得实在无法化开的时候，才许被逼者顺势退步，如果半步够了，只退半步，不许多退，总以退得恰到好处，不与对方离开为主。照这样练了一个时期，我们的坐身稳而且大，同时在接应上也有了一定的经验，对于对方的进逼已经看作家常便饭不再害怕，这才算打下了第一步的基础。这种基础功夫有许多人都不爱练，总是一开头就要求说劲，而且稍稍懂劲便想去用，表面看来好像进步很快，其实在化劲方面把功夫下少了，会养成只想发不想化的习惯，到后来仍要受到影响而阻碍进步。这是吴先生经常指示我们的，也许是吴先生精于化劲，所以才有这样的体会。

拳论所说的练习方法，分作两个阶段，一个是"由着熟而渐悟懂劲"，一个是"由懂劲而阶及神明"，前一阶段必须有教师指点，后一阶段全靠自己刻苦钻研，不是教师所能灌输的。《十三势歌诀》有"入门引路须口授,功夫无息法自修"两语,就是指此而言。因此,本章所提出的几个法则,也只是以前一阶段的练法为限,主要有下列五点:

(1) 不顶

在动手时,遇到对方用力打来,立即还手抵抗,这是一种本能,旧时的说法叫做"先天自然之能",并不是学了技击才有这个本能;不过学好技击以后,我们的打击或者还击能够更快更准更有力,这是不可否认的。太极拳讲究先化后打,而且在打击之前还要造成"我顺人背"的形势,然后乘势追击,用力不多,拳论所谓"四两拨千斤"就是这种打法的最高效果。因此,我们所要锻炼的,不是在本能上加工,使它快而有力,而是在本能上加以抑制,使它用得更为适当,而且更为有效。"不顶"就是适应这个要求的一个重要法则。有些人认为:练习"不顶"并不困难,只要手上毫不用力,任凭对方摆布就成功了,这是对的,但是,并不完全对。因为任凭对方摆布是使自己处于被动地位,而"不顶"则是以主动的精神去适应任何动作。所以我们在推手时,能够接受对方摆布是需要的,但同时我们还须用感觉去"听"清对方的动作("听"是术语,即是了解的意思),然后以自己的动作去适应它。如果对方只进一寸,我就给他一寸,进一尺,我就给他一尺(切记给时要走弧线),绝不少给,也决不多给;少给会犯顶的毛病,多给会犯离的毛病,都没掌握到恰到好处。可见"不顶"不是单纯的少用力,而是用较小的力去引使对方前进而不落空,然后变换手法去摆布对方。在推手时,由于双方都明白这个道理,往往任何一方都不肯冒进。除非是在画圈子,练习时最好不要这样保守。须知一方不肯进,另一方如何能够练出"不顶"的功夫来呢!双方轮流前进,是比较适当的一个练法。另外还有一个要点,必须记住,就是练习"不顶",必须同时动腰坐身,不可只是在手上接应,因为手法与身法必须一致,否则,手回而身不回，反要给对方以舍手攻身的机会了。

（2）不丢

不顶是人进我退、人刚我柔的动作，不丢是人走我随的动作，也是转化为打的阶梯动作。两者在方向上和作用上虽然相反，但是作为一个圆形动作来看却是相反相承、不断循环的姐妹动作。不丢二字，在字面上看，虽然是不要丢掉或者不要离开的意思，但是，在实际上，并不是这样简单。上面所说的"不顶"要用感觉，还要有引动对方落空的作用，这里的不丢也要用感觉去黏住对方的手臂，我的手臂一面跟随，一面还要微微送劲，驱使对方陷入不利或者不稳的形势。这时，如果对方已经不能挣扎，便可用劲向对方发出；如果对方硬要挣扎，我就可用欲擒故纵的手法，将对方沾起（沾是术语，即向上吸引之意），然后发之，可将对方发出更远，这是最简单的一种方式，我们在推手时，必须随时随地去找寻这类的机会。要练到用力很少而能顺势困住对方，才算符合要求。

太极拳的手法虽然变化多端，但是，绝大部分都离不开这两个动作——不丢不顶的交相为用。"打手歌"里"引进落空合即出，沾连黏随不丢顶"两语，就是运用不丢不顶的重要指示。也有人把"不丢顶"三字作为"不要丢失顶头悬"来解释的。在任何地方要保持"顶头悬"确是一个重要法则，但是，在这里还是看作不丢不顶更为相宜。因为不丢是"黏"劲，不顶是"走"劲，是打手中最主要的两个劲；而上半句的"沾连黏随"四字，也是在着重指出这两个劲的运用要点。又在拳论中还有"黏即是走，走即是黏，阴不离阳，阳不离阴，阴阳相济，方为懂劲"等语，从这些话里我们更可想见这两个劲的重要性了。

（3）先求开展

紧守门户是指应用时防人进攻而言，但是功夫较高的技击家，有时还要故意敞开门户，诱敌深入。如果推手时只在缩小门户上用功夫，而没有开放门户的素养，到应用时，遇到门户被人打开的情况，便要惊慌失措。所以练功夫总是先求开展，后求紧凑，不但二者不可缺一，而且也不可先后倒置。因为练惯了紧凑①，再求开展，是比较困难的。太极拳的推手功夫要求先练开展，主要有两个目的：一是从大处下工夫可以扩大不丢不顶的限度，到功夫深时，由于感觉更灵敏，听劲更清楚，进而把这个限度逐渐缩小，这是最自然的紧凑功夫；二则从大处练，双方空隙都较大，彼此都容易乘隙而动，这样，可以使双方都有更多的机会练习攻守的技巧。这是很容易懂的一个法则，只要学习者在初练时不要求胜太切，自然能够做到的。

（4）勿先动步

太极拳在应用时以不先动劲为主；但是，在练习推手时却不应当这样，试想双方都在以静待动，哪里还会有手法可练呢！所以在初学时应当相约彼此轮流动劲，到功夫较深时方可随意动劲。这种性质的动劲，在习惯上叫"问劲"，能够做到有问必答而且答得不错，就是推手功夫到了一定程度了。这里所提出的"勿先动步"，并不是对问劲的一方而是对答劲的一方说的，因为问劲者弓步进身其势顺，答劲者虚步坐身其势逆，前者容易站稳，后者不容易站稳往往要犯过早动步的毛病，这样，不但要影响两人的合作，而且自己也要陷入能走不能黏的境地。所谓"勿先动步"，只是要求答劲者在遇到问劲时，应当尽可能的先用腰走，不可先用步走，非至万不得已不要退步，这是教人练好腰部动作的唯一方法。轻于动步，必至不想动腰，腰劲自然无法练出来了。这一练法，在初学时，虽然是一种负担，但是，到了练好以后，无形中已经养成"听劲动步"的习惯，在练习活步推手时，就不必再在步法上多下工夫了。至于"十三势行功心解"所说的"步随身换"，是指应用时身步应一致而言，不可作为练功时随便动步来解释的。

---

①这里紧凑一词作动作"收窄"解——薛注

（5）劲断意不断

这是说，在推手中间，由于用劲的过与不及，两人手臂突然离开时，不可采取从新搭手的方法，应当在两手离开的情况下继续做着不丢不顶的想象动作，使两人的手臂由于劲断意不断，可以恢复原状，仍旧搭在一起。在推手时，这种机会是很多的，务须认真练习，不可放弃。练好以后，对于打散手（即两人自由问劲不再预先搭手的练法）或者在应用时，都是极重要的接应手法。因为推手是先搭手后问劲，而散手是不搭手就动劲的，如果不会凭空接劲，往往要受制于人，除非见手就躲，是很难倖免的。有时，一个功深者对一个功浅者故意虚晃一手，后者伸手接应而稍有迟疑，便被前者换手封住而将后者击出，就是这种功夫练得纯熟的效果。盘架子时，在技击动作上多作劲断意不断的想象，也能增长应接功夫和凭空化打的功夫。

以上所说都是练习推手时所应当注意的法则，至于推手方法如掤、捋、挤、按等，与上述法则性质不同，所以放在后面图解篇里另作说明。另外，推手时应当运用的姿势，如含胸、沉肩、屈腿、坐身等，和动作上的重要标准如轻松、圆活、连贯、完整等，都与盘架子的法则完全相通，学习者可参阅其他有关各章的说明，此处也从略。又学习推手也有在中间插学"推牛劲"这个方式的。它是双方都用大力画圈子并互相问劲（用力不可一大一小，否则力大的一方要站立不稳的），其目的在于强健腰腿功夫，同时可以在手臂上尝一尝韧劲的滋味。这一种功夫，是专为对付对方臂力过大而练的，如果自己体力较好也可不练。若要练时，应当在练完以后，接练用轻劲的推手功夫，以消去韧劲的影响，因为太极拳的手法，以柔化为主，所以在动作上也应当以轻灵为主，学习者不可不知。

3. 推手运动的要点

结合《太极拳运动》一书推手的教材部分，作者浓缩了内文的要点，编写出指导训练的简明提要。

（1）定步双推手

1）双方手的位置必须不离腕关节与肘关节。

2）弓腿、坐腿（坐身）要认真、标准，不可马虎。上体不可前倾、后倚，要头容正直。

3）弓腿要宽胸实腹，松胯塌腰，气沉丹田；坐腿要尾闾中正，缩胯敛臀。

4）动作掤、捋、配合坐腿；按、挤配合弓腿。

5）打轮（画圈）要宽大，动作务必轻、匀、缓、柔、圆。"从人而不顶"，"舍己而不丢"。

6）四手的规律是：掤之后生捋，捋之后则生挤，挤之后生化，化之后则生按。反之，解按非用掤不可，解捋非用挤不可，解挤非用化不可。

图5-3-6　左甲掤

图5-3-7　左甲捋

图5-3-8　左甲化

图5-3-9　左甲挤

（2）活步推手

1）进三退二

[步法]

a. 搭手时：甲左（在内），乙右（在外）

b. 进退过程：甲在内，乙在外——乙进左，甲退右；乙进右，甲后坐。进一三，均入裆。

图5-3-10　左甲按

[方法]

a. 双方搭左手（甲左手左脚，乙左手右脚）。

b. 甲挤（弓左腿）——乙按（进左脚，见图5-3-11）。

c. 甲掤右臂（退左脚）——乙按（进左脚，见图5-3-12）。

d. 甲右捋（退右脚）——乙挤（进右脚，见图5-3-13）。

e. 甲后坐，右旋化（见图5-3-14）。

f. ——重复a（甲进左脚，见图5-3-15）。从图5-3-16至图5-3-18，又重回图5-3-13反复循环练习。

[要点]

a. 双方搭左手开始。

b. 乙右脚在外，甲左脚在内。

c. 掤、捋时退步，按、挤时进步。

图5-3-11

图5-3-12

图5-3-13　　　　　　　　图5-3-14

图5-3-15　　　　　　　　图5-3-16

图5-3-17　　　　　　　　图5-3-18

2）进三退三

a. 合步搭左手（双方均右脚在前）。

b. 同一边脚（甲左，乙右）同时进退（见图5-3-19）。

第 5 章 学练

c. 从图5-3-20至图5-3-26又重回图5-3-11作一个循环练习。

图5-3-19　　　　　　　图5-3-20

图5-3-21　　　　　　　图5-3-22

图5-3-23　　　　　　　图5-3-24

图5-3-25　　　　　　　　　图5-3-26

（3）大捋推手

预备式：单推搭手（双方出右脚，搭右手，见图5-3-27）。

a. 甲，转左脚跟，收右脚并步立正——右手翻腕，左手搭乙肘（图5-3-28）。

乙，右脚稍向前活动，弓腿。

图5-3-27　　　　　　　　　图5-3-28

b. 甲，右转，斜后退右脚（与起势时成90°），马步捋乙右前臂（图5-3-29）。

乙，向外上左脚一步，顺其势伸右臂。

c. 乙，不停，上右脚入甲裆内，肘靠（左掌"绑手"）。

甲，左滚肘截（图5-3-30）。

图5-3-29　　　　　　　　图5-3-30

d. 乙，不停，右转挤（左臂前翻，与甲接手）。
   甲，提左脚入乙裆，左转腰向下化（图5-3-31）。
e. 乙，收右脚立正，左转，掤甲左臂。
   甲，前弓左腿，顺势伸左臂（图5-3-32）。

图5-3-31　　　　　　　　图5-3-32

f. 乙，不停，左转90°，马步左捋甲左臂。
   甲，右脚上右侧前方一步（图5-3-33）。
g. 甲，接着上左脚入乙裆内，靠肘，（右掌"绑手"）
   乙，右滚肘截（图5-3-34）。
h. 甲，不停，左转挤。
   乙，提右脚入甲裆（图5-3-35）。
i. 循环练习（图5-3-36）。从图5-3-28至图5-3-36；从图

5-3-32开始反向循环……从图5-3-33至图5-3-36。

图5-3-33

图5-3-34

图5-3-35

图5-3-36

j. 转换方式,均以右手扑面掌为关键(如图5-3-37至图5-3-40)。从图5-3-41至图5-3-44为换向循环练习。

图5-3-37

图5-3-38

第 5 章 学练

图5-3-39　　　　　图5-3-40

图5-3-41　　　　　图5-3-42

图5-3-43　　　　　图5-3-44

图5-3-6至图5-3-44中动作示范者是李天骥和郝家俊两位武术大师。

4. 介绍相关知识——名家谈推手

（1）推手运动的意义

1）李天骥

太极推手是太极拳运动的重要组成部分：太极拳的单式和套路是技术的基础，推手是太极拳技术的一种对抗练习方法。通过太极拳的单式和套路可以练体、练意、练气、练劲、练精神和练各种各样的技法，通过推手可以进一步体验太极拳运动的特点，掌握太极拳的攻、防方法和用劲的技巧性。通过推手这种对抗形式的训练可以提高身体对外来刺激的反应能力，正确掌握太极拳套路的动作要领，使身体得到更全面的锻炼效果。太极推手是一项很好的体育项目，过去有人把推手技术说得很玄妙、神秘，忽视它的科学道理，或用虚假造作夸大宣传，脱离体育锻炼的目的，是不实际的。

2）郝家俊

太极拳包括架子和推手，而太极拳推手是太极拳发展的高级阶段。太极拳的初级阶段就是先练拳架子："入门引路须口授，功夫无息法自修"。练架子力争做到于无人处处皆人，练习知己的功夫，而太极拳推手则是把练架子的功夫用于实践，是练习知彼的功夫。推手是把太极拳的理论具体化，也是检验练架子的姿势和理论是否正确的唯一正确的标准。

3）徐致一

推手是两人对练的方法，也叫做打手。这种对练方法，虽然以研究技击为主，但如果把它当作游戏来做，不但趣味浓厚，而且是强弱皆宜的一种体育运动。过去只把推手当作技击方法，而没有重视它的体育效用，在今天，应当扭转这个看法。

4）顾留馨

推手古称打手，是以太极拳套路中"懒扎衣"一式的着法来练掤、捋、挤、按、采、挒、肘、靠。它和太极拳套路练习相辅相成。它的动作是在中枢神经系统的统一指挥下,成为训练周身皮肤触觉和内体感觉的一种有效运动。拳套的练习,首先基本动作要练正确,动作练得正确熟练,中正圆满,内外合一,虚实刚柔具备之后,才可以充分发挥推手的技巧。而推手的练习,可以加深对拳式实际用法的领会,既可将练拳套时得来的劲力认真地应用在推手之中,同时又可以检验拳套的正确程度,便于改正、充实其姿势和动作。练拳和推手的相辅而行能使身体上下肢平衡发达。推手这种竞技运动,特别能训练中枢神经系统的综合分析的能力和判断的能力。

5)陈公(炎林)

练习十三势拳式(即盘架子)无非养身、养心、养气,进一步如何要学听、懂、黏、发诸劲,非由推手不可。

(2)推手练习要领

1)李天骥

太极拳运动讲究"以柔制刚","以静待动",是一项柔和性运动项目,作为对抗形式的太极推手不仅要求双方互相对抗而且要求互相合作,练起来沾连不脱,进退自如,很有兴趣。太极拳推手和拳架的性质一样,都具有"柔中寓刚","刚柔相济"的技术特点。练习时处处注意稳定自己的重心,掌握自己的平衡,稍有偏失,及时调整,以免被对方牵动;同时随着客观的变化时刻注意顺势牵动对方失去平衡,以便趁势借力打力将对方发出去。

柔和性是太极拳的特点。太极推手和套路的性质是相同的,它的技击方法也是"以柔制刚"为主。初学由"沾连黏随,不丢不顶"的方法入手,以锻炼皮肤、肌肉和神经末梢的感觉。

2)徐致一

作者初学推手时,一开始就学定步推手,这就是习惯上所说的"画圈子"。"画圈子"虽然没有什么趣味可言,但是,作为健身运动来说却是很舒服的一种运动……吴先生教推手的时候，不是很早就给我们说劲，只是要求我们放长身手互相推逼，在被逼时只许扩大"坐身"的式子（即前脚虚步，后腿屈膝作坐势）以容纳对方的推逼，然后顺势化开，不许用力抵抗或者用劲拨开。总以退得恰到好处，不与对方离开为主。这才算打下了第一步基础。这种基础功夫有很多人都不爱练，总是一开头就要求说劲，而且稍稍懂劲便想去用，表面看来好像进步很快，其实在化劲方面功夫下少了，到后来仍要受到影响而阻碍进步的。

3）陈炎林

前辈学习推手多先由单手按化推手法，双手平圆沾黏推手法，单手立圈推手法等着手，而后学习定步四手，故习初步基本功夫为时甚久；非如近人专求捷径，不由一手而至双手，以致四手不能分清。

学者要了解何谓"沾连黏随"，何谓"不丢不顶"，不明此八字则不能懂劲。不懂劲则推手有失效用。

沾者，提上拔高之谓也。黏者，留恋缱绻之谓也。连者，舍己无离之谓也。随者，彼动此应之谓也。此四字为太极拳中之基本要则。

顶者，出头之谓也。偏者，不及之谓也。丢者，离开之谓也。抗者，太过之谓也。此四字适与"沾连黏随"四字相反。在初学推手时易犯此四字弊病。

推手时对于掤、捋、挤、按四手，均须一一分明。不知四手即不能言推手。不能推手，习太极拳有何兴趣？

然，于掤、捋、挤、按外，尚须有一化字，否则不能连贯。此化常为人所漠视。——掤之后生捋，捋之后生化，化之后则生按，按之后则生挤，挤之后则掤化。解按非用掤不可，解捋非用挤不可，解挤非用化不可，故掤、捋、挤化按实为相生相克。学者能将四手盘至异常圆满而周身一致后，则无须采用其他手法，亦足以应敌。

4) 顾留馨

推手的身法，主要为"立身中正安舒"，要求自头顶至尾间保持一条垂直线。要从身法中正状态下求变化。

初学推手时，缠绕黏随的圈子要宽大，力求逐渐做到圆满柔顺，无有凹凸、缺陷、断续和顶抗之处。动作要慢不要快，快则处处容易滑过。推手的速度应该和练拳套的速度相仿。

推手时神态始终要松静自然，用意指挥动作，处处能意在身先。运化首先在腰腿，次在胸，又次在手。腰腿微微一转，角度、力点即已转换，自己的重心也已转换，因此说："紧要全在胸①中腰间运化"。

（三）器械练习

器械练习是徒手走架的延续，大可以将器械看成是手臂的续长，将拳、掌、勾化作刀、剑、枪等器械的尖、刃、扇沿、杆体，进行攻防练习，动作意识基本一致，基本功也有普遍的一致性。所以学习器械必先学习拳术；有了拳术基础再学习器械就容易得多，质量会高一些。

传统太极拳只有十三势，后连成套曰长拳。曾几何时再出现了太极剑，后来陈炎林氏有太极刀、剑、杆的记述；吴图南氏又编出"内家太极功玄玄刀"问世。随着社会的进步，运动技术的发展，器械运动又出现了枪、短杆和扇子的运动套路。

1. 剑

太极剑是单剑运动。所使用器械与其他武术运动剑术器械基本相同，但不使用剑体单薄抖动的铁皮剑，而多用"龙泉剑"（图5-3-45）。太极剑没有长穗剑和双剑运动，这二者不符合太极拳运动规律的正、稳、舒、慢、匀的特点。太极剑除有太极拳的特点外，它的运动也有剑术的普遍性，就是"剑若

---

①这里的胸是指胸有成竹，即心意；不可理解为胸廓。——薛注

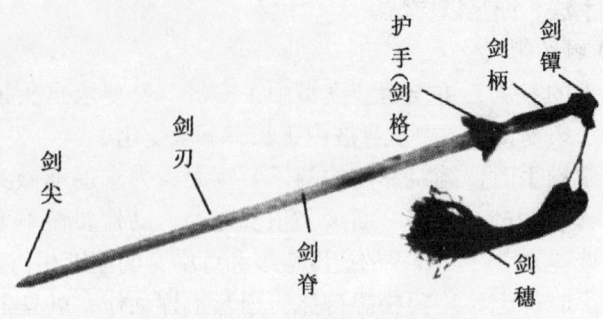

图5-3-45 太极剑

游龙"。所以它在缓慢均匀的节奏前题下表现得柔和而游走，有轻松灵敏的风格。可以选择的最基本的套路是《太极拳运动》教材中介绍的三十二式太极剑。

三十二式太极剑运动套路是李天骥老师从传统杨家太极剑五十四式中简化编成的。已推广50多年，学练者遍及五大洲。它保持了杨式太极拳宽大柔绵的大架式风貌；剑法内容也保留了剑术运动的基本十三剑法：抽剑、带剑、撩剑、刺剑、击剑、挂剑、点剑、劈剑、截剑、托剑、拦剑、扫剑、抹剑。

下面转载李天骥老师1960年在北京市工人太极拳训练班教练太极剑时的专题讲座的讲稿（侯晋惠整理），提供给读者学习参考。这是一篇学习太极剑的优秀经典教材，也是首次突破小范围的传授局限公诸于广大读者。

（1）初练太极剑一定要打好基础

初练太极剑，一定要打好基础，基础打不好，动作起来就不协调，不稳定，身剑不合一，收到的功效也就不大。如果能先学太极拳再学太极剑，然后再进一步学习太极对剑，效果就会更好，进度也比较快，因为拳是器械的基础，器械是拳术的发展。

打基础主要有两方面：

第一要注意身体的训练，要掌握身法、步法、眼神以及与不持剑手的动作和配合。通过站桩、压腿、活腰等基本功的练习，逐步增加下肢力量和提高身体柔韧、灵活、耐久等素质，每招每式都力求式正招圆，步稳身活，精神贯注，一丝不苟。

第二要注意剑法的训练，剑法是指剑的攻守方法，每一趟剑法构成，根据各套剑路的不同内容和风格而有区别。有的剑套用劈、撩等方法较多；有的则用刺、崩等方法较多；例如太极对剑的剑法，则是"抽、带、撩、刺、击、挂、点、劈、截、托、扫、拦、抹"13种方法，不论剑法如何，我们必须在学习时了解每个动作的剑法要求，明白剑的运行路线和着力点（用剑刃或是用剑锋），以及两手（剑与剑指）的配合，这样把动作和剑法结合起来，不但容易记忆，而且便于掌握动作要领。做到准确、协调。如果练对剑，则必须两人配合一致，紧密逼真。

上述两点都是要求我们首先在基本动作上打好基础，然后通过反复锻炼把手法、身法、步法、眼法与剑法密切结合起来，做到"身与剑合"、"剑与神合"，无论左挥右舞，上劈下撩，都能做到准确协调，轻灵沉稳，运用自如，使身、剑、神三者结成一个统一整体。

（2）几个主要动作的身法、步法的介绍

太极剑的身法、步法基本上和太极拳相同，只在动作速度方面要略加灵活一些，几个变换动作在身法和步法的配合上应加注意：

1）第一节的"并步点剑"接"独立反刺"动作，右脚后撤时，脚尖向外撤的角度不要太大或太小，以免影响下一动作提膝平衡的稳定性，也容易使得下一动作的方向错误。右脚后撤以60°～90°为最合适（如图5-3-46）。

2）"左弓步刺"接"转身斜带"的动作，身体向后转动时，随着身体重心的后坐，左脚要尽力向里扣。否则提右腿转身时不能稳定，或因转动的角度不够使下一动作错了方向（如图5-3-47）。

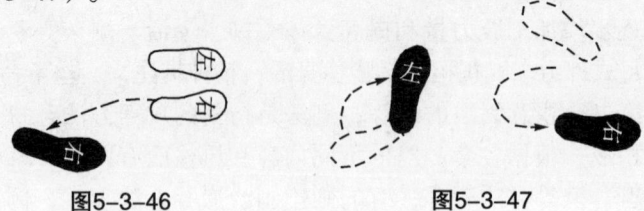

图5-3-46　　　　　　　　图5-3-47

3）"提膝捧剑"接"跳步平刺"动作，这一动作主要应注意跳步时，与剑的伸缩做到协调，要把左脚落地和剑向前引伸做到一致，首先要注意的是：右脚落地时步子不要太大，落地后右膝先不要向前弓，身体重心前移时，右脚掌再用力蹬地向前纵跳，如果右脚落地时膝部弯曲太大，右脚就不易用力蹬地，使上下动作不能完整，左脚前纵落地和两手收回也要不先不后同时完成，这样就会显得灵活而稳定。

4）第四节的"旋转平抹"动作，主要以腰为轴心连续扣步转一个整圈，这个动作在于摆扣步的度数大小，如果右脚外摆时太小，或是左脚不能扣成八字形式，则旋转时就受到一定阻碍。右脚摆步时，脚尖要尽力外展，左脚扣步时，随着转体要尽力扣成两脚尖相对的八字形状，这样就给连续转身退步提供了方便条件，达到轻灵活泼的目的（如图5-3-48）。

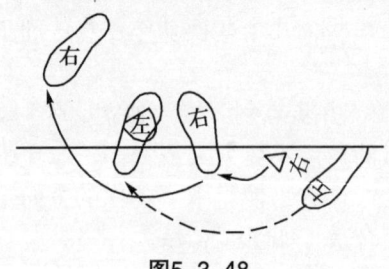

图5-3-48

练习剑术，除了身法、步法之外，左手剑指的配合很重要,它一方面帮助剑峰的发力和维持身体的平衡,一方面可使姿势动作协调完美,如果剑指运用不当,必然使动作支离破碎,处处脱节。练太极剑一招一式都须注意剑指的起点和止点,以及应当放的位置,否则就会发生脱节或呆滞的现象,减低了锻炼效果。例如:第一节中的"独立抢劈"动作,两手由身体左侧分开之后,右手剑翻转向上、向前下劈,而左手剑指就必须同时下落,再向后、向上举在头的上方,臂要撑圆。两臂旋转与左腿提膝务要同时达到着力点,这样既能增加右手前劈的力量,又能帮助提膝平衡的稳定性,另一方面更显得姿势优美协调,其他动作对剑指的要求也是一样,不能单单注意剑法的运用。

练太极剑时,眼神的配合也十分重要,由始至终精神不可涣散,剑到眼就到,但也要避免有故意皱眉努目的情况,眼法的配合只要能按照动作说明中的要求反复锻炼,认真体会,自然熟能生巧,慢慢达到"神剑合一"的目的。

(3)太极剑13种不同剑法的介绍

1)抽:有上抽、下抽、左(右)抽,用剑刃由前向后,或左右抽回,力在剑刃,如"退步回抽"剑动作,如图5-3-49。

2)带:有直带、平带、斜带,用剑刃由前向后或向斜方、小臂外旋或内旋翻手回带,力在剑刃,如"向左平带"、"向右平带"、"转身斜带"等动作,如图5-3-50。

图5-3-49

图5-3-50

3）撩：有正撩、反撩、左（右）撩、用剑刃中部或前端着力，由下向上撩起，手腕向上提。如"左虚步撩"，"右弓步撩"动作（如图5-3-51）。

4）刺：有平刺、直刺、上刺、下刺、反刺，用剑由后向前直刺，力贯剑尖，如"左弓步刺"、"进步反刺"等动作（如图5-3-52）。

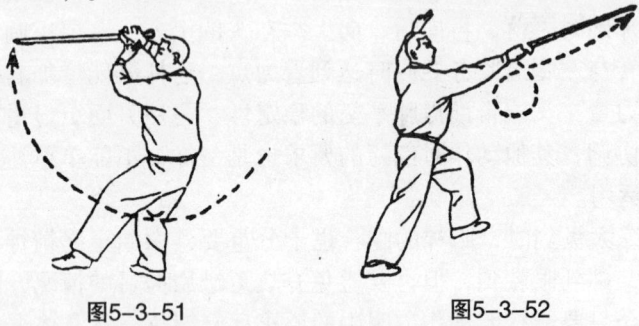

图5-3-51　　　　　图5-3-52

5）击：有前击、反击、斜击，用剑的最前端剑刃向前击打、力量贯注剑的前端。如"撤步反击"动作（如图5-3-53）。

图5-3-53

6）挂：有左挂、右挂、用剑尖由前向后勾回，向身体右（左）下方回挂，持剑手虎口（大指、食指中间）向后用力。如"弓步挂劈"剑（先挂后劈）动作（如图5-3-54）。

7）点：有前点、斜点、剑由上用剑尖向下点，腕部用力，力注剑尖，如"并步点剑"、"虚步点剑"动作（如图5-3-55）。

图5-3-54　　　　　　　　图5-3-55

8）劈：有前劈、后劈、左（右）劈、斜劈、用剑的中段或前端剑刃着力，由上向下劈。如"独立抡劈"，和"反身回劈"动作（如图5-3-56）。

9）截：有平截、左（右）截、反截、用剑刃的中段或前端由左（右）向另一方向截出。如"退步下截"动作（如图5-3-57）。

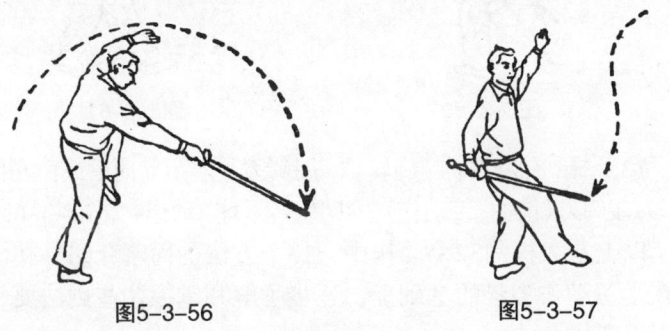

图5-3-56　　　　　　　　图5-3-57

10）托：有上托、左（右）托、用剑身（刃部）由下向上托起。如"独立平托"（如图5-3-58）。

11）扫：有前扫、平扫、左（右）扫，用剑身（刃部）平着向左（右），或向前平扫。如"仆步横扫"动作（如图5-3-59）。

12）拦：有上拦、左（右）拦，用剑刃平着由后向前推，或由下向上拦出去。如"左弓步拦"、"右弓步拦"动作（如

图5-3-60）。

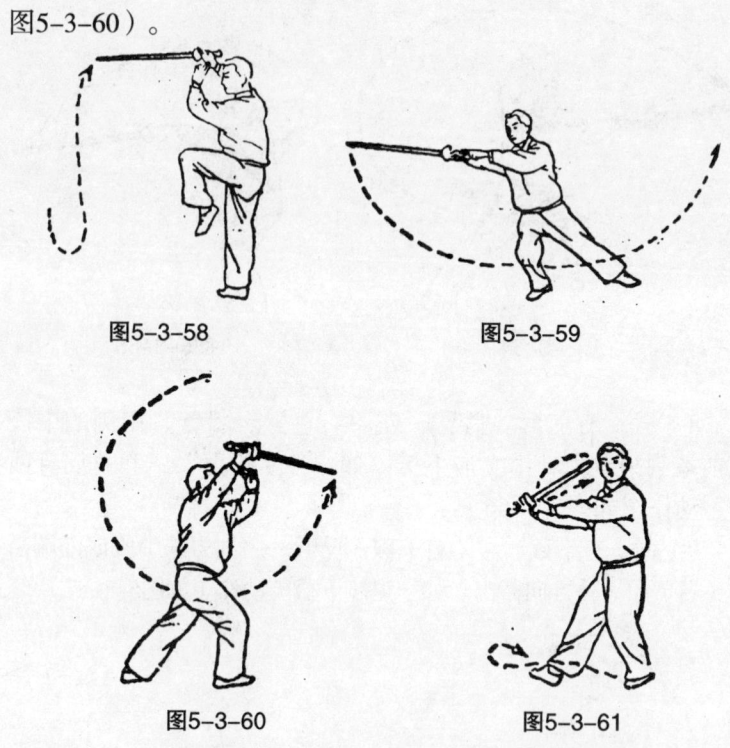

图5-3-58　　　　　　图5-3-59

图5-3-60　　　　　　图5-3-61

13）抹：有左右抹、旋转抹，用剑刃平着由前向后或由左向右抹，力在剑刃（像抽、带动作）。如"旋转平抹"动作（如图5-3-61）。

以上是太极剑32个动作中，13个方法的简略介绍，初学者要在学习动作姿势的基础上，逐步了解和掌握这些剑法要领，便于提高技术。

学会三十二式太极剑并熟习以后，对提高剑术运动水平就有扎实的基础；接下来提高一些可以选练传统的五十四式杨家太极剑、九十二式吴家太极剑（又称乾坤剑）、四十二式竞赛套路太极剑。要进一步学习复杂一些的剑法，以提高练剑的兴趣和水平，可选择武当太极剑和四维剑术。这些运动套路都有教材出版了，在书店可以买到，这里不一一详述。

2. 刀

太极刀最早见于陈炎林先生介绍的《三十二式太极刀》和1932年吴图南先生编出的《九十九式内家拳太极功玄玄刀》。以后有傅钟文先生1958年口述、蔡龙云整理的《十三式太极刀》以及1999年张继修先生整理出版的《四十四式太极刀》。

傅钟文先生与陈炎林先生都传自杨澄甫，他们所传的套路是基本一致的，有基本相同的"太极刀诀"，应视为传统的杨式太极刀。只是陈炎林刀谱歌诀16句，将这16句内容分为三十二式；而傅钟文刀谱歌诀13句套路仍记出这十三个架式名称，不另细分；而张继修先生受教于杨氏与孙氏的门人李玉琳师祖及李天骥老师，后经增改动作而编成四十四式的套路。可见杨式太极刀在60年间有不断更新发展。吴图南先生的"玄玄刀"，则是吴式太极拳系统刀术之作。我们只将它们的歌诀或套路名称分别转载于下，给读者简单认识，有兴趣学练的还需直接找已出版的教材和老师面授。

傅钟文记述的《太极刀诀》13句（没有另冠架子名称）
七星跨虎交刀势，腾挪闪展意气扬；左顾右盼两分张，
白鹤晾翅五行掌；风卷荷花叶内藏。玉女穿梭八方势，
三星开合自主张；二起脚来打虎势，披身斜挂鸳鸯脚，
顺水推舟鞭作篙，下势三合自由招。左右分水龙门跳，
卞和携石凤还巢。

陈炎林记述的《太极刀名称歌》16句（演化成三十二个式子）
七星跨虎意气扬，白鹤晾翅暗腿藏；风卷荷花隐叶底，
推窗望月偏身长。左顾右盼两分张，玉女穿梭应八方。
狮子盘球向前滚，开身巨蟒转身行。左右高低蝶恋花，
转身招撩如风车。二起腿来打虎势，鸳鸯腿发半身斜。
顺水推舟鞭作篙，翻身分手龙门跳。力劈华山抱刀势，
卞和携石凤回巢。

张继修记述的《太极刀歌诀》36句（演化成四十四个式子）
上步七星意气扬，退步跨虎暗腿藏。仆步交刀太极势，
金鸡独立旋腰膀。风卷荷花隐叶底，推窗望月偏身长。
左顾右盼两相应，乌龙绞柱左右上。怪蟒回头穿林势，
玉女穿蓑应八方。燕子抄水轻如风，拨草寻蛇不需忙。
刘海扑蝶蝶恋花，跃身二起来势狂。左右摆下伏虎势，
回身飞脚谁敢挡？昂首遥望指北斗，转身巧推莫要慌。
鲛龙分水迎浪进，顺水逐流推身上。白虎回首卧山岭，
流星赶月似电光。猿猴转身攀登枝，黄蜂入洞猝难防。
魁星提笔惊鬼魔，力劈三山显阳刚。夜叉探海龙宫乱，
挑帘蹬脚对胸膛。玉女门前巧栽柳，白虎绞尾进中堂。
托刀回头望明月，左右泼风波涌浪。苍龙掉尾急探爪，
力劈华山气势昂。慢头过顶把刀收，白鹤晾翅凤朝阳。

吴图南先生从鉴泉师祖学，但从他的《内家拳太极功玄玄刀》所述，似乎这太极刀乃由他本人在1929年所创，1932年成书付梓。他是这样说的："曩昔攻城野战，莫不持器械以致胜，故研究国术者，对于刀剑诸法，亦不可不知；余陋甚，醉心国术20余年，尝思多所撰述，以广流传，无如每以事牵，时作时辍。民十八春，草创太极刀法……"这趟套路与现存上海鉴泉太极拳社的《九十九式太极刀》套路教材基本相似。

然而上述所有套路，均难在太极拳的圆柔缓慢中表现武术刀法的那种"刀如猛虎"的普遍特点，刀法简浅而基础刀法的"缠头刀"和"裹脑刀"用得更少。总的看来，太极刀的水平不如太极剑。大抵总因"剑若游龙"易合太极拳的刚柔相济，而"刀如猛虎"则偏于纯刚一路，与太极拳"圆柔缓匀"的风格较难糅合。所以太极刀的表演性不强。几十年来，群众中流传也不如太极剑之广泛。有见及此，笔者曾编

出"四维刀",欲使传统多变的刀法融入太极拳功架之中,既突出刚柔相济的风貌,又见到"刀如猛虎"的神韵,增加太极刀类的实用性和可观赏性。这套刀术套路已在《四维拳械运动套路图解》(2007年广东科技出版社出版)以及太平洋影音公司出版的《四维太极刀》教学光碟中记述,于此不赘。

3. 杆

杆是长器械,陈炎林先生有"太极扎杆"练法的记述,但只有单人单式练法或双人对扎的练法,没有套路。扎杆,又名沾黏杆,或称十三式杆。有开、合、崩、劈、点、扎、拨、撩、缠、带、滑、截等字诀和练法。所使器械把稍粗而尾稍细,长几及丈,有如传统南拳中的单头棍。太极杆的练习分单人扎杆法、双人平圆沾黏杆法、双人立圆沾黏扎杆法、双人动步刺心、刺腿、刺肩、刺喉四杆法。这些练法都只如以杆延长手臂的"推手"练习,实用但未成表演套路。单人扎杆的练法比较简单,但比较吃力,是练内劲长功力的训练手段之一。动作只有开(拨)、合(逼)、发(扎)3种,如同枪术的拦、拿、扎。

长杆在群众中普及不易,首先是器械太长,出入携带不便。其次是没有套路,不能表演,提不起练习者(真正练功夫者除外)的兴趣。有见及此,笔者于20世纪90年代创编了"四维杆",以1米左右长,如北方的鞭杆那样的短杆作器械,融入经变革的刀、剑、鞭、枪、棍、铜等技法,整合成风格完整的"四维"系列套路。这种杆法如用长杆或长枪去演练套路,那就是长器械。这种杆短小(参看下面附图),如做成可伸缩的或两段以

图5-3-61

螺纹嗤合接续的式样，群众上公共场所去锻炼时携带就更加方便。该套路的练习方法详细记载于《四维拳械运动套路图解》书中。

图5-3-62

图5-3-63

4. 枪

枪是长器械，枪法以拿、拦、扎为主要攻防技术。太极枪的演练套路，作者所知所懂的只有传自马岳梁先生的《太极二十四枪》，现介绍这个套路的架式编排如下：

（1）枪谱

起手中平万法王，搂膝压枪逞刚强。推挡顺膝当头棒，推挡顺膝劈顶枪。推挡当头回身点，金童送书玉臂长。风扫梅花咽喉锁，翻身蹬脚点蛇枪。金龙摆尾连环转，钩挂中平法最良。风摆荷叶连环转，金鸡独立镇猖狂。偏马压盖中平式，搂膝当头扫地蹬。猛虎跳涧盘头式，绞龙出水法最良。推挡当头虎翦尾，左右中央换步忙。地蛇拦路藏身式，凤凰展翅单朝阳。盘头盖顶多巧妙，宿鸟归林回马枪。金龙摆尾归大海，怀抱琵琶回故乡。

（2）图文详解

［器械］

用红缨枪，枪长为一人直立，手向上伸举，枪尖与手指尖平齐（以枪把着地，枪身竖直为准，见图5-3-64）。

[预备势]

（1）杵枪立正：面向正南，右手握杆平胸，枪身上竖，枪把着地，缨、枪尖向上（见图5-3-65）。

（2）左手平提，手平肩高（见图5-3-66）。

（3）垂臂按掌。以上三动只有左手动作，身体其余部分不变（见图5-3-67）。

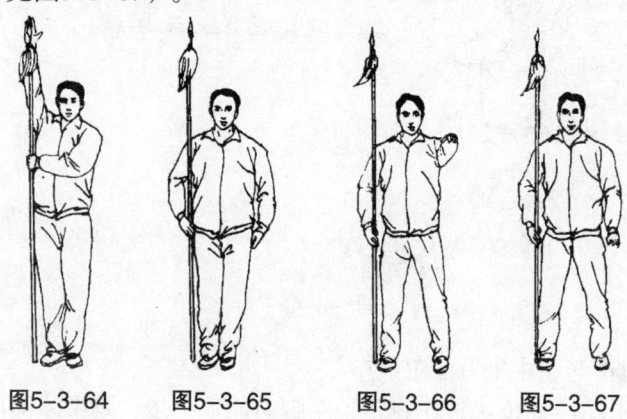

图5-3-64　　图5-3-65　　图5-3-66　　图5-3-67

（4）持枪上举：左手握杆上抽，右手滑至枪把。

（5）虚步握把（东）：左脚外撇90°，向左转体，面向正东。右脚前出半步，重心坐于左腿上，左膝半屈，脚尖略斜向；右膝自然伸直，脚尖向前。右手握把，右臂斜向前伸，枪尖前置地面，与右脚尖相对直。枪身与地面约成45°夹角。眼

图5-3-68

看枪尖。左臂微弯,向左侧斜上举,掌与头平齐,左手自然张开,掌心斜向里。上体正向前方(见图5-3-68)。

[起势]

上动姿势不变,右臂向前提平,右手持枪平伸,枪尖至右肩成一直线。眼看枪尖(图5-3-69)。

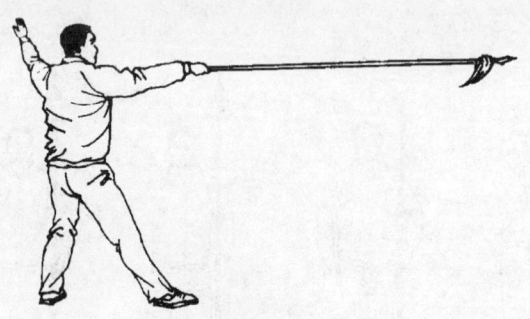

图5-3-69

(1)起手中平万法王(东)

1)马步抽枪:腰向右转,左脚向前上一步,脚掌略向内扣(与东方向约成45°角),右脚向外撇约90°,两脚跟在一直线上。重心前移至两腿间成马步姿势;左肩在前,右肩在后。尾闾中正,上体放松向南。同时左手经右手前,松握枪把,随上步转腰时顺枪杆滑向前端。左臂自然伸直;右手握把经胸前向后回抽,置右肩下胸前位置;手心向里与左手心相向,枪身

图5-3-70

抽直,眼看枪尖(图5-3-70)。

2)拿拦三转:姿势不变,左手腕主动向内旋,左手心持杆向下,红缨内翻。右手随之被动控制枪把外旋,手心向上持把,枪的水平位置不变(拿枪)。随即两手回翻,使左手心向上持杆,右手心向下握把,红缨向外翻转(拦枪)。然后再重复一次旋腕动作,使枪尖、红缨内翻180°(拿枪)。

3)弓步扎枪:左脚外撇约45°,脚尖向东,腰向左转,右脚掌踵地,左膝前屈,蹬右腿成左弓步。同时两臂前伸,左手松握,右手持把,推至左手后,将枪向前扎刺,枪杆保持平直稳定。眼看枪尖(图5-3-71)。

图5-3-71

(2)搂膝压枪逞刚强(东北)

1)虚步压枪:重心右移,左脚内收半步,脚掌点地,成左虚步;面向东南,左足尖亦向东南方。同时左腕外旋,向左外下方伸臂,右手向右肩前下方抽提,靠近右胸,使枪向左前下方遮膝(东北方向)。枪尖斜指地面,眼看枪尖(图5-3-72)。

2)弓步搂膝:左脚向前(东南方)上半步,重心前移成左弓步;两手前伸使枪尖向右划90°弧,摆扫向东南方,左前右后双

图5-3-72

手握把，眼看枪尖。

3）弓步压枪：两手翘腕将枪尖挑起，左腕随即外旋，略松握把，右手内旋上罩于额前，手心向外。右脚同时向东南方向上一步，成右弓步；将枪压向左侧下方（东北），枪尖斜指地面。眼看枪尖（图5-3-73）。

图5-3-73

4）马步拿拦：（上体向东南，枪向东北）左脚向前上半步，重心落于两腿间，半蹲成马步姿势。同时左手内旋，右手外旋作拿枪。右手握把横臂于右胸前。左臂自然外展，手心斜向下持枪杆。枪尖平向东北方。接上动，两手随即回翻，使左手心向上持杆，右手心向下握把（拦枪），红缨向外翻。然后再重复一次旋腕动作，使枪尖、红缨内翻180°（拿枪）。

5）并步扎枪：腰向左转，右脚上前并于左脚旁（脚尖均向东北），两膝微屈。同时两臂前伸，左手松握，右手持把，推至左手后，将枪尖向前扎刺，枪杆高与胸平，保持平直稳定。眼看枪尖。

6）举枪上步（东北）：两手翘腕，将枪尖上挑举，左脚略内扣，向前上步。

7）插步压枪（东北）：上动不停，左腕继续外旋，略松握把，向左外下方伸臂，右手内旋向右肩前抽提，手背靠近右胸，使枪向左前下方遮膝下压（东北方向）。同时，右脚向左脚后外侧插步，重心大部分在左腿上，右脚跟微微离地（图5-3-74）。

图5-3-74

8）马步拦拿（东北）：左脚向左侧（东北）横上一步，成马步势；同时重复（1）中4）的动作。

9）弓步扎枪（东北）：动作与（1）之3）相同，唯方向为东北。

（3）推挡顺膝当头棒（东南）

1）弓步撩把：上动方向、步型不变，左手反手虎口向里，掌缘向前松握杆；随即右手向右侧下方抽枪，然后左手实握，右手松握，使枪把自右下向前上方撩出，左手顺手握杆置左腰侧，枪尖斜向下，眼看前方（图5-3-75）。

图5-3-75

2）右转抽枪：右脚外撇约90°，左脚掌内扣，面向东南，右手松握把，左手握杆向下抽，枪尖向下，枪把朝天，立枪于身体左侧。

3）虚步挑枪：左脚向前上半步，脚尖朝东南，成左虚步。同时右手朝右下按落，左手反手握杆，将枪尖朝前上方挑起（图5-3-76）。

4）弓步劈把：右手松握，左手抽枪，然后将枪把逆时针

图5-3-76

图5-3-77

作立圆运转，从下向上翻再朝前劈打。同时右脚上前一步成右弓步。枪把平头，左手握杆置左腰侧，枪尖斜向下。眼向前看（图5-3-77）。

（4）推挡顺膝劈顶枪（东南—东北）

1）抽枪左挑：上动方向和弓步不变，右手顺枪杆往把端抽枪，然后右手由上向右下立圆绞压按于右胯旁。左手活把，将枪尖向前方挑起，枪杆置身体右侧。

2）虚步撩把：左手顺杆向枪尖方向滑动上提，抱枪于右胸前，枪尖向上，左脚外撇，腰向左转，使面向东北；同时右脚上前一步成右虚步，左手往左下落，置左腰旁，右手用枪把向前上挑。眼看前方。

3）弓步劈枪（东北）：左脚向前上一步，重心前移成左弓步，同时右手抽枪，握杆往右下方抽回，置右胯旁；左手从左下向上向前松握劈枪，枪尖高于头，眼看前方。

（5）推挡当头回身点（东北—正东）

1）弓步撩把（东北）：上动弓步不变，左手抽枪并向左下侧落于左胯旁，同时右手握把右下往前上方挑起。眼看前方。

2）虚步挑枪（正东）：右手向上抽枪，提抱枪杆于左胸前，右脚略向外撇，左脚向正东方移动半步成左虚步。同时右手从上向右下方压把，置右胯旁。左手握杆从左下向正前上方挑枪，眼看前方。

3）弓步劈把（正东）：左手抽枪，右手活把，向前劈打，枪把高约与头平齐，同时右脚上前一步成右弓步，眼看前方。

4）回身扎枪（正西）：回马枪。右手抽枪，右脚内扣，向左后转体，同时左脚向外移摆，脚尖向西，重心前移成左弓步。右手翻腕成顺手松握枪杆，右手持把，双臂前伸，枪杆平直向前点扎，眼看前方（图5-3-78）。

图5-3-78

(6) 金童送书玉臂长（西—西北—南）

1）圈枪提膝：右脚稍外撇，重心后移于右脚，左腿轻轻提起，左脚背贴近右膝弯内侧；同时两臂内收，右手握把靠近胸前，枪杆从正中向左向下圈摆（图5-3-79）。

图5-3-79

2）弓步扎枪（西北）：左脚向前上一步，重心前移，成左弓步；同时左手松握，右手前送，两臂自然平伸，枪杆平直向前扎出，眼看前方。

3）马步架枪（南）：右手抽枪，同时左脚向外撇脚，身体左转，右脚向前横跨一步，两脚在东西向的同一横轴线上，重心落于两腿间成马步，面向正南；左手手心向上，右手手心向下，横平握杆，架于体前。此时，两臂半屈，两手距离略宽于肩，枪尖和枪把两端距离相等，眼向前看（图5-3-80）。

图5-3-80

（7）风扫梅花咽喉锁（南—东）

1）绞枪右点：马步不动，左手从上向右翻，右手从下向左转，两臂交叉于胸前；左手在右肩臂前，右手在左腋下；枪尖点向右侧，枪杆平横，眼看枪尖（图5-3-81）。

2）弓步挑枪：撤左脚，右脚掌跟略向前，重心前移成左

图5-3-81

弓步，面向正东。同时左手继续向下向左侧翻动，枪尖从下挑向前上方。左手反手握杆，右于仍在左腋下（图5-3-82）。

图5-3-82

3）换手上步：左手从反手握把换成正手手心向上握把；同时，右脚向前向内扣脚掌上步。

4）插步戳把：上动不停，左脚随即向右脚插步，两腿交叉；重心大部分在右腿上。同时两手握枪，左上右下，以枪把在右脚前向地面右侧斜方插戳下截。眼看前下方（图5-3-83）。

5）绞把上步：左手在肩前手心斜向上

图5-3-83

握把,右手主动绞把向右侧挑拨。同时右脚向右前上一步,脚尖朝东。

6)弓步劈把:上动不停,右手继续持杆向上翻往前劈把;同时重心前移成右弓步。左手持杆置左胯旁(图5-3-84)。

7)马步盖枪:重心后移,枪把顺势下压,左手换手(从虎口向前换成虎口向后)持杆抽枪。随即向上翻转往前盖劈(向正东)。同时左脚向前上步成马步势,面向南,眼看东方(图5-3-85)。

图5-3-84

图5-3-85

8)拿拦三转:动作与(1)之2)同。

9)弓步扎枪:动作与(1)之3)相同。

(8)翻身蹬脚点蛇枪(西)

1)换手抽枪:左手由顺握换为反握,虎口向里,并向枪尖方向滑动抽枪。

2)转身劈把:向右后转体,右脚略向外移成右弓步,同时左手握杆于左腰旁,右手向枪尖方向顺溜,距把约30 cm,劈把。两手虎口相对。面向正西,眼看前方。

3)独立蹬脚:重心移于右脚站牢,左脚提膝前蹬。手的动作不变（图5-3-86）。

4）前进三步：左脚落地后再进三步（即左—右—左，依次前进）。

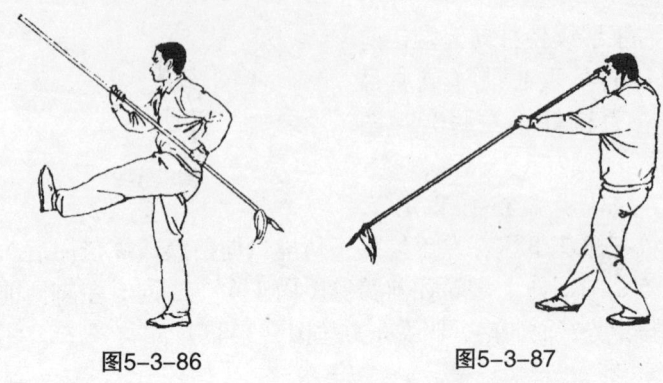

图5-3-86　　　　　　图5-3-87

5）虚步点刺：上动不停，右脚再提膝上步成右虚步，同时两手翻前，枪尖刺向前下方，两手虎口相对握杆，左手在下，右手在上，眼看前下方（图5-3-87）。

（9）金龙摆尾连环转（西—东）

1）立枪右抱：重心略向左移于左腿上，两手将枪把立起，两手环抱于身体右侧。

2）退步转身：右脚后退一步，左脚退半步至右脚后外侧，并以脚跟为轴内扣，向右后转体。

3）绞把前劈：右脚向东上前一步成右弓步，同时右手向右下绞动，使枪把向右下方外侧挂拨后再向上翻转往前劈打。左手顺势持杆于左腰侧。

4）挑枪立抱：右手内旋，将枪尖从下向左向上挑起成立枪，抱于身体右侧。左手反手，掌缘朝上，右手正手在下方。身体略向左后转，重心在右腿上。

5）换手上步：右手持杆，左手松握离杆移至右手下方成正握。虎口向上；左脚外撇，右脚向西方向前上一步。

6）弓步下刺：重心前移至右脚成右弓步，同时枪尖由后向下再向前下方扎刺；右手正手握杆，左手在胸前反手握把前约30 cm处，眼看前下方（图5-3-88）。

图5-3-88

7）挑枪立抱：重心后移至左腿上，两手将枪尖向上挑起成立枪，枪于身体左侧；右手反手，掌缘朝上，左手正手在方，重心在左腿上。

8）换手上步：左手正手持杆，右手松握离杆移至左手下方成正握，虎口向上。右脚外撇，左脚向西方向上前一步。

9）弓步下刺：枪尖向左下划弧再向前下方扎刺，左手正手握杆，右手在胸前反手握把前约30 cm处，同时重心前移至左脚成左弓步，眼看前下方。

（10）钩挂中平势最良（东）

1）挑枪右转：两手将枪尖向上挑起，左脚内扣，向右后半面转体（北）。

2）独立抱枪：右手握把，右臂环抱在体前左侧，左手持枪上举。右腿上提屈膝，脚尖下垂，左脚独立，眼看前方（图5-3-89）。

3）落步钩挂：右脚向前落步，同时左手持杆使枪尖从上向前右下方钩挂。

4）马步盖枪：左脚向前上一步成马步，两手

图5-3-89

向左翻动，使枪尖往正东方向盖劈；左手在前，右手在右肩下，使枪杆贴近胸前，枪尖向东。

5）拿拦三转：动作如（1）之2）。

6）弓步扎枪：动作如（1）之3）。

7）虚步摆枪：重心后移，左脚收回半步成左虚步；右手向右斜下方拉伸，左臂外展，左手松握，虎口靠近枪尖。眼看正前方（东）（图5-3-90）。

图5-3-90

（11）风摆荷叶连环上（东北）

1）弓步劈把：左手从正握换成反握，左脚略向左外方移步，脚尖向东北，重心前移成左弓步。同时左手向下、右手向前上绞枪劈把。眼看前方（图5-3-91）。

2）上步盖枪：右脚向前上一步成右弓步，同时右手向右下，左手向前上方盖枪。眼仍向前看。

图5-3-91

3）上步劈把：左脚再向前上一步成左弓步，同时左手向左下落，右手向前上方劈把。眼仍看前方。

（12）金鸡独立镇猖狂（南）

枪尖从左下向上挑举，左手虎口向上伸臂持杆，右手虎口向上，拳心向里横臂抱枪于身体左侧；同时左脚向内扣，提右膝成左独立步。眼看南方向（图5-3-92）。

（13）偏马压盖中平势（南）

1）舞花落步：左手持杆之中段，将枪尖向右前方下压右挂；同时摆右脚向前落步。眼看枪尖。

图5-3-92

2）马步平枪：左脚向南上前一步，成马步姿势，面向西；

同时绞枪从右向上、向左盖压,枪杆横于胸前;右手持把,左手前伸,正手握杆。

3)拿拦三转:如动作(1)之2)。

4)弓步扎枪:如动作(1)之3)。

(14)搂膝当头扫地蹚

1)插步扫枪:右脚向左脚掌外后侧插步,同时枪尖向左下侧斜方(东南)摆扫(枪尖离地约10~20 cm)。眼看枪尖(图5-3-93)。

图5-3-93

2)弓步劈把:左手换手成反握,虎口向里,手心向下;左脚向前(东南)上一步成左弓步;同时右手向后抽枪换把,枪把从后向上向前盖劈,枪在身体右侧,枪尖斜向后下,右手握杆于右胯旁,左手换成正手(手心向上)握把下30~40 cm处。眼看前方。

3)左转横捌(东):左手反手,手心向下持杆;左脚外撇约45°,右脚向右横开一步成左弓步;同时身体左转,两臂持杆向左摆动,左手置左胯旁。右手反手持枪以枪尖平向体前摆捌。眼看前方(图5-3-94)。

图5-3-94

(15)猛虎跳涧盘头势(东)

1)点枪蹬脚:两手向右前斜下方摆枪点刺,同时右脚向左斜方提膝蹬出(图5-3-95)。

2)抢枪跳步:两手摆枪从下向右上抢圈(顺时针转);换手,右手在后握把,左手在前持杆。同时右脚跳步震脚落地于原位。

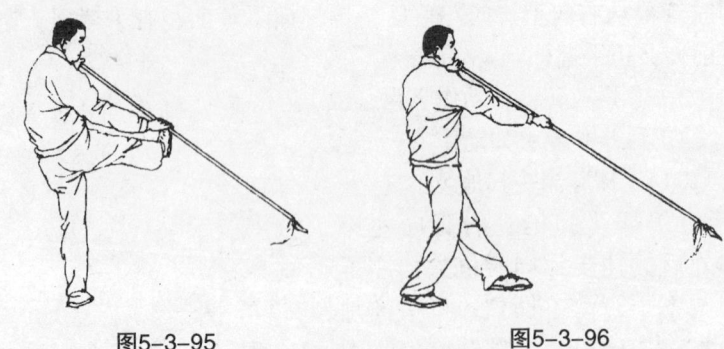

图5-3-95　　　　　　　　　图5-3-96

3）虚步下点：上动不停，当右脚震脚落地后，左脚向前出半步，前脚掌着地成左虚步；枪从右上往左再向右前斜下方点扎。枪尖离地约20 cm。眼看前下方（图5-3-96）。

（16）蛟龙出水法最良（东）

1）弓步抢枪：两手持枪从下向左前斜方抢摆，重心渐向前移，枪继续经头顶向后向右再往前平抢（逆时针转）。当左臂平伸向前，枪尖前指，右手握把在左腋下时，重心已前移至左腿成左弓步，眼看前方（图5-3-97）。

图5-3-97

2）虚步架枪（东）：左脚略向后移成左虚步，同时两手正手握杆，横枪上架于头之前上方。两臂自然微屈，眼看前方。

（17）推挡当头虎甩尾

1）虚步挑枪（东南）：腰向右转，左手持杆使枪从上向下，往右前划弧上挑；同时右手握把从上移至右胯旁，左脚略向右移成左虚步，眼看前方。

2）弓步劈把（东南）：左手松握，右手往后抽枪，重心前移，右脚上前一步成右弓步；同时左手移至左胯旁，右手搅动向上往前劈把，眼看前方。

3）搅把提膝（东南）：右手持杆，将枪把从前向右侧下方顺时针搅动，同时提右膝，使右脚尖在左膝内侧下垂地面。眼随把转动（图5-3-98）。

图5-3-98

4）弓步撩把（东南）：左脚不动，右脚向前落，成右弓步，左手仍置左腰侧。同时右手继续搅把经体前下方往上撩把，右手虎口向上托杆，五指自然合拢持杆。右肘关节内收下垂，上体略向前倾。眼看前方，使神态与动态紧密配合（图5-3-99）。

图5-3-99

（18）左右中央换步忙

1）左转挑把（东北）：左脚向外撇约90°，身体左转向东北方；右脚前移成右虚步。同时，右手持杆从上顺时针转向右下搅动，再往前上方挑把。左手仍置左腰侧，上体正直。含胸、收胯、敛臀，眼看前方。

2）弓步盖枪（东北）：右手松握，左手往后抽枪，重心前移，左脚上前一步成左弓步。同时右手移置右胯旁，左手搅动向上往前盖枪，眼看前方。

3）搅枪提膝（东北）：左手持杆，将枪尖从前向左侧下方逆时针搅动；同时提左膝，使左脚尖在右膝内侧下垂地面。眼随枪转动。

4）弓步撩枪（东北）：右脚不动，左脚向前落成左弓步，右手仍置右腰侧；同时左手继续搅枪经体前下方往上撩枪，左手虎口向上托杆，五指自然合拢持杆，左肘关节内收下垂，上体略向前倾。眼看前方，使神态与动态紧密配合。

5）虚步挑枪：右脚略向外撇，腰向右转，左手持杆使枪从上向左下往前逆时针划弧上挑；右手仍握把于右胯旁。同时，左脚向前移成左虚步。眼看前方。

6）弓步劈把：动作与（17）之2）相同，唯方向向正东。

7）搅把提膝：动作与（17）之3）相同，唯方向向正东。

8）弓步撩把：动作与（17）之4）相同，唯方向向正东。

（19）地蛇拦路藏身势（东）

1）推枪右截：腰向右转，同时右手松握，左手离枪头约30cm持杆竖直向上推，并往右肋前格截，左前臂横于腹前，右手向上持杆。眼看前方。

2）插步下刺：左脚向前上一步，脚尖偏南，右脚随即向左脚外缘之前插步，面向南方。左手松握向下，右手反手推枪向前

图5-3-100

下方刺，手心向前，手背靠近胸前。眼看枪尖（图5-3-100）。

3）圈枪两周：身步不动，以左手为主动持枪，枪尖顺时针搅转两周，范围如碗口大。眼仍看枪尖。

（20）凤凰展翅单朝阳（东）

左脚掌略向外摆，向前上一步，右脚随即向东进一步。然后左脚再向右脚靠拢并立，同时左手离杆向下、向左划弧撑掌，左臂平举，左掌心向西偏北，指尖向上。右手握枪杆后1/3左右，

向前平伸臂扎枪，枪尖正向东，手心向下，枪把贴靠于右肩胛下。眼看前方（女性左手可上架头上）（图5-3-101）。

图5-3-101

（21）盘头盖顶多巧妙（西南—西北—西）

1）摆步接枪：右手屈肘持枪向左平摆，左手外展平伸，手心向上接枪。同时左脚向左侧摆步，脚尖向西。眼看前方。

2）盘头上步：左手持枪继续向左后上方经头顶逆时针平抡枪；同时右脚向前上步。眼看前方。

3）虚步左打：重心仍在左腿，右脚前出成右虚步；同时盘头枪从后向右往前左侧横打，左臂向前平伸握杆，手心向下，枪尖向西南，右手在左腋下握把。眼看左前方。

4）盘头上步：左手持枪主动反向往右经头顶上方往后顺时针平抡盘转，同时左脚向前上步。眼看前方。

5）虚步右打：重心在右腿，成左虚步；枪继续向后往左抡转；当枪尖向正后方时，左手换手，使虎口朝把的方向持杆，抡转至右腋下。右臂伸平，右手正握把，往右前斜（西北）方横打。枪把向右斜方。眼看枪把（图5-3-102）。

图5-3-102

6）弓步摆扫：左脚向前移半步，右腿自然前蹬，重心前移成左弓步；右手持杆，主动向正前方摆扫。眼看前方。

（22）宿鸟归林回马枪（西—东南—西）

1）后坐抢枪：重心后移，坐右腿，右手持杆向左逆时针抢转，左手持杆使枪尖转向下。

2）上步斜劈：右脚向前上一步，成右弓步；同时左手向左移至左腰旁，右手持杆向前下方劈打。眼看前下方（图5-3-103）。

3）抱枪转身：左手向上抽枪斜抱于体前，同时左脚外撇，右脚里扣，向左后转体，面向东南，眼看前下方。

图5-3-103

4）回身下刺：左脚提起向后（西）退步，以前脚掌踮地，重心前移，扣右脚回身成左弓步，并倒枪尖向斜下扎刺（图5-3-104）。

图5-3-104

（23）金龙摆尾归大海（西—东）

1）插步戳把：左脚向右脚后插步，两腿交叉。同时两手握枪左上右下，以枪把在右脚后，向地面斜戳截。眼看枪把（图5-3-105）。

2）绞把上步：接上动，右手主动向右搅把格拨，右脚向前（东）上一步，腰向右转。眼看前方。

3）弓步劈把：上动不停，右手继续持杆向上翻往前劈把；同时重心前移成右弓步，左手持杆置左胯旁。眼看前方。

4）挑枪立抱：动作与（9）之4）相同。

图5-3-105

5）换手上步：动作与（9）之5）相同。

6）弓步下刺：动作与（9）之6）相同。

7）挑枪立抱：动作与（9）之7）相同。

8）换手上步：动作与（9）之8）相同。

9）弓步下刺：动作与（9）之9）相同。

（24）环抱琵琶归故乡（正南）

1）挑枪右转：动作与（10）之1）相同。

2）独立抱枪：动作与（10）之2）相同。

3）落步钩挂：动作与（10）之3）相同。

4）马步盖枪：动作与（10）之4）相同。

5）拿拦三转：动作与（10）之5）相同。

6）弓步扎枪：动作与（10）之6）相同。

7）虚步摆枪：动作与（10）之7）相同（图5-3-106）。

[收势]

左脚蹚地，身体右转，面向正南，重心移回左脚，右脚掌亦同时蹚地然后收回左脚旁并立。两手持杆置把于右脚旁竖立，左

图5-3-106

图5-3-107

手随即离杆自然下垂于左腿外侧成立正姿势（图5-3-107）。

5. 扇

过去太极拳运动系列没有扇子的套路，但近年来，群众喜欢扇子功的活动，因此也有将扇子作为器械，借助太极拳某些套路的动作编成"太极扇"演练套路的。这是社会发展，武术运动的创新。扇子器械应以没有扇裙、扇骨竹制，较为硬挺的为好。带裙沿的扇子应是扇子舞蹈所用，不宜用于武术（包括太极拳）作器械。而套路的编排亦应自有扇子特色，表现出扇子为器械的攻防动作。如果手握扇子而做的动作纯为太极拳架式，等于手握扇子打太极拳，则明显编排质量很差。笔者有见及此，于20世纪90年代编出了"四维扇"（见图5-3-108）。这个套路问世后，深受群众热爱；亦已载入《四维拳械运动套路图解》一书中，并已有教学光碟发行，这里不予转载。

图5-3-108

四、配乐练习之是与非

每天早晨，在全国范围内，只要走进公园、广场，有人群在练习太极拳的地方，甚至一些单人练拳的角落都会听见各种各样的乐曲，有国乐，有西洋音乐，甚至有爵士乐、声乐、黄梅戏曲、粤曲等，听得人头脑发胀，要真的静下来练练拳也难。这是一种群众体育兴旺的热闹景象。然而，音乐确可以提高情绪的兴奋性，也可以使人心境开朗、平静；因而近代不少疗养院均有"艺术疗法"的设置，轻音乐、古典音乐实用于临床康复。但在打太极拳时要不要用音乐呢？在什么情况下用音乐配合较适宜，什么情况下不宜用音乐呢？这些问题已经困扰太极拳爱好者和武术家们多年，在社会上也有二三十年的争议。下面就此提出笔者的见解，再作探讨。

（一）配乐有利于集体演练出效果

太极拳辅导站都是集体教学的，当完成一个套路的完整学习，就需要反复多次带练，或每天早上成群的人聚在一起练习相同的太极拳套路；为了同步动作，就一定要按口令练习才齐整划一，音乐等同口令。由于有美妙的旋律，均匀的2/4拍子的节奏，如同"条件刺激"，每次练习与同步音乐的重复，令练习者更易记忆动作的方向、姿势和顺序，动作亦更易统一。比老师或领操者干巴巴地喊口令来劲，情绪与氛围都相对有益于防病治病者的心理调整。如果是集体竞赛或大型集体太极拳表演，则更需要音乐的配合与指挥。配一曲好的乐曲，不单是集体动作速度、节奏的指挥，使场上的演练者按乐曲的节拍和意念完成相应的架式，而且优美乐曲的旋律使得比赛现场有一种与太极拳圆、柔、缓、匀相一致的活跃气氛。如果没有音乐对听觉的刺激，场面就会如死一般寂静，演练者与观众的情绪都会低落。因此，演练者熟悉习惯了优美的乐曲对他们来说，是准确整齐运动的良性"条件刺激"。对观众和现场环境来说也是活跃气氛所必需的。集体太极拳训练和表演，配乐可以提高整体合作的演练水平和观感情绪，是必不可少的。

（二）配乐曲的选择

然而，不是所有的音乐如：管弦乐、室内乐、民乐、丝竹乐甚至声乐曲等都可以随便拿来作练拳音乐用的。选取太极拳配乐曲必须依循以下几个原则：

1）因为太极拳是中华传统文化，配乐也应选用国乐，即用民族乐器演奏的器乐曲为好。比如弹拨乐（如柳琴、筝）就较为悦耳适宜。

2）太极拳动作本身有其内涵表现，以静谧、悠扬的节奏相配合为好，不宜选用歌唱家演唱的声乐曲搭配，声乐的歌词一定会干扰拳势内容的表现。

3）选曲一定要有前奏和结束节段，使之与太极拳的预备式和收势结束的内容和时间相符。

4）选曲的旋律以2/4拍子为合适，如果每小节由不同的乐器奏出它的主旋律使之与太极拳每节段动作较好配合则更优。如20世纪70年代后期国家体委推出的简化太极拳音乐就编写得较好。简化太极拳分8组动作编写，8组有不同的演练中心内容。配乐曲在表现主旋律的同时突出了不同的乐器主奏（如笛子、琵琶、扬琴、二胡等）与之配合，使人一听就知是哪种乐器主奏，应该配合做哪些动作。如套路到了"云手"，就明显地出现扬琴的行云流水般的悠扬乐韵；一到"下势"就有琵琶的高低抑扬；一到"玉女穿梭"就听出笛子的飘逸洒脱。集体训练，只要掌握乐曲几处特点与套路动作（如预备式、起势、收势以及一些主要动作）的配合，把握好"入榫"的关键点，集体动作就一定准确、整齐。

（三）配乐无益于个人技艺提高

上面所说的练太极拳用配乐是指集体训练、表演或比赛所必须，但对个人单独练习，若不是以活动肢体、提高一下情绪以达到健身效果，而是希望通过训练提高太极拳技术，真切地练功的，配用音乐就极不适宜。建议不要用！因为太极拳是"自我控制"、"松静自然"地运动的武术；它要求深缓细长的呼吸，意念引导动作，运动过程越慢越好，要求练功环境恬静，无任何外界干扰，专心一致投入意、气、劲统一体现的拳势运动中。乐曲是一种情绪刺激，会妨碍练习者集中精神，乐曲的旋律和内容会转移运动者的意念，干扰"心为令"、"神主帅"的"专主一方"的拳势，干扰运动者对架式攻防意识的体验，妨碍对运动要领专注的练习，表现得失神、无意、乏劲，只剩得手上圆滑连贯的划弧运动。久而久之，走架就流于形式，技术永远难以提高。我们常见一些练拳一二十年的太极拳运动爱好者，练的套路很熟，但架式、功力却停滞不前，"划弧"就是"划弧"，而且"划"得挺溜，音乐非常合拍，却始终停留在初学时分解动作的连贯阶段。有了音乐，失了功架！

第6章 承 传

一、师 承

武术是一种国学，如同很多中国传统文化一样，都讲究师承关系。"总势歌"就特别指出"入门引路须口授"，太极拳这种武术技艺一定要有老师指导的。初学入门阶段，尤需要个好老师。没有师傅口授心传，自己胡乱摸索，只会费时失事。有些人以为现代有不少文字的和电化教材，完全可以自学成才。自学是可以的，也可达到一些健身目的，但成才倒未必实现得了。"功夫无息法自修"是以"入门口授"为前提的。笔者于1972—1973年也曾写过两篇关于鼓励和指导群众在没有老师指导情况下自学太极拳的文章[①]，那是针对无法找到老师时如何克服困难进行锻炼的浅陋意见，是无法之法；有可能还是应该找老师面授的。面授之后再于众多的书籍、光碟，择优参考，不明处再向老师请教，加强拳脚功夫的实践操练，则进步指日可待。

（一）生品师德

找老师学习，首先要有诚心、信心和尊敬之心。孔孟之道的《大学》教人，"意诚而后心正，心正而后身修"，当你认为该老师可学，就要对他能教好你有信心，一心一意听教从学，并且要由衷尊敬老师；当你有了一点成就也无生轻慢之心，因为最初没有老师的入门引路，你如何努力也成效不会大的。唐代大文豪、大政治家韩愈就说过："古之圣人，其出人也远矣，犹且从师而问焉；今之众人，其下圣人亦远矣，而耻

[①] 原文发表于《新体育》杂志，后收入上海出版社1976年编辑出版的《体育知识》。

学于师。是故圣益圣，愚益愚。"

当然，"人从三师技更高"。"敏而好学，不耻下问"是作为一个学生必须具备的品质。应像孔子的好学生那样"择乎中庸，得一善则拳拳服膺，而弗失之矣。""圣人无常师，孔子师郯子、苌弘、师襄、老聃。郯子之徒，其贤不及孔子；孔子曰：'三人行，则必有我师。'是故弟子不必不如师，师不必贤于弟子；闻道有先后，术业有专攻，如是而已。"韩愈这一段话，是教人虚心学习，拜能者、贤者为师，只要他有专长、有实学就应该虚心向他求教；不一定要他年龄、地位或成就都高于你才能当你的老师。然而也不可拜了一名"大师"就忘了"小师"。有些人从"小师"入门，偶然有机会随某"大师"数天半月，攀了高枝，就自认为是"大师"门下，甚至妄称第几代"传人"以愚人误己。把自己从学多年而得技艺的"小师"忘掉了，人前只说是某大师的徒弟，对"小师"多年入门引路的教导只字不提；更有甚者，连提及启蒙老师的名字都犯忌讳！这种见名利而忘仁义的学生，本质显然恶劣，与中国人的传统尊师观念有天壤差别。自古以来，中国人提倡"一字之师"、"一日为师终身为父"的尊师观念，这在当代也是提倡和发扬的。由于历来都有"不肖生"，所以历来就有不少老师对学生提出一些入学规例，如陈鑫就曾写下一篇"学拳须知"以警后世。其中有"学太极拳不可不敬。不敬则外慢师友，内慢身体；心不敛束，如何能学艺？""学太极拳不可狂，狂则生事。""学太极拳不可满，满则招损。"等条文。

教与学是相辅相成，相得益彰的。太史公曰："伯夷叔齐虽贤，得夫子而名益彰；颜渊虽笃学，付骥尾而行益显。"学生固然希望找得一位好老师，投于门下，多学才能、长功夫。而老师也需要寻找德才兼备的学生，承传他的学问功夫。而且老师找优质的学生比学生找"明师"更加困难。李天骥、张登魁两位贤师与我闲谈时都曾经提到过这个问题。我经过近四十年的教学历程，觉得这确是真切不虚的社会现实，非常同意二老的见解！所以也很理解何以杨、吴二氏的经典拳谱都有记载《口授穴之存亡论》一文，文内说："第一不授不忠不孝之人；第二不传根底不好之人；第三不授心术不正之人；第四不传鲁莽灭裂之人；第五不授目中无人之人；第六不传知礼无恩之人；第七不授反复无常之人；第八不传得易失易之人。""传忠孝知恩者、心气平和者、守道不失者、真以为师者、始终如一者。此五者果其有始有终，不变如一，方可将全体大用之功授之于徒也明矣。于前于后，代代相继，皆如是之所传也。"当然，现代开展群众体育活动，推广健身运动套路，不存在传与不传的问题，学练的人越多越好，推广面越大越好。但若要技艺薪火相传，上述的要求也不为过，本该如此。

（二）一专目能

初学入门，选定教材以后，必须专一投入，将这门内的技法、主要套路都学会、学懂、学熟、学通、学精。这样的过程是比较漫长的。在有了扎实基础，把握住要领和规矩并在一定程度上成了定型以后才可以学习其他流派，触类旁通。如果一项尚未学好，基础脆弱，容易变形，再学其他风格的套路就会得不偿失。东触西摸，结果学出来非驴非马，只能永远是"外行看热闹"的说好，"内行看门道"的就摇头。在巩固一门技法，不间断锻炼、不断提高的前提下，抱着了解传统和学习知识的目的，分阶段全面了解所有太极拳类运动的特点、特色是必要的；但必须把握一项纵向深入发展提高，才是学习的正途。所有武术专门家都是如此，如董海川就是八卦拳家，不懂南拳；杨振铎就是杨式太极拳传人，练不出吴式的"乾坤剑"。人的一生精力有限，专心致志方可成功。如书法大家，常都只精于一种书体，当然其他书法也有认识，有一定理论水平。而能写六种书体的往往只是书匠，因为不专，很难成家。

二、授　业

(一) 学而优则教

在群众活动的场所，很多练太极拳的群众都是互相传教的，个别跟老师学习过的人有一群人跟在他（她）后面练，形成了群众太极拳健身热。因此，老师的技术质量就非常重要，他们的学生将来是会在群众中当小先生的，太极拳的群众传播就这样形成浪潮。当小先生是好事，有益于人，教学相长，也有益于己；然而有一个问题，就是如何保证所传授太极拳的质量？要当小先生，一定要自己先学好，起码架式规范，套路标准，才不会误传学员。自己学得好了，学而后从教，对自己负责，对人负责。对于那些已经在辅导站当上了辅导员的更应有一种责任感，要不断提高自己的素质。

1. 备课

（1）安排教学计划

辅导站的太极拳教学都是大班上课形式，每天的课 1~2 h 不等，教员要讲什么，教些什么都要有准备、有计划。如 3 个月为一期教一套 88 式太极拳，这 3 个月的教程怎样安排，要有个大纲，也要有个每节课的明细授课计划。比如一共分几个单元进行教学？每个单元教多少节，复习多少节？每节课完成些什么内容？有哪些重点要反复讲、反复练的？每上一课都要有所安排，心中了了，按部就班。

（2）每课必备

每天要上的课，教的多少个式子，重点在哪里，如何讲得明白？怎样示范较为合适？事前都要思考、备课。备课不一定写成教案，但起码要有个腹稿。比如教《简化太极拳》，讲到"双峰贯耳"向左转体，过渡到"左蹬脚"这个过程，关键处在"转体"；转体时重心的移换时机、身手动作怎样协调等问题都得讲透彻，不能只把"蹬脚"的姿态作为重点让学的人跟着练就算了。其实运动过程正确把握每一细节比完成式更重要、更难教好。对初学者，定式好练，动态过程及其方法就较难准确掌握。太极拳运动不是把一个个定式串连就得，而是在于圆滑、柔和、均匀地、"行云流水"地运动，"停而不停"。运动过程重心的把握尤为重要。哪一运动过程重心在左？什么时候又移到右？重心转移时手脚如何协调，做什么动作？这是要点。假若不备课仅凭热心就去带教，质量上肯定有问题。即使一位年资较深的教员也不能忽略备课，每备一课，对教材、动作的认识都会提高一步，技术水平就有一次提高，群众太极拳运动水平也会因为你的认真备课而有全面的提高。对于一个辅导教员来说，备课是有益于己、有利于人、有功于社会体育的大好事。寄语太极拳辅导员同仁们，教学是大事，马虎不得，一定要做到计划教学，每课必备。

2．"口材"与示范

太极拳教学辅导工作除了教员的拳艺技术外，口才也是重要的。然而只要不是天生的"口吃"，口才是锻炼出来的。其基础是丰富的知识和生活经验。首先要选择"口材"，教员上课的内容要讲些什么，如何诠释？是念书般叙述走架过程还是举例生动，用群众熟知的俚语解说难点呢？都要思考取材。比如，讲解"云手"，一个"云手"何起何止？"云手"的完成式是怎样的形态？在"云手"过程中身、手、步是如何协调才做到"一动无有不动，一静无有不静"的？例如"左云手"，我会举"电动"为例："右手横向伸臂按掌，左脚就同时横向开步。手如按触电开关，脚如电动的机械脚，一通电即启动。手还没横向按掌，即未触开关，脚也不会开步。"同样，"左手横向按掌，如同触按到电开关，右脚也自动化向内收回成小开立步。"如此一举例，即使是初学的学员也会随即将云手的手脚协调好。任何运动的过程都可以选取生动的"口材"去解说明白，让学习的人易理解，易记忆。这种"口材"的选用，要靠教员个人的功力、经验和认真的备课；其次是在讲解的同时，要反复做出准确的示范；或者可以将正、误动作的示范都做出来作对比讲解，最后突出正确的动作来强化示范，以感性认识强化理性认识，让学习者从理性与感性的统一上对教材有深刻的印象。

3. 带练

一节课的内容，教练讲得清楚明白了，不等于学习的人都会练，必须反复带练。因为学习武术，最初入门要靠模仿，老师的动作、神态对学习者来说都是典型。经过多次模仿，依样画葫芦，学习的人才能完全将复杂的动态、定型和套路顺序记住。如果不经带练，任由学员凭讲课时对动作的理解和顺序的记述去练，教学效果就差很远。因此教员不厌其烦、不怕劳累，配合自己的讲解反复带练才是一种速成而有良好效果的教学方法。

4. 专题讲座

平常上课只是教动作、教套路，使学习者自己会练。然而太极拳运动自有它的理论体系，有各种锻炼要领。如在教学过程中插入多讲，必然让学员站的时间过长，又占用实操练习的时间。一节课只有一两个小时，教学者不能话太多，要精讲多练，保证有足够的带练时间；这是"应会"教学。但学员需要进一步提高就必须得到理论指导。解决时间上的矛盾的唯一方法就是课时以外定期举办专题讲座，把在某一学习阶段"应知"的东西集中起来讲；这是"应知"教学。比如，"太极拳的源流"、"太极拳运动的特点"、"太极拳与健康"、"各式太极拳的异同及其练法"、"四十二式拳、剑的编排特点及若干重点动作的演练要领"、"关于'气'与太极拳的呼吸锻炼"等。本书的一些章节内容，其实就是笔者多年来在教学过程中举行专题讲座内容的整编。这些内容对初学太极拳或进修者的研究都有一定的指导作用。

"应会"与"应知"的辅导教学分别进行，互相补充，学习太极拳的人才会学得比较牢固而有系统，会获得较为全面的学问功夫。作为教练员，才算完成职责，无愧于心不作"人之害"。

（二）普及与提高

1. 群众普及

推广太极拳运动的目的是要让太极拳这一中华文化瑰宝造福人类，让它有益于人的身心健康、祛病延年。普及工作以量为主，越多人参加学习锻炼越好，开展各式各样套路普及面越广越好。人们从日常不懈的锻炼中减少了疾病，生活质量提高，又可以参加集体表演、比赛，情绪活跃，脱离老年的病态心理，对社会和谐方面也作出贡献。从这样的角度考量，太极拳运动的群众普及工作重点在发动和组织。实施一般性推广教学，以介绍套路为高层次教学活动这是无可厚非的；学习的套路越多，群众越高兴。播放着音乐，大家齐整地演练，由简化拳而四十八式、四十二式，而陈、杨、吴、孙都练下来，每个套路动作顺序无误，不必管它啥叫精神、气、劲，能划弧走架，这就可以了。这是普及的特性决定的，普罗大众也是欢迎的。如果过多强调技术性问题，要求式式都式正招圆，一式未如标准决不学习下一式，那么群众的学习情绪就会大受打击。

2. 质量提高

提高，是做点、线上的工作，求质不求量。有些人对太极拳的"提高"有误解，以为学的套路越多，自身的水平就提得越高。他们以为"简化太极拳"是初学的入门，进一步提高就是四十八式、四十二式，再进一步提高就是学习传统太极拳的竞赛套路，再进一步提高就是学会陈式一、二路。他们以学会套路的多少作为提高的标准，以追寻最古的"传统"套路为目标。这是知识上和观念上的错误。

太极拳运动的提高是架子"质"量上的提高，是在理论指导下"规矩"、"势"、"意"、"气"、"劲"上的提高，"重意不重形"，是以"松静自然"为目标的技术上的提高。"简化太极拳"的套路编排尚算简单，但动作要求是高标准的。如何使得每一招式、每一动作过程都意动形随，气到劲到；如何将"腰为第一主宰，猴头为第二主宰"的要领贯彻到运动中，如何做到"气鼓荡"、"神内敛"，其根在脚，发于腿，主宰于腰，劲断意不断？如何达到"神如捕鼠之猫，形如搏兔之鹘，形神兼备，似松非松，将展未展"的虚、静、舒、松境界，这就是提高的方向。

在书法上我们会觉得"一"字、"丁"字、"乙"字等笔画简单的字尤其难写得完美，而书写"龙"、"虎"、"凤"、"云"等就易出效果；原因何在？体势也，功力也。练习太极拳也是，所谓"高级"套路，往往容易藏绌。所以提高还得从基本功方向上去提高，从足下去提高，从理论上去提高，回过头来以正确的理论指导锻炼实践，扎扎实实地练好一招一式，而不是在套路上做花架文章，这才是正确的提高方向。套路是编排出来的，它由许多架式组成。长套路架式多或重复的架式多；简单套路，使用的架式少些，每个架式可以不作重复。举例来说，套路就如同一列火车，架式就如同组成这列火车的各节车厢。一列车可以挂40节车厢，也可以挂24节车厢。原来一列火车的1号厢可以调整到5号车厢的位置，或8号厢与20号厢对换，就可以组成不同的列车；亦即用相同的太极拳架式组编出不同的运动套路！一列车是否安全，主要看机车和各车厢有无毛病，质量是否上乘，各节车厢的连接机构有无瑕疵，而不在于挂车厢的多少或所在位置。同样道理，太极拳技术的提高与否，要看每个架式演练的质量。架式间的虚实变化是否掌握得恰到好处，而不在乎懂得多少个套路！太极拳家们，大多只精于本门的套路而不外求妄练，他们的提高是在本门基本技艺上再提高。

第7章 击技

一、太极拳技击特点

太极拳是武术，它的击技就同所有武术一样有相同的普遍性，只是它的运动以内劲为表现，称内功拳；它又有其"内功拳"的特殊性。中国武术技击主要技法是踢、打、摔、拿，其次是抓、拿、节、闭。（前后两个"拿"内容不同——薛注）踢是腿法，打是拳法，摔是跌法，拿是擒拿法。抓是抓筋法，拿是拿脉法，节是反关节法，闭是闭穴法。

笔者不是技击家，我的老师们都是近百年左右出生的，已处热兵器时代，没有拳脚实战机会，也都只是武术运动家；因而实事求是地说，我没有从任何一位师傅那里继承过技击之术。去世已近30年的原全国摔跤协会主席张登魁老师1923年获南京国术馆国考摔跤冠军，是形意拳家王柏年先生的弟子，生前是广州体院教授、体育系主任，他曾告诫我："武术套路与技击散打是两种不同的训练方法。""不是那儿的蛆，不钻那里的粪土。"作者未受过技击训练，本来谈太极拳的技击问题就是纸上谈兵，然而作为学术研究，且试按自己对武术的理解提出讨论。

历来武术界对技击取胜之道流传着这样一句话："一胆、二力、三功夫。"明末名将戚继光在他的"拳经"里说："对敌若无胆向先，空自眼明手便。""胆"，就是勇气；"眼明"就是敏捷的反应能力；"手便"就是纯熟的技法。这话也同样是说临敌对待勇气第一，力量、速度、灵敏是其次的，实操具备的功夫技术又在其次。陈式太极拳套路奠基人陈长兴有《用武要言》之作，主要是陈述散手、临敌搏击之术的。其中他对勇、智、力、技都有较详细的提示。如"发身要鹰扬猛勇，泼辣胆大，机智连环，勿畏惧迟疑。"《战斗篇》云："胆战心寒者，必不能取胜；不察形势者，必不能防人。""能教一思进，莫教一思退。胆欲大而心欲小，运用之妙，存乎一心而已。"都是说临敌一定要有勇气，如生惧怯之心者必败。

《用武要言》中又说："出身先占巧地，是为战斗要诀。手把要灵，不灵则生变。发手要快，不快则迟误。打手要狠，不狠则不济。脚手要活，不活则担险。存心要精，不精则受愚。"又如"古人云：能去能就，能刚能柔，能进能退。……察来势之机会，揣敌人之短长；静以待动，动以处静，然后可言拳术也。"又如他说"上、中、下一气把定，身、手、足规矩绳束；手不向空起，亦不向空落，精敏神巧全在活。"这些都是说临敌要有智慧，要灵活，要速度，打击要有力量。换言之，就是要"快、准、狠"。

至于具体的击技之术，《用武要言》讲得最多，如：

"发步进入须进身，身手齐到方为真。"

"古有闪、进、打、顾之法；顾即打，打即顾，发手便是。"

"起手如闪电，电闪不及合眸；击敌如迅雷，雷发不及掩耳。"

"出入以身为主宰。拳由心发，以身催手，一肢动百骸皆随。"

"捶自心出，拳随意发。总要知己知彼，随机应变。"

"拳打五尺以内，三尺以外；远不发肘，近不发手。"

"人之来势，务要审察。足踢头前，拳打膊下。侧身进步，伏身起发；足来提膝，拳来肘拨。顺来横击，横来捧压；左来右接，右来左迎，远便上手，近便用肘；远便足踢，近便加膝。"

"拳术如战术：击其无备，袭其不意；乘击而袭，乘袭而击；虚而实之，实而虚之，避实击虚，取本求末。"

最后《用武要言》指出，拳技要"时时操演，朝朝运化，始而勉强，久而自然。拳术之道学，终于此而已矣！"这就是说，技击的拳法要时时、日日操练；一些攻防动作组合更要练成"死手"，形成条件反射，使之运用自如。训练之初会有不顺之处，攻防的动作做出来有点勉强，练得久了，形成习惯动作，运用纯熟，不假思索，出手就极其自然。

陈鑫也有一首《杀手歌》指引了临敌的杀手狠招："上打咽喉下打阴，中间两肋并当心，下部两臁合两膝，脑后一掌要真魂。"另一篇《争走要诀》也指出临敌的要领："两人交手，各怀争胜之心……彼先占据，我即失败；我先占据，彼亦失败。""顶劲领住中气，手略提高，居于敌手之上。身略前侵逼，迫彼不得势。力贵迅发，机贵神速，一迟即败，一迅疾即得势。"

又如另一篇《打穴歌》："身似弓身劲似弦，穴如的兮手如箭；按时发兮须忖正，千万莫与要穴偏。"讲的是"蓄劲如开弓，发劲如放箭。"特别指出认穴要准，点穴的劲力要强而集中于一点才有杀伤力。

由以上的转述，可见太极拳的技击术，同样讲究胆、力、速度和功夫运用的方法，而不单纯像社会历来传言的"以柔克刚"，"牵动四两拨千斤"。"动急则急应，动缓则缓随"，在临敌时一拳一脚；攻时"足踢头前，拳打膊下"；防时"足来提膝，拳来肘拨；顺来横击，横来捧压"。这些规律与其他拳类的攻防并无差异。此外，太极拳的技击术还可随机使用掤、捋、挤、按、采、挒、肘、靠八法。

以上都只是纸上谈兵，但对实战训练有理论的指导意义，不知散打搏击的专家们以为然否。下面我们可以再从一次太极拳家与南拳家的搏击史实予以证实太极拳家在临场上也是"动急则急应"、"彼不动己不动，彼微动己先动"，以速度把握先机，从拳脚上问真章，而"以柔克刚、化而后发"只是纯理论问题。

1954年1月17日下午4：15在澳门的"新花园"举行了一场"创世纪"的功夫比武擂台赛——"吴公仪、陈克夫国术合演"，由澳门总督史伯泰的夫人剪彩，何贤主持大会（图7-1-1）、并任总评判，著名电影演员张瑛任司仪。赛前，由粤剧界名伶邓碧云演唱《嫦娥应悔偷灵药》、何非凡演唱《风云访情僧》、马师曾与红线女演唱《马牛联婚》。4：15比武正式进行，由吴公仪与陈克夫对决。

图7-1-1

吴公仪，字子镇；河北省大兴县人；是吴式太极拳祖师吴鉴泉先生长子、香港鉴泉太极拳社社长。当年53岁（图7-1-2）。

图7-1-2

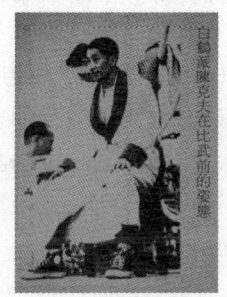

图7-1-3

陈克夫，祖籍广东台山；宗白鹤派拳术，兼擅西洋拳；1952年在澳门创立泰山健身院。当年35岁（图7-1-3）。

据1954年1月17日星岛日报报道："第一回合，只见陈克夫首先用拳向吴公仪面部击去，吴氏微微闪过，亦还拳向其还击；陈克夫一面绕弯（图7-1-4），又是一拳向吴公仪左面部进袭，吴公仪一躲，左唇被其击中，面部有血渗出。跟着陈克夫一个'回手'落在吴公仪之颈部。公仪不留意其有此一着，倒退两步,仆于台上之绳边。陈克夫未有向前袭击,公仪马上恢复反应,一个箭步,就向克夫脸部迎面一拳,中了克夫之鼻,当即左边有血渗出(图7-1-5)……"

图7-1-4

图7-1-5

"第二回合,克夫鼻血已止,两人拳头更密,各作上中路进击;公仪胸部又中了两拳,但克夫之肩部及头部亦被击中(图7-1-6、图7-1-7),且右手伸出时,亦被公仪在其小臂骨连连敲击。1 min左右,克夫突飞起右脚,大会眼见场面越见恶化,电铃大鸣,总裁判何贤即召集评判员作紧急商议,经一度洽商后,议定作不记名之投票。当时投票之评判员梁昌、梁国荣、彦光、刘法孟、李剑琴、董英杰6人。开票后有4张是应停赛,一张是应暂停赛,一张是吴胜。何贤遂在咪(扩声器)高声宣布,谓'比赛停止'……"

图7-1-6

图7-1-7

由以上"时事"的记述，可以得出几点启示：①擂台之上是拳脚相向的；②即使是太极拳大师亦难"以柔克刚"；③凡搏击都以勇气、速度、力量、灵敏取胜；掤、捋、挤、按少有施展的机会，只有在本门规定的推手中可以训练使用。这大抵就是何以现代武术竞技比赛分为"散打"和"太极推手"两大项类分别进行的原因所在。然而，在现代散打竞技比赛中也可以见到频繁的"靠发"技术的应用，而且成功率甚高，因而联想到，假若专业的技击家如果深入研究八法的使用，也一定可以在临敌上研究出制敌绝招的。

1962年，姜容樵先生的高足李英昂为香港麒麟图书公司编写了一本《图解太极拳使用法》，其中有一节为"审敌法"，足证太极拳技击特点是灵活多变的，是"因敌变化示神奇"的。下面将该节录出，以飨读者——

"与人对敌，先观其体格大小。如身体大，必有莽力，我以巧应之；如其身体瘦小必巧，我以力攻之，此为遇弱者力取，遇强者智取。无论其人大小，如彼高式，我可以低式。如彼低式，我以高式，此为高低阴阳之法也。

欲观敌之动作，先观其眼目情形，次观其身手。如敌想用拳打，先观其肩尖，或观其后撤。如敌欲用脚蹬，其身必先艮，理之所在也。如能先知，何其不胜？如敌喜色交手，我以柔化之；如敌怒目突来，其心不善，我用十分力击之，此为出乎尔者，反乎尔，练太极者，先礼后兵也。

与人对敌出手快慢不等，如敌手慢，我使沾连黏随手。如敌手快乱打，我心要静，胆要壮，观其最后来近之手，我专注一方，左右化而还击；常言不慌不忙顺手牵羊，为太极动急则急应，动缓则缓随之理也。

与人对敌，其法不一。如敌未近，上搭手下进步，走即黏，黏即走。如敌窜跃为能，不敢来近，我以十三式择一式等之，不要遂其窜跃，如虎待鹿之理。敌为卦外之行走，我为太极之中点。我主静，稳也。敌主动，燥也。燥火上升而不能忍，十分神定来攻击，此为相生相克，敌不难而入内圈矣，此太极生两仪四象八卦，定而不可移也。"

太极拳除了散手的技击带武术运动的普遍性，还有它独特的推手技艺的特殊性。无论散手或推手，太极拳系的技击有以下的特点：

（一）柔化的应用

所谓柔化的应用即"舍己从人，随曲就伸。"柔化在太极拳技艺中非常重要。化劲，由掤劲合于沾劲与走劲（即不丢不顶）的积极退守，使"我顺人背"，"引进落空"，"左重则左虚，右重则右杳"，走而化之，直来曲化，左右上下改变对方来劲方向，使其势背为止。但化不可尽，化尽则自己的沾黏劲易断。"劲以曲蓄而有余"。化劲的关键处仍在腰腿功夫。

（二）静以待动

所谓静以待动者即"动急则急应，动缓则缓随"。陈鑫先生的《太极拳谱》有云："临阵交战，切忌先进；如不得已，浅尝带引；静以待动，坚我壁垒……佯输诈败，反败为攻，一引即进，转进如风。"《太极拳经谱》又说："一窥其势，一觇其隙，有隙可乘，不可不入。""气不离理，一言可罄：开合虚实，即为拳经。"

静，是使自己"中气贯足，精神百倍。"观察敌势，伺机而动，随机应变，这是最有效力的打击方法。曹操在《孙子》序说："圣人之用兵，战而时动，不得已而用之。"《孙子》说："兵者，诡道也；能而示之不能，用而示之不用……实而备之，强而避之，怒而扰之……攻其无备，出其不意。""善用兵者，屈人之兵，而非战也；拔人之城，而非攻也。""以虞待不虞者胜。""善战者，致人而不致于人。"太极拳的"静"以待动，正与孙子兵法的要点相合,从理论上说来,是非常可取的克敌制胜之道——"察来势之机会,揣敌人之短长;静以待动,动以处静,然后可言拳术也。"(《用武要言》)

(三)彼微动,则己先动

太极拳技击之旨,在"致人而不致于人,乘隙而入,抢占先机。""力贵迅发,机贵神速,一迟即失败,一迅疾即得势,所谓'得势争来脉,出奇在转关'。"临敌时必须专心观察,只要对方微有动作,我即先手出击以应。临敌时,先看其眼神,观其身手。如敌想用拳,其肩峰必稍先动;如敌欲蹬脚,其身必先侧;如敌出手慢,我则沾黏拿发;如敌出手猛快,我则静心、壮胆、专注一方,直来横受,节而闭之。

二、四正手与四隅手

杨、吴氏都保有的太极拳谱《太极四隅解》谓:"四正即四方也,所谓掤、捋、挤、按也。""半重偏重,滞而不正,自然为采、挒、肘、靠之隅手……是四隅之所用者,因失体而补缺云云。"四隅手是补充四正手的技法。"四正"能胜,就不必使用"四隅"。

四正、四隅,是推手八法,掤、捋、挤、按、采、挒、肘、靠的统称。八法也可应用于散手。

[四正]①

1. 掤

"掤劲义何解?如水负行舟。"掤是向前涨、向上浮的意与劲,是带黏劲的守势。"掤"用意接对方的"按",关键仍是在"先实丹田气,次要顶头悬"的身型状态下转腰,以腰腿劲运化(图7-2-1)。

图7-2-1

---

①附图是杨澄甫先生原照。

2. 捋

"捋劲义何解？引导使之前，顺其来势力，引之使延长。"它的方法是以黏劲搭付对方的肘及腕，不丢不顶，顺其前伸进击方向牵引之，使其作用落空、自身失重。是一种以守为攻之法。而关键则在于作捋者"重心自维持，莫被敌人乘"（图7-2-2）。

图7-2-2

3. 挤

"挤劲义何解？有时用两方；直接单纯意，迎合一动中。间接反应力，如球撞壁还。"挤与捋相反，是化被动为主动的以攻为守的技法。"挤"有两种用法，一是迎架对方的直接攻击，一是以速度加力量施于对方实行反弹进击（图7-2-3）。

图7-2-3

4. 按

"按劲义何解？运用似水行，遇高则澎满，逢洼向下潜。"是攻势，伺机推按对方，令其背势后倾（图7-2-4）。

图7-2-4

[四隅]

1. 采

"采劲义何解？如权之引衡"，"转移只四两，千斤亦可秤。"采是太极拳中捋劲之接续用法，当对方被捋至尽处，被加采劲即向前下方倾倒。它的作用如力学中的杠杆作用力，以小制大，用四两力牵动千斤重，就如秤砣作用能平衡重物一样。

图7-2-5

而采劲是以快速短脆向下之力，令对方失重向前下方向倾跌。在此情况下随即另加推按劲就可以将其发放出去（图7-2-5）。

2. 挒

"挒劲义何解？旋转若飞轮。""急流现旋涡，卷浪如螺纹；落叶坠其上，倏尔便沉沦。"挒是采、截并用的合力力矩。如一方以左手从对方右肩下捋，同时右手推击其左肩，两手作交叉方向同时发劲，着力成旋转之一圜形力矩，对方即向侧斜面仰倒。这就是"挒"。（图7-2-6）

图7-2-6

3. 肘

"肘劲义何解？方法计五行……连环势莫当，开花捶更凶。"肘法可以是靠法、截法或击法。以肘靠、以肘截。"足来提膝，拳来肘拨"，"拨"就是截开，南拳与泰拳都常以肘迎截对方的直拳打击，或曲肘撞向对方软肋。"远便上手，近便用肘"（图7-2-7）。

图7-2-7

4. 靠

"靠劲义何解？其法分肩背，斜飞势用肩，肩中还有背。""仔细维重心，失中徒无功。"靠是山崩倒靠，逼倒对方。靠劲有用前臂，如"野马分鬃"；肩靠如"斜飞势"；背靠如"背折靠"；还有"马步靠"，是用肘靠。但无论何种靠法，都首先要维持自身重心的稳定；在失重情况下使用靠法是授人以柄，危机就出现了（图7-2-8）。

图7-2-8

"四正"与"四隅"的实践可以通过"推手"练习去掌握和熟悉。

三、踢打摔拿与抓拿节闭

踢打摔拿，是中华武术技艺的四大纲维，普遍得到散打搏击运动的采用。

1. 踢

代表所有腿法。"手是两扇门,全凭脚打人"。腿法在各拳种中都普遍使用,它可以是防法——"足来提膝";更是进攻的主要技法——"远便足踢,近便加膝"。足踢可以是踢、踹、蹬、分、摆、截、拍、二起、扫堂、箭弹、膝撞、旋风腿等,达远而势猛力大,二人相距较远时比较适用(图7-3-1)。

图7-3-1

2. 打

包括所有手部的攻防方法。拳、掌、勾、指、爪、肘均是打法的主体(图7-3-2)。

3. 摔

也称跌法,是散打中得分取胜的重要手段(图7-3-3)。

图7-3-2

图7-3-3

图7-3-4

4. 拿

是擒拿法,多是反关节擒拿,拿指、拿腕、拿肘、拿踝等(图7-3-4)。

抓拿节闭,是太极拳散手的特殊秘技。"抓"是抓筋。

"筋若抓之,身无主地"。筋是支持关节的肌腱韧带,韧带被抓伤,则肢体活动受限。"拿"是拿脉。"脉若拿之,血不周流","申脉拿之似亡"。脉即血脉,脉被拿截,血流不畅,肌肉供血不足便乏力萎软。"节"是撅节,即将指、腕、肘、肩、膝、踝等关节反拿折断。"节若撅之,肢废萎垂。""闭"是点闭穴道。"穴若闭之,神昏气暗"。打穴法是内功拳的重要应敌技法。"穴"是脉穴,是神经根、节的位置,多为痛点和晕点。穴位被强劲指力戳点则气血瘀阻;人的精神萎靡,呼吸艰难。

然而"抓拿节闭"似乎已失传于当世,只有电影、电视剧的故事在重现与放大,我们练太极拳的人也只能从无可稽考的传说中去了解这些秘技,从文字中去"承传"了。

第8章 竞　赛

一、竞赛的意义与组织

（一）意义

体育竞赛是训练水平的杠杆和指南针。一个项目可以通过比赛反映它在当时的实际水平，反映各地区训练的质量，反映训练工作中存在的优缺点，从而指示今后的努力方向和改进途径。武术运动也是一样，必须通过竞赛（其实也是一种交流）检阅各地武术运动开展的状况和开展的内容及水平高低，并可以从竞赛中发现人才，发掘传统，改进技术与训练体制，刺激各地群体与专业武术运动开展的普及与提高。

（二）组织

太极拳竞赛的组织形式（本文只论及群众性的太极拳竞赛，武术专业队的竞赛不予讨论），可以是"官办"，也可以是"民办"，也可以是"官助民办"或"民助官办"。所谓"官"，指的是地方（或中央）体育主管部门如体育局、体育总会、武术协会、地区体协等。所谓"民"是指个体私营武术馆校、企业及个人等。"官助民办"是由主管部门拨出经费，由民间团体或个人出面组织承办。"民助官办"是由主管部门主办、组织，由民间团体、企业或个人资助经费。

1. 主办单位必须成立竞赛组委会执行所有工作

1）编写竞赛规程。
2）决定选用的裁判规则。
3）选定工作人员，负责场地、报名、器材、奖品等。如是跨地区的大型竞赛活动还需设后勤保障工作组，保证交通、食、住、医疗、安全等。

4）选派裁判，指定裁判长，组织裁判学习、编排赛程；大型竞赛还需设立仲裁委员会由德高望重、有威信的专家若干人（单数）组成。

2. 竞赛对象

1）性质分组：可分集体赛及个人赛。

2）年龄分组：分老年组、成年组、青年组，大型的还可分男、女子组。

3. 竞赛项目

1）简化太极拳、剑（集体及个人赛，个人赛必须同时参加32式太极剑赛）。

2）42式拳、剑竞赛套路（集体及个人赛）。

3）传统太极拳竞赛套路各式分组赛。

4）传统老架拳、剑套路表演评比。

二、群体太极拳比赛的评判

（一）评判员素质与培训

一场比赛的好坏，除运动员的水平以外最主要的决定因素是裁判员（群众体育竞赛用评判员制较好）的素质，包括个人品格、工作态度、专业水平等。因为评判员除大会指定邀请的少数外，大多应由各参赛单位派出，所以在赛前必须对评判员队伍进行培训，学习竞赛规程，吃透竞赛规则的所有条文，高度明确太极拳动作规格标准和评分标准，切实按国家武术管理中心规定的要求执行。

例如"太极拳基本要求"项下——

1. 揽雀尾、懒扎衣

"掤"出的臂必须是弧形，高不过口；肘关节稍低于手，手指既不可软缩无力，也不可僵硬挺直；后手可按在体侧，也可随前手同时掤出；两臂要保持弧形。

2. 手挥琵琶

面向斜前方，肩胯要上下相对，两肩松沉，两肘坠合，前手高不过眼，后手掌在胸前或停在前臂的肘内侧，两臂保持弧形；腰背正直，臀部不可突出。

3. 掩手肱捶

拳自腰间向前撩出，高不过腰，低不过裆，拳心向下。注意转腰拧胯，蹬脚顺肩。崩弹时要完整有力，也可不发力向前撩拳。

4. 弯弓射虎

两臂轮转路线成椭圆形，前拳高不过头，低不过口，后拳停于右额前；顶头、松腰、敛臀、上体正直。

又例如对腿法的要求——

5. 摆莲腿

支撑腿微屈站稳，另一腿从异侧摆起经面前向外做扇形摆动，脚面展平，两手在额前依次迎拍脚面，击拍两响。

6. 分脚

支撑腿微曲站稳，另一腿曲膝提起，然后小腿上摆，腿伸直，脚面绷平，脚尖向前，高过腰部。

因为评判员本身的技术水平有高低，对动作规格的认识不一致，因此评判长必须抓好评判组专业知识水平方面的学习。通过讲解和充分讨论，吃透评分标准和常见错误的扣分标准。如"独立步，上提腿大腿低于水平或支撑腿明显弯曲"；"歇步，两腿屈膝下蹲不够或两腿未交叉"——"每一种错误，每出现一次，扣0.1分。"又如"掌形"，手指并拢或任何一指伸翘，虎口未成弧形"——"每一种错误出现1~2次，扣0.1分；出现3次以上扣0.2分。"等等。

在建国之初，周恩来总理就对体育竞赛的裁判工作提出了八个字的原则性要求——"严肃、认真、公正、准确",半个多世纪以来一直指导着我国各项体育竞赛的裁判工作。

以本人的理解,"严肃"是对待裁判工作的态度问题;"认真"是工作作风问题;"公正"是品格、修养、职业道德问题;"准确"是专业水平问题。这些都是每一名评判员必须具备的。"准确"与否与个人知识和技术水平有关,有相对性。但"严肃、认真、公正"就必须绝对做到。这方面的思想、品德的学习关乎评判队伍的建设,严重影响赛风,要切实做好,不能掉以轻心。

(二)竞赛规程和评判规则的设计

竞赛规程是针对举办该次竞赛的意图、性质、对象范围、项目选定、场地、时间、奖项等而设定的。对于评判规则,虽然国家制定了《武术竞赛规则》,而且每隔几年会修订一次,那是对武术专业队用以指导训练和举行"武术锦标赛"用的,似乎不能绝对通用于群众武术体育的业余竞赛,尤其对老年人或集体太极拳比赛不合适。

作者认为,群众体育以鼓励为主,以活跃社会体育的气氛和对集体精神的奖励为主。老年人太极拳比赛尤其不可以高难度、高技术标准作为评分的唯一指标。社会体育要因各次不同的竞赛内容、参与对象,灵活地设计评判规则。

1)企业体育文化开展的竞赛因企业有较丰裕的活动经费,在集体赛评分时,对统一服装要求可以有较重的比例。因职工在职,多以青中年组队,集体评分时,对临场队伍的组织纪律、精神面貌等,要求可相对高一些,扣分标准也可以严一些。

2)对老年人队伍、街道组织的竞赛,应从鼓励参与、节约经费、减轻负担着眼,不应对统一华丽服装、整齐划一提出过高要求;也不必要求军训式的列队,但参与者精神奋发,喜气洋洋,气氛热烈应为加分因素。

3）对于集体比赛，无论以何种参赛对象组织竞赛，既然是同一个套路的太极拳比赛，动作规格必须统一，评分比例不能少于50%，突出比赛技艺的成分。个人比赛则以在规定时间内完成套路评定技艺高低，除特殊扣分（如倒地、要求重做、佩带饰物等）外，不应对音乐、服装、鞋袜等（除非大会有指定标准外）作评分。

4）时间的规定。如按常规要在6 min内完成演练，则按此执行就是，（不必搞个5~6 min的规定。）超时应予扣分，以每5秒为一个计算单位扣0.1分，以此累加。但如若演练时间不足6 min，不足部分是不应扣分的。时间不足，必然影响动作在缓慢、均匀等方面存在问题，评判时已经计算在内，不必重复扣分。现在有规定推出，场上演练时间定为4~5 min，即要求太极拳快练，也有点不合理。

5）群体的竞赛，采用评判组的工作形式为较公正、准确，应采用评判制的计分方法为好，各评判员无论分坐赛场四角或一字横排都不必现场公开示分，裁判长也不要即时亮出最后得分来。但各评判员仍须现场独立打分。打分后即交计分员记录、算出最后得分；赛程结束后由评判长检查评分与名次排列是否合理，如合理，即予公布，如有不合理处（如出现优劣颠倒的情况），可召集评判组全体会议，讨论各人评分和名次序列的合理性，加以调整，向较为合理的评分和排名次序方面靠拢，得出全体同意的最后结果才公布成绩。这是对竞赛和群众参赛热情的高度负责。

（三）如何当个优秀评判员

要做个合格的优秀评判员，必须以"严肃、认真、公正、准确"为准则，衡量自己的水平和工作效果。

（1）严肃

是工作态度问题。作为评判员，首先要对该次竞赛的目的、意义有所认识，对自己的评判的结果要负责任。不轻视、不苟且从事，不作儿戏。举动、言语、每打一个分都要考虑其结果对参赛者的影响，对大会的影响。

（2）认真

是工作作风问题。要一丝不苟对待竞赛评比工作的全过程。认真学习评判规则，不迟到，不早退，服从评判长的工作安排，每场都做好准备，上场注意仪态，衣着整洁，坐姿严正，精神集中，不交头接耳。场下不泄露评判组的工作会议内容和评判讨论争议等内部情况。

（3）公正

是品格、职业道德问题。评判不能"徇私枉法"。对名运动员、朋友、亲戚、上司、自己的学生等有关系的就评给高分，平常印象不好，有个人成见的就评低分，这就失之公允，丧失了作为评判员的品格。评判要出尔公心，对每一个参赛者都一视同仁，应按各人临场技术发挥的水平实际去评分，绝不可打感情分。要认识到评判员就是体育比赛的执法官。如果是专业运动员比赛，裁判员对参赛者的评定会影响其体育事业的发展前途。更要杜绝接受贿赂的腐败行为在赛场内外出现，对当事人，一经发现就要严加处理，永远开除出评判员队伍。

（4）准确

是专业水平问题。评判员要熟悉竞赛项目的套路内容、技术要求；要吃透裁判规则的条文，对评分与扣分内容、标准有明晰透彻的了解和强化记忆，临场时能作为自己评判的依据。对每个参赛者的特点、失误、扣分、本人的最后评分和评判长公布的最后得分都要一一作出记录。每次评分时都要与以前上场的参赛者评分逐一作比较，尽量使评出的名次顺序不致颠倒。

一个优秀评判员除了评判工作做得好，还须在竞赛以后可以对参赛者进行辅导讲解，能指出其优缺点和改进技术的训练方法。评判组长还要对赛事作出总结，对全体参赛单位、个人讲解赛事的特点、存在问题，提出改进技术、改善训练的建议。这样的评判对参赛者今后的提高才有帮助，竞赛才达到它举办的目的。

四、太极拳械比赛的欣赏

"外行看热闹，内行看门道"。要欣赏一场太极拳械比赛，本身一定要喜欢太极拳并有一定的知识。比如要知道太极拳运动的特点是什么，太极拳运动的要领是什么？某些门派太极拳的风格是什么？器械特点是什么，如剑、刀有何不同的运动特点？太极拳类的刀、剑又是怎样练的？否则无法观看比赛。

（一）集体比赛

集体比赛要看整体行进的队列、精神面貌、整齐服装、领操员与集体的协调程度、音乐旋律与动作节奏的配合，起势收势与音乐的前奏、结尾关系，各成员太极拳架式的方向、姿势是否一致，是否正确。如果整体有相同的错误（如步型、虚实变化等方面），那是教员的问题；如果是个别现象，则是训练问题。如果是个别人动作重心不稳，上体倾倒，独立抖动等那是临场出现的偶然现象，虽然也影响评分，但不影响对整体水平和教练水平的认识。

总之，观看集体比赛，衡定好坏，场上的气氛所给人的印象是很重要的，以动作整齐划一为首位，其次是音乐的配合，再次才是整个套路演练的质量。如动作有轻微差误，但整体一致，也不会对演练效果或观众的观感有多大影响。

（二）个人拳术比赛

个人拳术比赛，要看精神、气势、功力，要以"松静"为纲，看运动的协调性与架式质量。

"松"的决定因素是诸多运动要领的统一。首先是三型、四法（身、步、手型；步、手、身、眼法）是否正确。运动是否以"腰脊为第一主宰，猴头为第二主宰"，能否尾闾中正、悬顶正容。运动过程是否身法带手法、"步随身换"，内外、上下的协调性是否紧凑；劲力是否完整，是否达致"一动无有不动，一静无有不静"，"其根在脚，发于腿，主宰于腰而形于手指"；有没有做到"外三合"与"内三合"。

"静"的决定因素是心理状态的稳定。轻松自然地投入套路演练，"视若无睹，听而不闻"，不受现场气氛和喧哗噪音的影响，能保持冷静平顺的情绪。

（三）个人器械比赛

器械运动的基础是徒手拳术运动。所以观赏时，第一看步法和身法，如剑术，是否做到了"身与剑合"。其次看剑法，剑体运动的着力点在哪？比如刺、挂在剑尖，劈扫抹截等在剑刃，撩在剑体的前端至剑尖。精神要表现在器械上，这是"神与剑合"。剑术是游走的，太极剑是柔中带刚，运动表现缓慢均匀。但过于缓慢柔匀就容易出现呆滞。所以练太极剑能否做得缓慢而灵活，均匀又有攻防的节奏，表现得柔韧而游走，这就是技艺功力的表现。

又如刀，刀术原本势如猛虎；太极刀则较为和缓；然而亦应将刀法表现出来。缠头、裹脑、藏刀、扎刀、砍刀、劈刀、扫刀、截刀等都应与身法一致。如果一个刀术套路，演练起来只像手握刀去打太极拳，没有刀法或只见手动，没有身法，都是较次的，不足观赏。

又如扇子，扇子的攻防，多有铲、挡、截、掊、拍、扫、开、合、刺、击等使用扇面、扇沿、扇骨的技法。看扇子要看它的灵动与静如山岳，动若江河的势态，看扇子开合声音清脆、响亮，威势夺人的气氛。

第9章 运动损伤的防治

一、可能出现的疲劳与损伤

任何一种体育运动都存在运动损伤的可能。太极拳原本作为一种养生方法，亦存在某部分运动器官劳损的可能性。关于养生体育活动，三国时代的名医华佗就提出过："人体欲得劳动，但不当使极耳。"运动是需要的，但不能太过。"物极必反"。就算外似轻柔的太极拳运动，如果运动方式、方法和运动量不合适，也是要损伤关节、肌腱的。因为太极拳要求在屈曲两下肢交替承担体重状态下进行运动，踝、膝关节承受沉重的静力负荷；而且要在自身体重的负荷状态下辗转回旋，因此踝、膝周围韧带的劳损实属常见。初学的人常说"膝痛"，则不一定是损伤。大多是由于平常下肢少运动，一经轻微锻炼就感疲劳；但如不作适当防护，长期下去也可导致劳损的。太极拳运动主宰于腰，而且严格要求坐腿松腰下塌，腰肌也有可能在较长时间锻炼后休息不够的状况下出现劳累。如果推手，则运动量更大一些，腰、腿、肩、臂的负荷也相对大些，长期如此得不到调整，较易出现劳损。

（一）踝

踝关节小而负荷大，日常走路体重已压于其上，如果再用力，如练太极拳时单足独立、二起脚跳跃和双震脚等，都要靠踝关节背伸、跖屈来完成，关节周围韧带损伤的可能性较大（见图9-1-1）。长期大运动量练太极拳，常见的是踝内外侧韧带、距腓前韧带劳累或劳损。其次是"跟腱止点末端病"，出现足跟后部疼痛，提踵踏跳时加剧。

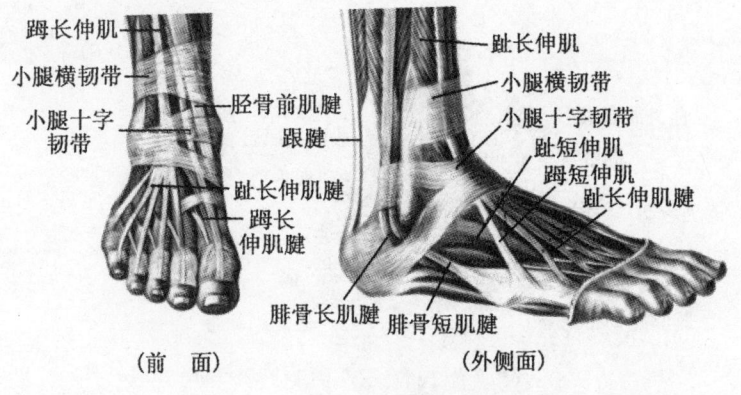

（前　面）　　　　　　　（外侧面）

图9-1-1　踝

（二）膝

太极拳运动在膝部半屈位下进行，容易导致内外侧副韧带劳累受损，尤以内侧副韧带多见，严重时可累及后交叉韧带（见图9-1-2）。所以初学太极拳的人常诉说"膝痛"，指膝内侧较多。但一般都不是劳损或韧带断裂那么严重，只是"劳累"而已，经恰当的休息、按摩、理疗，康复较快。此外，长久大运动量练习也有出现"膝滑囊炎"与"膝外侧疼痛综合征"的可能。

（三）腰

练太极拳走架是不易发生腰肌劳损的，松腰松胯的练法反而对"腰肌劳损"有治疗作用。但如果反复一次性中途不停地练，如超过2小时以上，也有可能出现劳损（如腰部肌肉筋膜炎）。推手运动也有可能因发力不当出现拧挫伤。

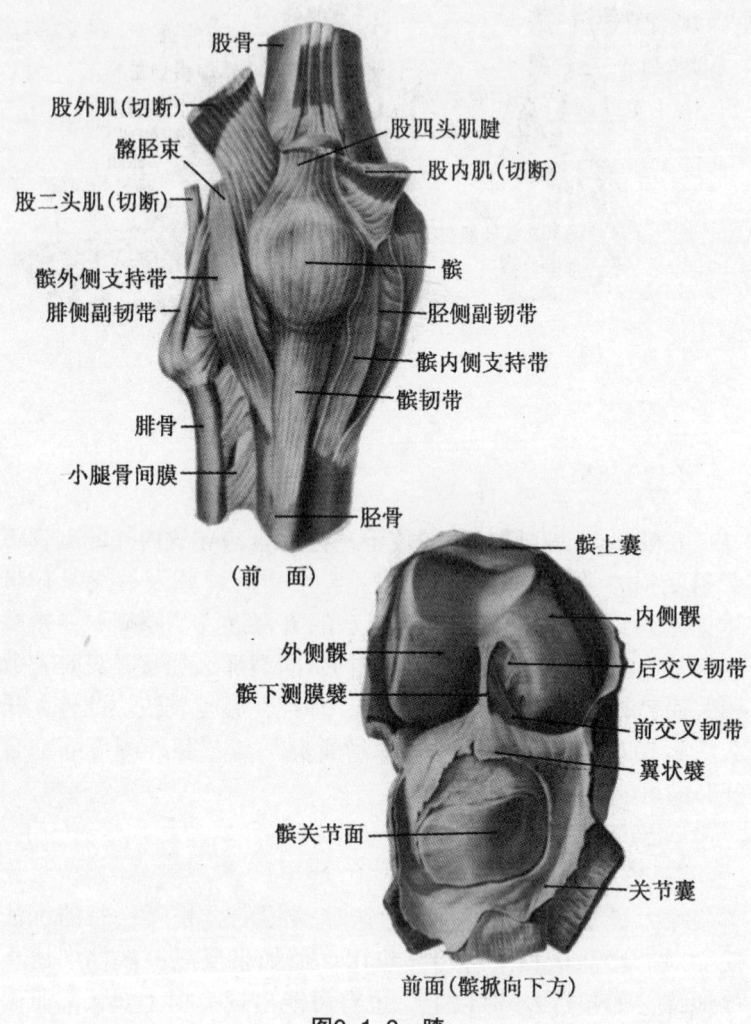

图9-1-2 膝

二、损伤可以预防

单纯太极拳训练而出现下肢关节损伤或肌腱劳损的情况是不多见的，也是可以预防的。预防方法以综合性保健方法为好。

（一）热身运动

太极拳运动是上虚下实，上轻下重的运动。所以除推手运动外，上肢劳损少见。长时间膝半屈位运动的特点使踝、膝、腰的负荷都加大，所以每次开始打太极拳前最好先做些踝、膝、腰的韧带伸拉、旋转的热身运动。方法就是：①旋踝；②转膝；③旋腰运动，各做八个八拍；动作节律要慢而均匀；④压腿，使膝后交叉韧带和髋部股骼韧带拉松。

（二）动作正确

一开始学习就要学好步型、身型，练习时固定正确的动力定型是防止踝、膝、腰损伤的关键。比如，运动过程始终都能够做到膝对脚尖，就不易伤膝。常说膝痛的人应从这方面去检查。

（三）场地选择

练太极拳的场地，最好合乎下面的条件：

1. 平整

地面不可有不规则的凹凸或倾斜。

2. 稍软

最好在木板地或泥土地上练习，地面相对松软一些。如长期在石板地、水泥地面上练习，足下承受的应激力较大，也是易致踝、膝劳损的原因之一。

3. 不宜长期在松厚的软地毡上练习

地面太软，站立难稳，踝、膝、腰相对要用较大的力量支撑动作的稳定、平衡，在相同单位时间内，肌腱的张力和负荷较大，较易出现劳累。

（四）整理运动

正常训练之后，要做膝部拍打、按摩和腰、颈部的屈伸、旋转运动，使筋脉舒伸，肌腱松展，局部血循环加强，使劳累及时恢复。整理运动和热身运动都不可忽视，"勿以善小而不为"，日久见功！

三、劳损自我疗法

（一）手法拧摩

1. 摩腰

站或坐姿，两手心贴腰部（分于腰椎两侧），指尖朝下，两手交替上下按擦腰肌；约数十下。

2. 击腰腹

迈步前行，前出腿屈曲，同时腰向同侧旋转，一侧手轻握拳敲击脐下小腹；同时另一侧手随转腰动势击向腰部（肾区）。后脚前迈第二步时，动作如前，左右手相反，同时分击腹、腰。

3. 揉膝

平坐，大腿水平、小腿垂直地面，膝弯成90°；两手俯贴同一侧膝上，轮番前后走向大幅度揉摩膝关节，以髌前韧带（见图9-3-2）为着力点，约5 min后两手中指尖分按于内、外膝眼（见图9-3-2）用力压按1 min左右，再用指肚紧贴其上缓慢地前后旋圈轻揉各

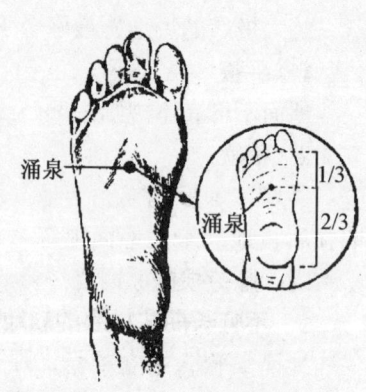

图9-3-1　足底涌泉穴

30转；换另一膝同样揉摩和按内、外膝眼。揉摩时，膝部涂上舒筋活络的油剂（如祛风油、白花油、莪术油、跌打油、冬青油等）效果更好。若膝部疼痛者，揉摩之后可加以大热的毛巾湿敷。

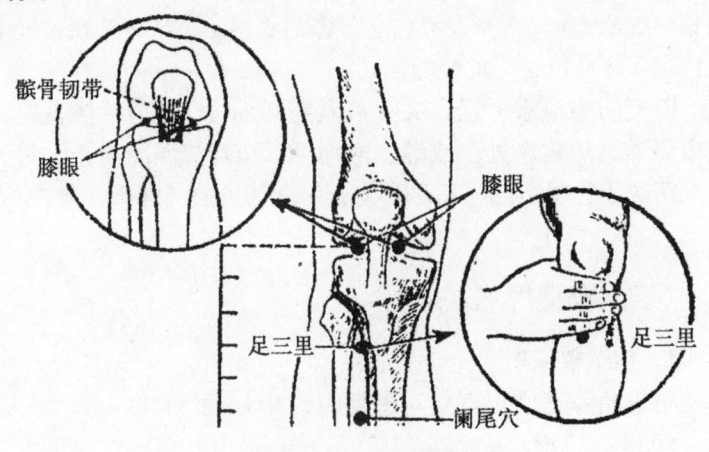

图9-3-2　内外膝眼

4. 拍打膝股

同上坐姿，两手轮番以腕力同时对一膝之内、外侧轻轻拍击，约数十下，然后沿大腿内外侧上下移动拍击约数十下。再换另一膝腿同样拍击。

5. 摩足踝

平坐，一足支地，另一足盘架于对侧的膝面、大腿上。盘足一侧的手扶小腿，另一手贴踝关节内侧向前来回摩按约数十下。换另一足做同样动作。

6. 擦涌泉穴

坐姿同上，一手心贴对侧足的涌泉穴（见图9-3-1），顺逆时针方向各揉转约百下。换另一侧，同样方法揉转。如非有劳损而能每天坚持，亦可收健体延年之效。

（二）药物熏洗

可用以下配方熏洗：

宽筋藤20 g　透骨消15 g　当归尾12 g　杜仲12 g　牛膝12 g　破故纸18 g　牛大力15 g　海桐皮15 g　汉防己15 g　秦艽12 g　防风12 g　川续断15 g

以上药用清水一锅，文火煎煮约30 min，将药汁倾盘内，毛巾湿透，热敷患处。或淋、泡均可，至药液温冷为止。每天煎洗两次（为了节约，药尽其力，一副药可煎煮两天，敷洗4次用[①]。

（三）物理疗法

1. 宽谱仪照射

用华鼎牌宽谱仪直接对患处距约30 cm照约40 min，每天1次；5天为一疗程。

2. 羊诚牌双头场效应治疗仪敷贴

两侧膝或踝可同时用治疗袋扎紧，调中等强度敷约30 min，每天1次。连续5天为一疗程。

以上的自我疗法，可单独使用，也可综合应用，没有禁忌症或任何不良反应。但热敷时，要注意不可烫伤皮肤，以调整到能够承受的热度为好。

[①]本方外用，不宜内服。

· 附录 ·

怎样练简化太极拳[①]

李天骥

简化太极拳是国家体育运动委员会为适应广大群众锻炼身体的需要,根据太极拳的老架子,将动作按由简到繁,由易到难,运动量由小到大的原则,进行简化、整理和改编而成的。

简化太极拳全趟共有二十四个动作,与原架不同的是:重复动作少了,难度适当减小了。但保持了原架的某些结构方法,它的全套动作分为八个小组,能连贯练习,也能根据身体情况选择单式或分组练习。它的旋转动作少了,方向也较明确,容易记忆和掌握。简化太极拳也包括各种手法、步法,配合身法的多样变化,加上要求意识、动作和呼吸内外统一地相应活动。因此动作虽然简化了,仍然可以使全身内外得到全面锻炼。打一趟简化太极拳,快练只需4~6 min,慢练8~10 min的时间,在工间操、课间操都可进行练习。

"简化太极拳"的姿势、动作和组织结构,虽然比老架子简单了些,但是对每个动作的具体要求,仍然保持着原来的规矩。如果失掉规矩、就会减低锻炼效果。有些人往往由于不能坚持经常锻炼和练习时精神不集中,锻炼效果就不大;但也有些人是由于方法和要领掌握得不好,而不能收到应有的效果。

初学太极拳时,常常是动作生硬,重心不稳,这是因为练

[①] 本文原载于1960年《新体育》第22期。

习时间还短的缘故。动作生疏或精神紧张，顾手顾不了脚，顾了迈步顾不了转身，这就不能做到太极拳要求的连贯、柔和的特点；有的人打起拳来，手脚的部位不对，全身上下不协调；或者身体运转时非常紧张，有一种憋气的感觉，这就不能做到太极拳要求的圆活、自然的特点；也有的人由于腿部力量不足，不能很好地支撑身体，使整个身体失去了根基；或者由于步法不顺，使身体扭斜，重心不稳，以致运动起来就心跳、慌乱、气喘或产生疲劳等现象。

为了帮助初学者学习"简化太极拳"，我想淡谈自己练习"简化太极拳"的几点体会。①打太极拳首先应该在心里安静，全身舒松的情况下进行。动作要做到正、稳、舒、柔四个字。具体说来就是，姿势中正、步法稳定、动作舒展、变转柔缓。②再求式式连贯、处处圆活、快慢自如、全身协调。③进一步达到意识、动作、呼吸三者密切结合，成为一个"内外如一"的整体性活动。

学打太极拳，好像初学写毛笔字一样，应当横平竖直，笔笔落实，不可潦草。初练时，无论是进退闪转，上体总要以腰脊作主宰，保持自然正直，避免做出俯仰歪斜或摇头缩颈等错误动作；两腿活动时，要在身体重心稳定之后，再提腿换步，步法要清楚，角度要合适；变转动作必须柔和缓慢，速度不宜太快；动作力求舒展、大方、神态自然；"松"是练太极拳时不可忽略的一点，而且是贯彻始终的，无论是关节、肌肉都要尽量放松，避免硬直和死板，只有在舒松灵活中进行有规律的活动，才能达到太极拳要求的连贯和圆活的境地。所谓连贯和圆活，就是做到要周身节节贯串成圆形运动，不是摆好了手再动腿，而是步随身换，手领神随，连绵不断，一气呵成。

太极拳是"内外合一"的整体性活动。我们常听说打太极拳时，"一动无不动、一静无不静"。就是说运动时不仅身体上下在动，而且在神经中枢的指导下，身体的内外都在动。打太极拳要求意识、动作、呼吸三者密切结合,以意识引导行动,动作结合呼吸,就是这个道理。只有这样,才能改善身体内脏器官的机能,促进健康。

但是,意识怎样引导动作,动作又怎样与呼吸配合呢?

练太极拳,要"心静",心静就要思想集中。从预备式起,就要安静下来,这要看一看呼吸是不是平稳,全身是不是放松了,尤其是年老体弱的慢性病患者练太极拳,更要注意这一点。在锻炼中,练到那儿,想到那儿,做到"意动身随"。例如做"野马分鬃"时,两手分开就好像两手中间系着一根丝线似的,既想把它拉直,又怕把它扯断,同时两臂(包括手指)有向外慢慢膨胀的意念。在意念中好像气血一直达于指梢。这种想象要贯串在动作之中,意不停,动作也不停。当然,初学时要做到这一点是不容易的,经过一段时间的练习,就会逐步做到。

简化太极拳中呼吸与动作的配合,一般是"开吸合呼""起吸落呼",这是正常的生理现象。但是,初学时不必过于追求呼吸与动作的配合,要尽量做到呼吸自然,使呼吸不受动作的约束。经过一段时间练习,呼吸和动作就会自然不谋而合。

打太极拳时,步法稳定是姿势正确、运转圆活的保证。太极拳的一招一式都要求打得正确,这样不仅腿部要求有力,还要求有正确的步法。

在太极拳中,无论进步或退步都要求"点"先落地,即进步时,脚跟先着地,然后全脚踏实;退步时,脚尖先落地,再全脚踏实;提步时,也是脚跟先离地,脚尖再提起。这就要求做到轻灵、沉稳,即所谓"迈步如猫行",看起来脚好

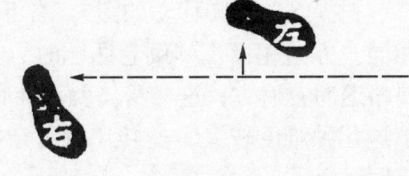

图1

像是在滚动进退一样。迈步的幅度，要以一腿支撑体重，一腿伸直脚跟着地为准。步子过大就要影响下一动作的灵活变转；过小，就会使上体紧张，影响呼吸。做"弓步"时，前后脚的脚跟和进行方向不要在一条直线上，两脚脚跟左右相距大约10～30 cm（图1）。做"搂膝拗步"时，两脚更要适当加宽一些，约以一横脚为度（图2）；这样才便于使重心稳定和灵活变转。

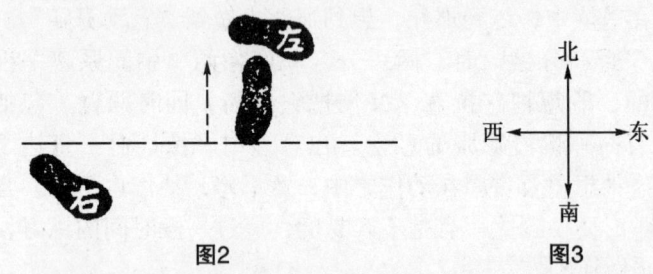

图2　　　　　　　　图3

落脚的方向、角度和变转时的扭动，对保持身体平衡也起着重要作用。在简化太极拳中，有几个步法应该加以注意。例如，假设面向南开始练习，第一组动作中，两脚移动的方向和位置如图3。第一组以后，"搂膝拗步"的步法移动除略为加宽一些之外，与第一组"野马分鬃"完全相同。左下势动作，左腿下仆去时，左脚既不能向前，也不可过于靠后，最好左脚脚尖与右脚脚跟放在一条直线上（图4），这样的角度既容易仆腿，又便于接起身独立的姿势。由左下势接左独立动作，主要是左脚向外扭时，右脚不可向后蹬，而是用右脚跟作轴尽力向里扣，这样就不会把步子加大；将左腿重心稳住之后，再慢慢将右腿提起，两脚移动如图5。右下式独立与左式脚移动的动作相同，方向相反。"倒卷肱"时，左脚要略退向左后方，右脚要略退向右后方，这样身体就不会有不稳的现象（图6）。掌握了这几种难度较大，变转比较复杂的步法，打起拳来就容易稳定而灵活了。

附录 怎样练简化太极拳

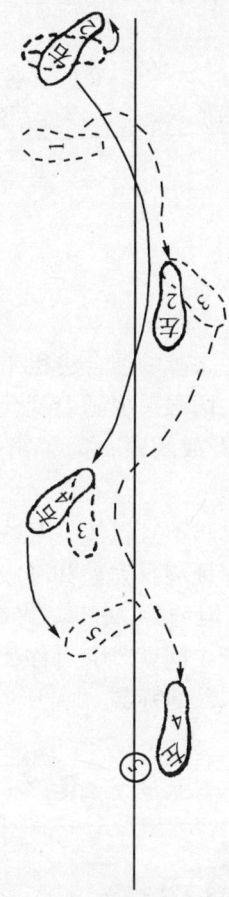

图4

1. 起式 2. 左式野马分鬃 3. 右式野马分鬃 4. 左右式野马分鬃 5. 白鹤晾翅

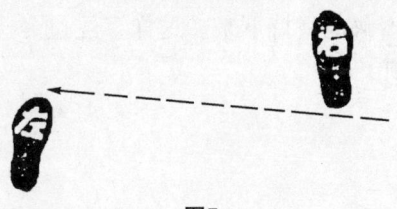

图5

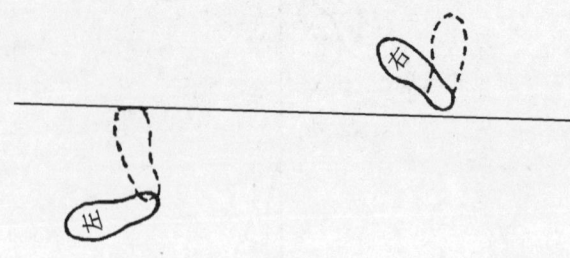

图6

在简化太极拳中,眼神的配合也很重要,除了下式和海底针动作之外,在锻炼中两眼总要随着变化的方向注视前手或平视前方,不要左右乱看或闭眼;为了精神贯注,故意皱眉怒目,也是不对的。

在速度方面,初学时不宜过快,有些基础之后,速度快慢可以灵活掌握,但要保证周身完整和呼吸自然。打一趟"简化太极拳",正常速度一般约4~6 min。慢练可以10 min。如果延长时间过久,每一式子中间就难免有停顿,这就失掉了太极拳连绵贯串、"行云流水"的特点。

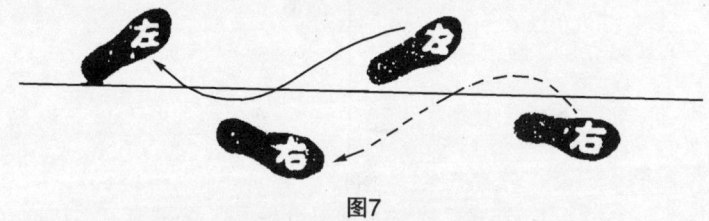

图7

总之,练简化太极拳时,要按照图解和要领细心钻研,循序渐进,经常不懈地坚持下来。这样,经过一两个月,就能掌握它的初步要领了。

参 考 文 献

[1] 中华人民共和国体育运动委员会运动司武术科. 太极拳运动. 北京：人民体育出版社, 1962.
[2] Li Tianji, Du xilian. A Guide to Chinese Martial Arts. 北京：外文出版社, 1991.
[3] 许禹生. 太极拳势图解. 北京：京华印书局, 1921.
[4] 姜容樵. 太极拳讲义. 太原：山西科学技术出版社, 2007.
[5] 徐震. 徐震佚文集. 太原：山西科学技术出版社, 2006.
[6] 戚继光. 纪效新书. 北京：中华书局, 2001.
[7] 王宗岳. 太极拳谱. 北京：人民体育出版社, 1991.
[8] 唐豪, 顾留馨. 太极拳研究. 香港：香港一新书店.
[9] 徐才. 武术科学探秘. 北京：人民体育出版社, 1990.
[10] 体育院校教材编委会. 武术. 北京：人民体育出版社, 1961.
[11] 杨武, 鲁生, 晓剑, 等. 简明武术辞典. 哈尔滨：黑龙江人民出版社, 1986.
[12] 康戈武. 中国武术实用大全. 北京：今日中国出版社, 1990.
[13] 中国武术散手编写组. 中国散手. 北京：人民体育出版社, 1990.
[14] 李天骥. 形意拳术. 北京：人民体育出版社, 1981.
[15] 李天骥. 武当剑术. 北京：人民体育出版社, 1988.
[16] 李德印. 太极拳剑标准教程. 北京：北京体育大学出版社, 1999.
[17] 李德印. 武当太极剑. 北京：北京体育大学出版社, 2001.
[18] 薛安日. 吴式太极拳械精选. 北京：北京体育大学出版社, 1996.
[19] 薛安日. 太极拳械运动答问. 广州：广东高教出版社, 1998.
[20] 薛安日. 四维拳械运动套路图解. 广州：广东科技出版社, 2007.
[21] 杨澄甫. 太极拳体用全书. 北京：人民体育出版社, 1957.
[22] 杨澄甫. 杨式太极拳. 北京：香港太平书局, 1971.
[23] 陈微明. 太极拳术. 香港：香港武术出版社, 1925.
[24] 顾留馨. 太极拳术. 上海：上海教育出版社, 1982.

［25］杨振铎．杨氏太极拳剑刀．太原：山西科学技术出版社，1998．
［26］陈公．太极拳刀剑杆散手合编．香港：香港健身出版社，1943．
［27］董英杰．太极拳释义．香港：香港华联出版社，1948．
［28］李英昂．图解太极拳使用法．香港：香港麒麟图书公司，1962．
［29］吴孟侠．太极拳九诀八十一式注解．北京：人民体育出版社，1958．
［30］吴志青．太极正宗．上海：上海书店，1985．
［31］吴公藻．太极拳讲义．上海：上海书店，1985．
［32］徐致一．吴家太极拳．香港：香港新文书店，1958．
［33］吴英华，马岳梁．吴式太极剑．北京：人民体育出版社，2001．
［34］孙叔容，等．孙禄堂武学著作大全．香港：香港迷思达蕾科艺公司出版，2000．
［35］武云卿，唐醒民．太极剑．北京：人民体育出版社，1959．
［36］吴图南．太极拳．上海：商务印书馆，1957．
［37］吴图南．太极剑．太原：山西科学技术出版社，2004．
［38］吴图南．太极刀．太原：山西科学技术出版社，2004．
［39］傅钟文，蔡龙云．太极刀．北京：人民体育出版社，1959．
［40］张继修．太极刀动作图解．哈尔滨：黑龙江科学技术出版社，1999．
［41］郝少如．武式太极拳．北京：人民体育出版社，1963．
［42］陈鑫．陈氏太极拳图说．上海：上海书店，1986．
［43］冯志强．陈式太极拳入门．北京：人民体育出版社，1993．
［44］陈小旺．世传陈式太极拳．北京：人民体育出版社，1990．
［45］陈正雷．陈氏太极拳械汇宗．北京：高等教育出版社，1992．
［46］孙子兵法．南宁：广西民族出版社，1995．
［47］沈阳医学院．人体解剖图谱．上海：上海人民出版社，1975．
［48］上海中医学院．针灸学．北京：人民卫生出版社，1974．
［49］中国武术协会．武术套路竞赛规则．2003，12．
［50］国家体委审定．武术竞赛规则．北京：人民体育出版社，1979．
［51］国家体委审定．武术竞赛规则．北京：人民体育出版社，1991．
［52］国家体委审定．中国太极拳剑竞赛规则．北京：海豚出版社，1993．